Social welfare Practice

[개정판]

사회복지실천론

이은희 김남숙 공저

양성원

머리말

사회복지가 사회 전반에서 최고의 화두가 되고 있는 오늘날 그 어느 때보다도 사회복지사의 바람직한 자세와 태도가 요구된다. 한국사회복지교육협의회의 교과목 지침서에 따르면 사회복지실천론은 사회복지학과의 전공 필수과목으로서 다양한 사회복지실천 현장에서의 사회복지사의 역할과 사회복지사로 갖추어야 할 기본적인 가치와 윤리 그리고 사회복지실천과정에서 필요한 지식과 기술 등을 습득하도록 하는 것을 목적으로 하고 있다. 따라서 이 책에서는 사회복지사로서 갖추어야 할 전문적인 가치와 기본적인 지식 그리고 태도에 대한 이해를 돕고자 노력하였다.

이 책은 총 10장으로 구성되어 있으며, 각 장의 주요 내응은 다음과 같다. 제1장은 사회복지실천에 대한 이해로 사회복지실천의 개념과 사회복지실천의 목적과 목표, 사회복지실천의 구성요소를 살펴보았다. 제2장은 사회복지실천의 발달과정으로서 서구 사회복지실천의 역사와 우리나라 사회복지실천의 역사에 대해 살펴보았다. 제3장은 사회복지실천의 가치와 윤리로서 사회복지사가 갖추어야 할 가장 중요한 덕목이라고 할 수 있는 바람직한 가치관과 사회복지실천의 윤리에 대해 살펴보았다. 제4장에서는 사회복지실천의 다양한 현장과 사회복지사의 역할에 대해 살펴보았다. 제5장에서는 사회복지실천의 개입 수준에 대해 살펴보았으며, 제6장에서는 사회복지실천의 관점에 대해 살펴보았다. 제7장에서는 사회복지실천의 관계에 대해 살펴보았다. 제8장에서는 사회복지실천의 필수도구라고 할 수 있는 면접에 대해 살펴보았다. 제9장은 사회복지실천의 과정으로서 접수단계－자료수집 및 사정단계－계획수립단계－개입단계－평가와 종결단계로 나누어 설명하였다. 그리고 제10장은 사례관리로 구성되어 있다.

이 책은 그동안 저자들이 강의하면서 참고한 다양한 자료와 내용들을 정리한 것으로서, 가급적 한국사회복지교육협의회의 교과목 지침서 기준에 충실하면서, 또 다른 한편으로는 1급 국가고시를 준비하는 사회복지학과 학생들에게도 도움이 될 수 있도록 내용을 정리하고자 하였다. 그러나 막상 출판을 앞두고 보니 아직도 많은 부족함에 강한 아쉬움을 느낀다. 부족한 부분은 앞으로 계속 수정 보완해 나갈 것을 약속드리며, 사회복지실천현장의 여러 선배, 동료, 후배, 그리고 학생 여러분께 이 책에 대한 애정 어린 충고와 조언을 부탁드리고 싶다.

그리고 이 책이 출판될 수 있도록 도움을 주신 도서출판 양성원의 모든 분들께 진심 어린 감사를 드린다.

2025년 2월

저자 일동

차례

Chapter 01

사회복지실천의 이해

1. 사회복지실천의 개념
2. 사회복지실천의 목적과 목표
3. 사회복지실천의 구성요소
4. 사회복지실천의 접근방법과 범주

Chapter

01 사회복지실천의 이해

1 사회복지실천의 개념

사회복지란 용어 속에는 크게 두 가지 차원의 의미가 내포되어 있다. 하나는 사회구성원 모두가 복지를 누리는 안녕상태, 즉 사회적 안녕상태의 의미이고 다른 하나는 그러한 안녕상태를 만들기 위한 사회의 총체적 제도 및 노력을 의미한다. 이때 사회적 안녕상태에 도달하기 위한 사회적 노력은 거시적인 방법과 미시적인 방법으로 나눌 수가 있는데 거시적 방법은 제도적 · 정책적인 것에 초점을 둔 것이고, 미시적 방법은 문제와 욕구를 가진 특정한 개인, 가족, 집단, 지역사회 등에 대하여 보다 구체적이고 직접적인 서비스를 제공하는 것이다. 그런데 사회복지실천은 사회복지의 미시적인 측면과 직접적인 연관성이 있는 것으로 인식되어 왔다. 우리나라에서의 사회복지실천은 사회복지체계 안에서 일하는 일차적인 전문직으로 보는 입장(Ambrosino et al., 2001)과 일치한다. 따라서 미국에서의 사회사업실천social work practice과 동일한 의미로 규정될 수 있다.

이와 같이 사회복지실천을 사회복지의 미시적이고 전문적인 측면으로 간주하였을 때 역사적 발달과정에서 사회사업social work은 물론이고 사회복지서비스social welfare service, 임상사회사업clinical social work 등의 용어와 밀접한 관련이 있는 것으로 보인다. 역사적으로 사회복지실천은 주로 미국에서 사회복지발달 초기에 사회사업의 개념으로 출발하였으며 사회복지실천이라는 용어는 훨씬 이후에 나오게 된다. 즉, 20세기 후반에 들어와서 사회사업이 이론과 실천의 양면 중에서 특별히 실천을 중시하는 학문적 기풍으로 인하여 사회사업은 사회복지실천으로 대체되었다. 하지만 아직도 서구의 일부에서는 사회사업과 사회복지실천을 구분 없이 함께 사용하고 있어서 이들 용어들은 동일한 개념으로 보는 것이 합당할 것이다. 사회복지서비스는 주로 영국 등의 유럽에서 사회복지제도나 사회복지정책을 보다 중시하고 그것이 발달하는 과정에서 사용된 것으로서, 사회사업실천을 사회복지서비스를 전달하는 전문직(Dolgoff & Feldstein, 2000)으로 규정한 것에서 사회복지실천과 사회복지서비스의 양자 간의 관계는 잘 나타나고 있다. 임상사회사업은 사회복지실천의 개념이 보다 명료화되어 가는 과정에서, 1970년대 미국에서 사회복지실천의 전문성을 보다 중시하려는 일부의 실천가들을 중심으로 이 용어를 사용하기 시작하였다. 따라서 사회복지실천과 임상사회사업은 크게 보면 동일한 개념이라 하겠으나 양자 간의 차이에 주목하면 사회복지실천의 전문성과 수준, 그 질을 보다 높이려는 것과 관련이 있는 것으로 보아야 한다. 그리고 우리나라에서 보편적 개념으로 사용하고 있는 사회복지실천은 서구에서의 사회사업실천과 동일한 개념으로 보는 것이 합당할 것이다. 왜냐하면 우리나라에서 소개되고 있는 사회복지실천의 내용들은 미국에서 실행되고 있는 사회사업실천의 내용과 거의 동일하기 때문이다. 따라서 사회복지실천은 사회사업, 사회복지서비스, 임상사회사업과 상관적인 개념으로 보아야 하며 서구의 사회사업실천과도 동일한 개념으로 보아야 한다(김기태 외, 2008). 이처럼 여러 가지 유사 용어들이 사용되고 있는 사회복지실천은 다양하고도 복잡한 활동이기 때문에 그것을 한마디로 정의하기가 매우 어렵다. 따라서 대표적인 몇 몇 정의를 살펴보면 다음과 같다.

먼저 미국 사회사업교육협의회에서는 사회사업을 "개인 또는 집단의 사회적 기능을 향상시키는 것으로써 거기에는 개인의 손상된 능력의 회복, 개인적 · 사회적 자원의 제공, 사회적 역기능의 예방이 포함되는 것"으로 정의하였다(Boehm, 1959).

한편 핀커스와 미나한(Pincus & Minahan, 1973)은 사회사업을 "사람들이 그들의 생활과업을 수행하고 고통을 경감시키며 영감과 가치를 실현시키기 위하여 사람들의 능력에 영향을 미치는 환경과 그 사람 사이의 상호작용에 관여하는 것이다"라고 하였다. 그리고 1973년 미국 사회사업가협회National Association of Social Workers에서 공식적으로 내린 정의에 따르면 "사회사업은 개인, 집단, 혹은 지역사회로 하여금 그들의 사회적 능력을 신장시키거나 회복시키며 그리고 그러한 목적 달성에 적절한 사회적 여건을 조성하도록 돕는 전문적인 활동"(NASW, 1973)으로 규정하였다. 이 정의에서는 사회사업이 하나의 전문직이며, 그 대상은 개인과 집단 그리고 지역사회이고 그리고 목적은 이들 대상의 능력을 신장 · 회복시키거나 혹은 이러한 능력의 신장을 위한 사회적 여건을 조성하는 것으로 보았다.

이상의 여러 정의들을 종합해 볼 때 "사회복지실천은 모든 사람들이 개인적인 능력의 신장이나 환경과의 보다 나은 상호작용을 통하여 만족을 경험할 수 있도록 개인, 가족, 집단, 지역사회를 도와주는 전문적인 활동이나 서비스"로 정의할 수 있겠다(김기태 외, 2008).

2 사회복지실천의 목적과 목표

사회복지실천에 대한 이해는 사회복지실천을 통해 달성하고자 하는 사회복지실천의 목적과 목표를 살펴봄으로써 더욱 분명하게 이해될 수 있을 것이다.

1) 사회복지실천의 목적

사회복지실천의 목적을 정의하고자 하는 노력은 사회복지실천 출현 이후 계속되어 왔다. 1979년의 시카고 회의에서는 저명한 사회복지 관련 인사들이 모여 실질적인 사회복지실천의 목적에 대해 합의를 했는데, 그 합의 내용은 「사회복지실천 목적에 관한 실질성명 Working Statement on the Purpose of Social Work」(Social Work, 1979)으로 발표되었다.

실질성명에서는 사회복지실천의 목적을 "모든 사람의 삶의 질 향상을 위해 개인과 사회 간 서로 유익한 상호작용을 촉진 또는 회복시키는 것"으로 정의하고 있다. 이 성명에 내포된 요소들을 살펴보면, 첫째, 모든 사람의 삶의 질을 향상시킨다는 데에 사회복지실천의 목적을 두고 있다. 모든 사람이라 함은 사회구성원 모두를 말한다. 빈부의 차이, 성별과 나이의 차이, 학력의 차이, 종교적 성향 및 가치의 차이, 국적 또는 인종의 차이, 신체 · 정신적 질병의 유무, 장애의 유무, 각종 능력의 유무, 사회적 지위의 높고 낮음 등에 관계없이 사회구성원 모두의 삶의 질이 향상될 수 있도록 노력하는 것이 사회복지실천 활동의 목적이라는 것이다.

둘째, 사회복지실천은 사회구성원과 사회체계 사이의 유익한 상호작용을 회복 또는 촉진시키기 위해 노력한다. 사회구성원 개인과 그를 둘러싼 사회체계 사이의 상호작용은 구성원의 사회적 기능이라는 개념에 의해 설명될 수 있다. 즉, 개인이 가진 각종 역량 또는 능력이라는 한쪽 요인과 주변 환경의 요구 또는 기대라는 다른 쪽 요인 사이에 적절한 균형이 맞춰져 있을 때 개인의 사회적 기능이 잘 발휘될 수 있다. 사회적 기능을 향상시키기 위해서는 만약에 개인과 환경 사이에 유익하지 못한 상호작용의 책임이 개인에게 더 있을 때는 개인의 역량이나 능력을 향상시키는 방법이 있을 수가 있고, 환경에 문제가 있을 때는 개인을 둘러싼 주변의 사회·물리적 환경의 조건이나 요구들을 수정 또는 조정하는 방법이 있을 수 있다.

2) 사회복지실천의 목표

재스트로(Zastrow, 1999)는 1982년에 미국 사회사업가협회에서 규정한 사회복지실천의 목표와 1992년 미국 사회사업교육협의회Council on Social Work Education에서 사회복지실천의 목표로 제시한 것을 종합하여 검토한 후 사회복지실천의 목표를 다음의 여섯 가지로 요약하고 있다.

첫째, 사회복지실천의 목표는 사람들의 문제해결, 대처 그리고 발달적인 능력을 신장시키는 것이다. 이 말은 상황 속에 놓여 있는 개인을 고려할 때 사회복지실천의 초점이 개인에게 있음을 의미한다. 이때 사회복지사는 가능하게 하는 사람, 상담자, 교사, 보호자, 행동변화자 등으로 묘사된다.

둘째, 사람들에게 자원과 서비스와 기회를 제공해 주는 체계와 연결시켜 주는 것이다. 이때 사회복지실천의 초점은 개인과 체계 간의 관계에 맞추어져 있다. 이 경우 사회복지사는 중개자로서 작용하게 된다.

셋째, 사람들에게 자원과 서비스를 제공해 주는 체계의 작동을 효과적이고 인간적이도록 해 주는 것이다. 이는 사회복지실천의 초점이 체계에 맞추어져 있음을 의미한다.

이 경우 사회복지사는 옹호자의 역할을 한다.

넷째, 사회정책을 개발하고, 개선하는 것이다. 이 또한 사회복지실천의 초점이 체계에 맞추어져 있는 것으로서, 이때 사회복지사는 기획가 또는 정책개발자로 기능하게 된다.

다섯째, 위험에 처한 집단에게 권능을 부여하며 사회적 · 경제적 정의를 증진시키는 것이다. 여기에서 위기에 직면한 집단이란 여성, 노인, 신체적 · 정신적 장애를 가진 사람, 빈민 등을 의미한다. 이 경우 사회복지사는 권능을 신장하는 사람의 역할을 한다.

여섯째, 전문적인 지식과 기술을 개발하고 검증하는 것이다. 사회복지사는 사회복지실천의 지식과 기술의 발전에 기여해야 할 것으로 기대된다.

이상에서 언급된 사회복지실천의 목적과 목표를 통하여 사회복지실천이 무엇을 지향하고 있으며 구체적으로 어떠한 내용을 실현해야 하는가를 이해할 수 있다.

3 사회복지실천의 구성요소

펄만Perlman은 사회복지실천은 4P로 구성되어 있으며, 4P가 매우 중요하다고 주장하였다(Perlman, 1957). 즉, 사람person, 문제problem, 장소place, 과정process 등이다. 여기에서 '사람'은 어떠한 도움을 필요로 하는 보편적인 인간으로서 스트레스에 노출되어 있으며 자신의 삶의 영역에서 적응에 실패하거나 곤란을 경험하고 있는 클라이언트를 말한다. '문제'라 함은 클라이언트가 직면하고 있는 고통이나 사회적인 부적응 등을 말한다. '장소'란 문제를 가진 사람들이 찾아오는 곳으로서 사회복지실천기관을 말하는데, 여기에는 공공기관과 사설기관이 있을 수 있다. '과정'은 기관에 속한 사회복지사에 의하여 도움이 제공되는 업무상의 절차를 의미하는데, 펄만에 의하면 사회복지실천의 과정은 문제해결과정으로 규정된다. 펄만은 나중에 2-P를 추가하였는데 전문가 professional 와 제공물 provisions 또는 제공자원이 그것이다. 전문가는 자격을 갖춘 사회복지사를 의미하며 제공물(자원)은 클라이언트에게 제공되는 유형 및 무형의 서비스를 의미한다.

한편 핀커스와 미나한(1973)은 사회복지실천이 네 가지 기본 체계, 즉 변화매개인체계 change agent system, 클라이언트체계 client system, 표적체계 target system 그리고 행동체계 action system 로 구성되어 있다고 설명하고 있다.

변화매개인체계는 계획된 변화를 실행하게 되는 주관자로서 사회복지사는 물론이고 사회복지기관에 고용되어 원조업무를 돕는 사람과 변화 노력을 주도하는 기관 전체를 포함하는 것으로 이해된다. 물론 여기에서 가장 핵심적인 인물은 사회복지사이며 기관 외부에서 개별적으로 변화를 시도하는 원조자는 제외되는 것으로 본다. 즉, 변화매개인과 그가 속한 기관의 직원들을 말한다.

클라이언트체계는 변화매개인의 서비스를 기대하는 사람으로서 어떤 구체적인 형태로 도움을 요청한 사람을 가리킨다. 여기에서 클라이언트라고 하면 도움을 요청하여 변화매개인의 서비스를 제공받는 개인, 가족, 집단, 기관이나 지역사회를 의미하는 것으로 보아야 한다. 이 경우 클라이언트와 변화매개인 간에는 변화 노력의 목표나 목적 그리고 방법 등을 명시한 업무 동의와 계약이 이루어져야 하며 이 과정에서 클라이언트의 자기결정은 중요하다.

표적체계는 주로 변화매개인이 클라이언트의 문제해결을 위해 설정한 목표를 달성하기 위하여 영향을 미치거나 변화시킬 필요가 있는 대상이다. 사회복지사는 개입을 할 때에 클라이언트체계와 함께 변화의 목표를 설정하게 되는데 그 목표를 달성하기 위해서는 변화가 있어야 할 특별한 사람들이나 대상들이 있을 수 있다. 이때 그 사람들이나 대상들을 표적체계라고 한다. 보편적으로 클라이언트는 표적체계의 범주에 속할 수도 있으나 반드시 표적체계인 것은 아니다. 즉, 클라이언트체계와 표적체계는 동일할 수도 있고 그렇지 않을 수도 있다는 것이다.

행동체계란 사회복지사가 의도적이고 계획적인 변화 노력을 시도함에 있어서 목표를 달성하기 위하여 어떤 사람의 도움을 받을 수도 있으며 그와 함께 일할 수 있는데 주로 이러한 특정인을 일컫는 것이다. 행동체계는 어떤 필요한 인가를 획득하기 위하여, 문제를 찾아내고 연구하는 데, 변화를 위한 목표를 설정하는 데 그리고 변화의 주요 표적에 영향을 미치는 데 사용될 수도 있다.

이상의 내용들을 통해서 볼 때 사회복지실천은 크게 세 가지 기본적인 구성 요소를 가지는 것으로 볼 수 있다. 즉, 사회복지실천 주체로서의 사회복지사, 객체로서의 클라이언트 그리고 사회복지실천의 전문적인 원조과정으로서의 구체적인 내용이 있어야 한다.

4 사회복지실천의 접근방법과 범주

전통적 사회복지실천은 케이스워크, 그룹워크, 지역사회조직사업의 세 가지의 핵심적 방법으로 발달되어 왔다. 1970년대 이후부터는 이 세 가지 실천방법을 하나의 통일된 실천가치, 실천지식, 실천목적 및 실천기술 체계로 묶는 통합작업이 진행되면서 통합방법론이 대두되기 시작하였으며, 실제로 사회복지실천 현장에서 사회복지사의 활동은 개별, 집단, 지역사회 중 어느 한 방법에 따라 개별적으로 이루어지기보다는 세 가지 방법들이 보완, 중복, 복합되어 이루어지는 것이 현실이다.

협워스 Hepworth 등(2006)은 사회복지실천 방법을 개입 대상인 클라이언트 체계의 크기 또는 규모에 따라 미시적 수준 micro level 의 사회복지실천, 중범위 수준 mezzo level 의 사회복지실천, 거시적 수준 macro level 의 사회복지실천으로 구분하고 있다. 미시적 수준의 사회복지실천은 개인의 가장 친밀한 상호작용 과정에 개입하여 클라이언트의 문제해결을 돕는 사회복지사의 활동으로 개인의 심리·사회적 상태, 부모·자녀 관계, 부부관계, 동료와의 관계 등에 문제가 있을 경우, 클라이언트의 문제해결과정에 사회복지사가 개입하여 클라이언트와 일대일로 만나 클라이언트의 문제해결을 지원하는 사회복지실천 활동이다.

중간 수준의 사회복지실천은 미시와 거시의 중간 수준에서의 활동을 의미한다. 이것은 클라이언트 개인의 친밀한 인간관계를 다루는 미시적 수준보다는 약간 거리를 둔, 집단이나 지역사회와의 상호작용 양상에 관심을 두는 것으로 지역사회 자원의 발굴 및 연계, 집단(자조집단, 치료집단, 지지집단)의 조직과 운영을 통한 사회복지실천 활동이다.

거시적 수준의 사회복지실천은 클라이언트의 삶에 영향을 미치는 전체 사회나 국가의 복지체계를 대상으로 한 사회복지실천 활동이다. 복지정책의 개발과 분석, 정책대안의 발굴 및 제시, 기관·조직의 행정체계 및 프로그램에 대한 대안 제시, 지역사회자원의 개발, 그리고 취약계층의 권익옹호 등의 활동이 포함된다.

Chapter 02

사회복지실천의 발달과정

1. 서구 사회복지실천의 역사
2. 한국 사회복지실천의 역사

Chapter 02

사회복지실천의 발달과정

사회복지실천의 역사적 접근은 어디부터 시작해야 할까? 사회복지의 역사에 있어 국가의 본격적인 개입과 전문사회사업의 태동은 산업화에서 빚어지는 각종 사회문제에 대한 국가적이며 사회적인 노력으로부터 그 근원을 찾을 수 있다. 이런 이유에서 본 서에서는 사회복지실천의 역사적 고찰을 위해서 서구는 영국과 미국을 중심으로 산업혁명의 본격적 진척을 가지고 온 18세기부터 접근하고, 한국은 1945년 해방 이후부터 살펴본다.

1 서구 사회복지실천의 역사

사회복지역사에서 자선사업, 박애사업과 더불어 중요한 흐름으로 손꼽히는 사회사업social work은 근자에 와서 사회복지실천social welfare practice으로 많이 혼용하여 사용하고 있으며 본 서에서도 같은 입장을 수용한다.

사회복지실천은 단순히 자선활동에서 시작하여 오랜 기간 많은 시행착오를 거쳐 오늘날 전문 사회복지실천의 자리를 잡게 되었으며 그 발아는 영국에서 시작되었으나, 영국의 식민통치를 받았고 이민문화, 방대한 국토, 계량주의와 실용주의, 청교도주의, 다인종이라는 독특성을 가진 미국에서 더욱 풍성한 열매를 맺게 되며 한층 과학적인 접근을 통해 체계성을 갖게 된다. 이러한 과정을 영국에서 시작된 자선조직화 및 인보관 운동에서부터 살펴보고자 한다.

1) 전문적 사회복지실천의 태동기(19세기 중반~20세기 초)

신빈민법의 폐단과 산업화 시대의 생활상 : 자선조직협회와 인보관운동의 발생

사회복지학을 접한 사람들은 누구나 익히 알 만한 법이 있다. 1601년 「엘리자베스 빈민법」[1)]은 16, 17세기에 적절한 빈민정책이었을지 모르나 시간이 흘러 19세기의 빈곤문제는 2, 3세기 전과는 확연히 다른 양상을 띠고 있었다. 즉, 엘리자베스 중세시대에는 종획운동enclosure movement, 헨리 8세의 수장령 등으로 토지와 분리된 농민, 오갈 데 없는 부랑인들이 사회적 문제가 되어 빈민정책이 필요했었지만 이후 18세기 중엽에 들어와서는 산업화라는 거대한 시대의 변화에 맞물려 노동을 하면서도 가난할 수밖에 없는 상황의 빈민들이 속출하였다. 즉, 이러한 노동빈민들은 노동을 하고는 있지만 열악한 임금구조와 불완전한 고용이라는 상황 속에서 과거의 빈곤형태와 확연히 다른

1) Elizabethan Poor Law를 두고 일부 학자들은 엘리자베스 구빈법(救貧法)으로 번안하나 그 내용을 보면 클라이언트라 할 수 있는 빈자들의 욕구보다는 노동력의 유무를 바탕으로 분류하였다. 그러므로 당시 중상주의(mercantilism)의 확장을 위해 빈자들의 노동력을 활용하는 등의 내용은 단순히 빈자들에 대한 법, 빈민법(貧民法)으로 봄이 옳다고 보는 견해를 갖는다.

빈곤문제 속에 처해 있었다. 그러나 여전히 국가와 사회는 16세기 빈곤관으로 19세기의 빈곤문제에 대응하고 있었다. 이것이 곧 열등처우의 원칙으로 대변되는 1834년 「신빈민법」의 탄생을 불러일으켰고 당시 벤덤Benthan의 공리功利주의, 맬더스Malthus의 인구론, 헐버트Hulbert의 사회진화론Social Dawinism 등의 사회적 사조는 이러한 「신빈민법」의 정당성을 더욱 부추겼다.

산업혁명으로 인한 도시화와 공업화로 도시빈민층은 더욱 급증하였고 게을러서 가난하다는 「신빈민법」의 곡해는 찰스 부스Charles Booth의 『런던주민의 삶과 노동Life & Labour of the People in London』으로 이어지는 방대한 연구를 낳게 하였다. 이 조사에서 찰스 부스는 당시 영국 사회 빈곤의 주된 원인은 저임금과 불규칙한 노동임을 밝혔다(Thane, 1996).

국가적인 차원에서의 빈곤정책은 열등처우를 고수하나 자본주의의 확대와 더불어 성장한 사업가, 실업인 등의 신흥부흥세력은 기독교적인 신앙심을 바탕으로 자발적인 자선활동을 왕성히 하게 되었다. 이들은 사회적인 경제적 우위가 곧 남들보다 더욱 근면성실하게 살아온 도덕적 우위라고 생각하며 어려운 이웃을 돕는 것이 그들의 사회적 책무로 인식하여 당시의 인도주의와 함께 박애사업으로 성장하게 되었다.

1861년 런던에만 640개의 자선단체가 있었으며 그중 279개는 1800년에서 1850년 사이에, 144개는 1850년에서 1860년 사이에 창립된 것이었으며 자선사업에 지출되는 규모도 매우 큰 규모여서 연간 수입이 250만 파운드로 추계되었고 이 수치는 공적인 「빈민법」에 의한 지출을 상회하는 규모였다(박광준, 2002).

그러나 도시빈민문제의 해결을 위해 설립된 다양한 자선단체들은 오히려 산발적인 활동 때문에 서비스의 중첩, 필요한 대상자의 누락 및 소외, 비효율적 운영, 재원의 낭비라는 문제점들이 발생되었다. 이런 상황에서 자선기관들이 서로 협력하고 정보를 교환하는 것이 필요하다는 인식이 생겨났으며, 1869년 4월 23일 '자선구제의 조직화와 구걸억제를 위한 협회The Society for Organizing Charitable Relief & Repressing Mendicity'가 결성되었으며, 이 협회는 이듬해 '자선조직협회 Charity Organization Society, COS'로 개칭되었다(박병현, 2010). 이후 미국에서는 1872년 뉴욕에 최초의 주 단위 COS가 세워졌고, 시 단위로는 1877년 버팔로 시에 세워졌다.

자선조직협회의 목적은, 첫째, 자선단체들의 효율적인 빈민구제활동의 전개를 위해 상호 간의 연락, 조정, 둘째, 대상자들의 적절한 원조를 위해 환경의 조사 및 알맞은 조치의 보장, 셋째, 우애방문원 friendly visitor의 가가호호 방문을 통한 빈민층 교화로 구걸근성 방지 등이다.

자선조직협회의 슬로건은 '빈민에게 물고기를 주지 말고 물고기를 잡는 방법을 가르쳐 주자'였다(Fraser, 1984). 이러한 자선조직협회는 빈곤의 원인을 개인의 성격 결함에서 찾았으며 개인의 성격을 변화시키지 않는다면 문제의 해결은 없다고 생각하였다. 자선조직협회는 당시의 사회경제적인 기회와 조건이 빈곤문제에 상당한 영향을 미칠 것이라는 것은 무시했다. 이러한 이데올로기는 당시 지배적이었던 자유방임적 개인주의의 영향을 받은 것으로 자선조직협회의 기본 정신은 개인주의 정신에 입각하여 수혜자의 도덕심과 가치관을 고양시키는 것이었다.

자선조직협회는 '구제받을 자격이 있는 빈민 deserving poor과 구제받을 자격이 없는 빈민 undeserving poor'을 엄격히 구분하여 「신빈민법」의 핵심원칙이었던 열등처우원칙을 고수하였다.

빈민과 빈곤문제에 대한 경직적인 태도에도 불구하고 자선조직협회는 가족문제를 다루는 상당한 수준의 기법을 발전시켰고 이는 사회사업 social casework 발전의 기초를 다졌다. 버밍엄대학교에서는 1908년부터, 런던정치경제대학 London School of Economics에서는 1913년부터 시작된 사회복지사교육훈련은 자선조직협회의 일선기관들에 의하여 발전했으며, 초창기 현장 경험에 크게 의존하고 있었다(Jones, 2000; 임영진 · 이영찬 역, 2003).

반면, 이 무렵 COS와 함께 사회복지실천의 역사에서 주요한 의미를 갖는 인보관운동 隣保官運動, settlement movement이 전개된다. 인보관운동은 1854년 데니슨 목사가 주축이 되어 케임브리지대와 옥스퍼드대 학생들과 슬럼가의 노동자들을 결합시킴으로써 빈곤 문제를 일종의 사회이상주의 운동으로 전개하였다. 경제적 상류층들에 의해 주도된 자선조직협회와는 달리 급진적이고 개혁을 지향하는 중류층 지식인들을 중심으로 이루어진 인보관운동은 활동가들이 빈민들의 거주 지역에 뛰어들어 그들과 적극적으로 동조하는 형태를 가졌다는 큰 특징이 있다. 빈민들이 필요로 하는 각종 서비스들을 제공할 뿐 아니라, 사회를 개혁함으로써 빈곤의 문제를 해결하려는 노력도 병행하였다는 점은 자선조직협회와 뚜렷이 구별되는 점이다. 이 운동은 바네트Barnett 목사가 계승하여 더욱 발전시켰는데, 그는 빈민가에서 생활 체험을 통해 빈곤을 개인적인 성격결함에서 원인을 찾으려던 자선조직협회의 입장에서 벗어나 빈곤은 사회경제적인 기회와 조건으로부터 기인한다는 인보관의 입장을 굳건히 고수하였다. 따라서 교육을 통해 빈민이 자신을 스스로 변화시켜야만 가난에서 궁극적으로 벗어날 수 있다는 확신을 얻게 된다. 그리하여 대학생들이 빈민가에 거주하면서 가난한 노동자들과 그 가족들에게 문화와 교양을 깨우쳐 줌으로써 빈민의 인간적 성장을 돕도록 적극 권장하였다.

그들 중 옥스퍼드대학 출신인 토인비(Arnold Toynbee, 1852~1883)가 옥스퍼드대학 경제학 조교수로 재직할 때 결핵으로 요절하자 그의 숭고하며 열정적인 정신을 기려 동료들이 1884년 런던의 동부 빈민지역에 토인비홀Toynbee Hall을 설립하였는데, 이것이 세계 최초의 지역사회복지관community welfare center이다.

바네트 목사가 초대 관장이었던 토인비홀이 추구했던 목적은, 첫째, 빈민들을 위한 교육과 문화개발, 둘째, 인보관 거주자들과 학생들에게 빈민들의 생활조건과 사회개혁의 필요성에 관한 정보 제공, 셋째, 사회문제 · 건강문제 · 사회입법에 대한 관심을 불러일으키는 것이었다.

| 표 2-1 | 자선조직협회와 인보관운동의 비교

구분	자선조직협회	인보관
공통점	민간의 빈민구호 활동	
주된 참여층	신흥자본가	교수, 엘리트 청년, 지식층
빈곤원인	나태, 구걸 근성 등 개인책임	열악한 주거환경 및 사회구조
주요 사상	사회진화론	사회개혁론, 기독교 사회주의
주요활동방향	중복구제방지 및 자선활동의 조정 환경조사	빈민의 교육과 문화발전 새로운 서비스 개발
사회복지실천에 미친 영향	개별사회사업, 지역사회조직사업, 사례관리	집단사회사업, 임파워먼트, 지역사회조직사업

2) 사회복지실천 전문직의 확립기(1900년 전후~1920년대 전후)

사회복지실천 활동에서 무급자원봉사자로 활동하던 우애방문원에게 1900년대 전후 자선 조직협회에서는 최초로 보수를 제공하고 유료로 고용하였다. 이처럼 보수제공을 통하여 활동의 지속성과 책임성을 높이고 역할을 확대시켰다. 그리고 우애방문원의 활동을 관리하는 관리자를 따로 두면서 점차 전문화, 체계화되었다.

자선조직협회의 관리자들은 우애방문원들을 교육하고 조직, 관리하는 과정에서 일정한 기준과 지침서를 필요로 하게 되었다. 이러한 기준 및 지침의 필요성은 곧 사회복지실천교육의 필요성으로 연결되었고 당시 미국 볼티모어 자선조직협회에서 근무하던 메리 리치몬드Mary Richmond는 1897년에 열린 자선 및 교정학회에 참석하여 전문교육을 담당할 기관의 필요성을 역설하였다. 이것을 계기로 1898년 미국 최초의 사회복지 전문인력 훈련과정인 뉴욕자선학교가 뉴욕자선조직협회에 의해 개설되었다. 이것은 6주짜리 훈련과정이었다. 이후 뉴욕 자선학교는 1904년에는 1년짜리 프로그램을, 1910년에는 2년짜리 프로그램을 개설하였다. 뉴욕자선학교는 후에 뉴욕 사회복지대학New York School of Social Work으로 발전하였고 1962년 이후에는 콜롬비아대학교 내의 사회복지대학Columbia University, School of Social Work으로 성장하였다. 1907년에는 시카고대학에서 사회복지교육프로그램이 개설되었으며 1920년대에 들어서면서 현장 중심적인 교육과 시간제 등록 교육에 대한 문제점이 제기되어 연중 전일제 수업을 규정한 석사과정이 생겨나기 시작하였다.

1900년 필라델피아Philadelphia 자선조직협회의 총책임자가 된 리치몬드는 그간 자신 및 동료들의 사회복지실천 활동내용 및 활동과정을 종합하여 1917년 『사회진단Social Diagnosis』을 내놓게 된다. 이것은 사회복지실천에 관한 이론과 방법을 최초로 체계화한 책이다. 이후 1922년 리치몬드는 『개별실천이란 무엇인가?What Is Social Case Work?』라는 책을 통해서 케이스 워크란 개인과 개인, 인간과 환경 간의 적절한 조화와 조절을 통해 인격의 발달과 성장을 가져오게 하는 과정이라고 정의하여 현재 사회복지실천의 기본 개념 틀인 '환경 속의 인간person-in-environment'을 개념화하였다.

반면 1920년대에 들어서 프로이트Freud의 정신역동학 이론이 유럽을 비롯한 서양의 학문 세계로 전파되기 시작하면서 프로이트 이론은 사회복지실천에 큰 영향을 미쳤다. 정신분석학의 발달은 사회복지실천에서 문제를 가진 개인의 사회, 상황, 환경보다는 개인 자체에 더욱 관심을 집중하게 하였으며, 유아기의 경험을 특히 중요시하게 하였다. 이러한 추세에 맞추어 클라이언트와의 면밀한 면담이 중요한 수단으로 사용되었고 사정이나 진단도 과거와 비교하여 더욱 체계화되었다. 외부 환경으로서의 사회에 대한 사회학적 관심 대신 인간의 내면적 경험에 대한 심리학, 특히 정신분석학적 관심이 대두되면서 전체 사회는 '외부'보다는 '내부' 지향적 성향을 보였다(김기태 외, 2012).

이때 전체 사회의 내부 지향성이 반영되어서 사회복지의 영역에서도 전문직으로서의 내부성찰을 도모하게 되었다. 의료교육 비평가인 플렉스너(Flexner, 1915)는 1915년 미국의 전국 자선단체 및 교정회의에서 "사회복지는 전문직인가?"라는 제목으로 연설을 하게 되었는데, 이때 사회복지는 전문직으로 인정받기에는 미흡한 점이 많다고 지적했다. 그런데 이것은 사회복지의 역사에서 하나의 전환점으로 작용하게 되고 이로 인해 많은 사회복지실천가들은 사회복지의 전문화에 관심을 가지게 되었다.

3) 전문직 분화기(1920년 전후~1950년 전후): 3대 방법론으로 분화

집단사회사업이 개별사회사업, 지역사회조직사업과 함께 사회복지실천방법으로 인식되기 시작한 것은 1930년대 이후이다. 집단사회사업은 제2차 세계대전 이후, 정신분석이 집단치료방법을 활용, 군대나 사회복지관에 집단지도자가 고용됨으로써 집단지도가 발전하였다. 집단사회사업은 집단구성원 간의 상호작용을 강조하였고 경쟁보다는 협동에 초점을 두었다. 체계화된 전문적·이론적 기술이 필요해지면서 집단사회사업에 대한 전문교육이 시작되었고 1946년 미국에서 집단사회사업이 사회사업실천 방법으로 인정된 회의는 전미사회복지사협회 American Association of Social Workers 의 연례 회의다. 이 회의에서 집단사회사업의 중요성과 그 실천 방법이 논의되었으며, 이후 집단사회사업이 사회복지 분야에서 중요한 역할을 하게 되었다.

지역사회조직사업은 1929년 대공황으로 민간사회사업은 한계를 드러냈고, 국가가 사회사업기관을 설립하면서 공공기관에서 활동하는 사회복지사의 수가 늘어나고, 지역사회실천이 발달하고 전문화되어 지역사회조직이 사회복지방법의 한 분야로 정착하게 된다.

한편, 1930년대에 프로이트의 정신분석이론을 중심으로 사회복지실천을 행하는 진단주의 학파와 랭크의 이론을 중심으로 사회복지실천을 행하는 기능주의 학파 사이에 논쟁이 일어나며 이는 1950년대까지 이어진다.

인간을 기계적 결정론적 관점에서 바라보고, 인간은 무의식의 힘에 의하여 좌우되며 유년기의 내면화된 부모의 영향력에서 벗어나지 못한다고 본 진단주의 학파에 반기를 들고 등장한 기능주의 학파는 기존의 인간관에 대한 이의를 제기하는데, 인간을 좀 더 창의적 · 의지적 또는 낙관적으로 보아야 한다는 견해를 주장하였다.

스몰리(Smalley, 1970)는 기능주의가 진단주의와 현저한 차이를 보이 것을 다음과 같이 정리하였다.

첫째, 인간성의 이해에 관해서 진단주의는 '질병의 심리학psychology of illness'으로, 기능주의는 '성장의 심리학psychology of growth'으로 보는 입장에 서 있다.

진단주의에 의한 케이스 워크는 변화의 중심이 워커에게 있기 때문에 케이스 워크를 치료treating or treatment라고 표현하는 데 대해, 기능주의는 변화의 중심이 클라이언트에게 있기 때문에 케이스 워크를 원조helping라고 표현하며, 인간은 발달 초기에서부터 사회적 · 문화적 영향을 강하게 받는다고 보았다.

둘째, 진단주의는 인간을 기계적 결정론적 관점에서 바라보고, 인간은 무의식의 힘에 의해 좌우되며 유년기의 내면화된 부모의 영향력에서 벗어나지 못하는 존재로 여긴 반면, 기능주의에서는 클라이언트의 현재와 미래, 그리고 개인의 의지(will)을 강조하였다. 기능주의학파들은 개인을 더 이상 과거의 노예가 아니며, 현재의 경험과 그 주변 여건에 대한 이해가 그를 이해하는 데 중요한 요소라 여겼다.

셋째, 진단주의는 성격에 있어서 자아ego의 힘이 사회복지 원조에 의해 강화될 수 있다고 보았는데, 기능주의는 자아의 창조적 통합력을 인정하고 클라이언트에게 사회복지사가 속한 기관의 기능을 자유롭게 활용하게 함으로써 클라이언트 스스로 자아를 전개하도록 원조하는 것을 과제로 삼았다. 이것은 성장할 수 있는 클라이언트 내부의 힘에 대한 믿음에 근거한 것이다. 그리고 사회복지사와 클라이언트의 관계 형성 및 발전에 따라 원조과정을 초기 · 중기 · 종결의 단계로 구분하고, 관계가 진전되면서 서로에게 영향을 미칠 수준이 되었을 때 변화를 위한 기회로 발전될 수 있음을 인식했다. 이 두 집단의 논쟁을 정리한 사람은 문제해결 접근법을 창안한 펄만이다(김융일 외, 1995).

진단주의와 기능주의를 비교하면 다음과 같다.

| 표 2-2 | 진단주의와 기능주의의 비교

구분	진단주의	기능주의
강조점	과거 및 본능에 초점	현재, 미래 그리고 인간의 의지
인간성의 이해	질병의 심리학 (psychology of illness)	성장의 심리학 (psychology of growth)
원조의 방향	초기아동기 생육사의 진단 등을 통한 클라이언트의 자아 힘 강화	사회복지사가 속한 기관의 기능을 클라이언트가 활용함으로써 클라이언트 스스로가 자아 전개함을 원조
전문가와 클라이언트 관계	수직적 관계	수평적 관계
대표 학자	홀리스(Hollis), 고든 해밀튼(Gordon Hamilton), 메리 리치몬드	오토 랭크(Otto Rank), 로빈슨(Robinson), 태프트(Taft), 스몰리

또한 이 시기에 사회복지직이 전문직으로 평가받게 되는 매우 기념비적인 회의가 개최되는데 바로 1929년 밀포드 회의Milford Conference이다. 이 회의에서 사회복지는 각기 다른 이질적인 전문가들의 집단이 아니라 동일한 기술과 지식을 사용하는 단일화된 전문직임을 확인하는 자리가 된다.

사회복지실천이 3대 방법론으로 분화되고 병원, 학교, 법정 등 많은 영역으로 활동이 확대됨에 따라 공통의 지식기반을 갖추자는 움직임이 사회복지계 내부에서 시작되었으며 이러한 다양한 장에서 종사하는 사회복지사들이 밀포드 회의를 통해 동일한 기술과 지식을 사용하는 전문직으로 평가받는 계기가 마련된 순간이었다.

여기서 나온 보고서는 1920년대의 케이스 워크 이론들의 발전을 반영했고 무엇보다 '개입'의 개념을 발달시키는 시작이 되었다. 당시 '개입'이라는 용어 대신 '치료'treatment 라는 의료적 용어를 사용했음에도 불구하고, ① 자원의 활용, ② 클라이언트 자기인식의 도모를 위한 원조, ③ 클라이언트의 능력 개발을 위한 원조 등을 원조의 핵심적 과정으로 간주하고자 했다(김기태 외, 2008).

4) 사회복지실천의 통합기(1950년 전후~1970년 전후)

사회복지실천의 큰 흐름은 1940년대 제2차 세계대전을 거치고 1950년대에 들어오면서 매우 다원화된 이론적 패러다임으로 발전하게 된다. 즉, 심리사회적인 접근을 비롯하여 문제해결 모델, 행동수정 모델, 가족치료 등이 그것이다.

1960년대를 거쳐 오는 동안 이론적 패러다임의 다원화는 계속되어 위기개입모델, 과업중심모델, 인지치료모델, 생활모델, 단기치료모델, 클라이언트중심모델, 실존주의 모델, 행태치료모델, 생태학이론과 사회체계모델, 사례관리모델 등이 나타났다.

이 시기는 새로운 문제들이 관심을 끌면서 자연히 새로운 클라이언트 집단들이 등장하게 되었고 이로 인해 새로운 서비스 가능성을 개발하면서 기존의 방법을 새로운 방식에서 사용하는 등 그야말로 이론의 개발이 풍성한 시기였다.

진단주의는 심리사회적 접근법으로 불리게 되었으며 기능주의와 더불어 더욱 확장되고 새로워졌다. 사정, 상황 속의 개인, 과정, 관계 그리고 개입 등의 5가지 실천 개념들이 정립되었으며 사회과학으로부터의 새로운 이론들이 응용되기 시작했다. 사회체계이론과 의사소통이론이 실천에서 활용되기 시작한 것도 이 무렵이다.

구체적으로 살펴보면, 당시 '진단' 및 '치료'라는 의학적 용어의 사용에서 벗어나 좀 더 일반적 용어인 '사정' 및 '개입'이라는 용어로의 변화가 있었다. 상황 속의 개인 그리고 클라이언트와 사회복지사의 관계에 관한 개념을, 새로운 사회과학이론인 사회체계이론을 1970년대에 사회복지에서 급속하게 응용하게 됨에 따라 더욱 확장되었다.

관계의 개념에도 변화가 있었는데 종래 클라이언트와 사회복지사의 관계에서 확장되어 수많은 다른 관계의 중요성이 집단사회사업과 지역사회조직의 여러 문헌들에서 다루어졌다. 이 무렵 '관계'와 매우 근접한 개념인 '상호작용기술'에 관한 논의가 시작되었다. 이외에도 집단사회사업과 지역사회조직에 관한 여러 중요 연구들이 계속 진행되었고 결과적으로 모든 형태의 사회복지실천을 포괄할 수 있는 이론적 공통기반이 도출될 수 있었다.

이러한 경향들로 인해 사회복지에서의 전통적 방법론들, 즉 개별사회사업, 집단사회사업, 지역사회조직의 각각 분리된 영역을 추구하는 이론의 개발은 더 이상 이루어지지 않았다. 대신 통합화된 사회복지 전문영역을 추구하는 이론들이 개발되었고 이는 문제와 욕구 중심의 접근을 가능하게 했다. 이러한 전환은 일반주의 사회복지실천이라는 통합화된 접근법의 출현을 가져왔다. 이는 클라이언트가 가진 복잡하고 다원화된 문제 및 상황에 효과적으로 대처하기 위해서는 여러 방법 혹은 접근법들을 병행해서 사용해야 할 필요성에 의한 것이었다. 그러나 이러한 통합화가 기존의 방법들이 완전히 없어진 것을 의미하는 것은 아니다. 이론적인 패러다임이 바뀌더라도 원조의 대상으로서 개인과 집단과 지역사회는 변할 수 없는 부분이기 때문이다.

5) 사회복지실천의 다양화와 확장기(1970년대~현재)

1970년부터는 사회복지실천 모델에 대한 탐구가 일어나면서 많은 실천모델들이 출현하기 시작하였다. 1979년과 1980년에는 임상사회사업의 실체를 규정하는 작업이 NASW를 중심으로 이루어짐으로써, 공통적인 지식기반, 실천방법, 실천현장, 가치와 기술 등에 대한 합치된 정의를 도출해 내기 위한 노력이 있었다. 현재의 사회복지실천은 사회개혁과 인간 개인의 변화 모두에 초점을 둔 접근을 하고 있다. 빈곤뿐만 아니라 비행, 장애, 건강, 보건, 정신보건 등 다양한 문제를 다루게 되었다.

무엇보다 클라이언트를 환자로 보는 병리학적 접근보다는 개인의 강점에 초점을 두며, 클라이언트의 상황에 맞는 역할 및 개입전략이 다양성을 중요시하는 관점을 강조하고 있다. 또한 새로운 모델과 이론들이 다양하게 등장하게 되는데 일반체계이론, 생태체계이론 등이 통합화의 유용한 이론으로 등장하였고, 전통적인 방법론으로부터 생태체계론적 관점에 입각한 새로운 방향으로 전환되었다.

2 한국 사회복지실천의 역사

우리나라의 사회복지 역사를 어디서부터 살펴보는가는 여러 논란이 있을 수 있다. 이에 본 서에서는 근대적 사회복지철학을 중심으로 시혜의 차원이 아닌 권리 및 인간존엄성 가치를 지닌 활동의 시기부터 살펴보고자 한다.

1) 외원단체의 활동

6.25 전쟁 이후 국가가 서서히 안정되면서 전쟁으로 인해 발생했던 여러 가지 후유증들이 하나둘 치유되고 있었다. 당시의 여러 문제들 중에서도 사회 전반에 만연해 있던 빈곤문제, 아동문제, 가족문제 등은 매우 심각했다. 그러나 이러한 문제에 적절하게 대응하려는 노력은 정부 차원이나, 민간 차원에서 모두 부적절하였다. 왜냐하면 일제강점기, 해방, 전쟁으로 이어진 시간들은 정상적인 경제구조를 갖출 수 있는 여건이

못 되었으며 사회적 참상은 절대적 자원의 부족으로 인한 절대적 빈곤이 이어졌다. 당시 한국은 국가와 그 국민, 모두 클라이언트였던 것이다.

1950년 이후에는 많은 외국 원조단체나 기관들이 한국으로 들어와서 활발한 구호사업과 자선사업을 전개하였으며 시간이 지나면서 사회복지를 전공한 사람들도 유입되었다. 세계기독교봉사회 Christian World Service 는 대표적인 외원단체의 하나로서 사회복지를 전공한 엘리자베스 헤이즈 Elizabeth Hayes 에 의해서 사회복지 프로그램을 개발하고 가족 중심의 사회복지실천을 도입하였다(전재일 외, 1984).

| 표 2-3 | **대표적인 외원단체**

단체명	주요 활동
한미재단 (American-Korean Foundation)	• 1952년 아이젠하워(Eisenhower) 대통령의 요청으로 한국인과 미국인의 우정을 도모하기 위하여 설립 • 비영리 · 비정치성에 의한 자조를 목표로 보건, 교육, 복지사업, 농업, 지역사회개발, 예술, 문화사업 중점 • 미국 유학 중인 한국 학생에 대한 교육적 카운슬링, 귀국 학생에 대한 직업 조력, 보건사회부와 WHO의 협력으로 결핵치료사업 실시
CARE (Cooperative for American Relief Everywhere)	• 세계적으로 활동하는 미국의 구호연맹으로서 미국 내의 26개 사회자선단체로 구성된 기관 • Self-help(자조)의 요용에 대하여 협조해 주는 것을 목적 • 노동자, 가정주부, 취학아동, 여성단체, 노동조합, 교회 및 사교단체, 기타 많은 단체 지원 • 경제적 곤란에 처한 초등학생에 대한 식량문제 협조와 아동보건소 건립, 경제적 불경 때에 일반협조와 지역사회 개발 협조 등
홀트아동복지회 (Holt Adoption Program)	• 6.25 전쟁 후인 1955년 미국인 홀트(Holt) 부부가 전쟁고아 12명을 미국에 입양시킨 것을 시작으로 1956년 구세군 본부에서 국외 입양업무 시작 • 우리나라 대표적인 입양기관

단체명	주요 활동
기독교세계봉사회 (Korean Church World Service)	• 그리스도의 사랑을 실천하는 데 목적을 둠 • 가족계획, 결핵사업, 가정복지, 지역사회개발, 불구자재활사업, 긴급재해구호 등 광범위한 사업 • 극빈자의 자조정신 고취
양친회 (Foster Parent's Plan)	• 빈곤가정에 대한 현금과 물질적 원조 및 자조를 목적 • 서울과 부산 같은 대도시에서 일반적으로 3명 이상의 자녀를 가진 가정으로 아버지가 없고 그 가족의 수입이 시급한 가정을 대상으로 교육비 보조
가톨릭구제회 (United States Catholic Conference)	• 구호, 사회복지, 의료, 사회경제적 발전 분야에 대한 물질적 · 재정적 보조와 원조 목적으로 설립 • 식량, 의복, 약품, 물질 무상공급, 망명자의 재정착, 토지 개간, 양자 및 결연 사업 등
세계구호위원회 (World Relief Commission)	• 그리스도 구호사업과 재활 계획 목적 • PL480에 의거한 식량공급
구라선교회 (The Leprosy Mission)	• 나병환자 구제와 정신적 도움을 목표 • 의료구호와 생계보조
기독교아동복리회 (Christian Children's Fund)	• 6.25 전쟁 이후 전쟁고아 후원 • 1972년 '한국어린이재단'으로 법인명칭 변경, 현 어린이재단
선명회 (World Vision)	• 6.25 전쟁의 고아와 남편을 잃은 부인들을 돕기 위해 1953년 설립 • 현재 월드비전으로 긴급구호, 개발사업, 아동후원사업 등 실시

여러 외원단체들은 개별적으로 운영되어 오던 사업 형태를 통일하고 좀 더 효과적인 원조를 실시하기 위하여 1952년 7개 기관이 모여 한국외원단체협의회KAVA, Korea Association of Voluntary Agencies를 결성하였다. 1970년에는 76개의 단체가 카바에 가입되었고 고아문제, 장애문제, 혼혈아문제, 아동유기 등의 문제에 대한 해결책 모색을 위한 실태조사를 실시하였다. 1970년대에 들어서면서 외원단체들은 사업을 종결하고 한국

을 떠나기 시작하였는데, 이는 한국의 경제사정이 좋아지고 외원단체에 대한 의존도가 낮아졌기 때문이다.

2) 한국 사회복지실천의 제도적 발전

한국의 사회복지실천은 1970년대를 거쳐 1980년대까지 20~30년간 별다른 변화 없이 지속되었다. 그것은 당시의 국가적 · 사회적 상황과 무관하지 않은데, 1960년대 들어오면서 우리나라는 경제개발 5개년 계획의 적극적인 추진으로 산업화, 공업화, 도시화의 현상이 급속하게 나타나게 된다. 그러한 산업화의 과정에서 가장 핵심적인 부분은 경제성장 정책이었다. 소위 말하는 선성장 후분배(복지)정책이 큰 흐름을 형성하여 사회복지나 사회복지실천은 제대로 발전되지 못했다.

그러다가 1980년대 후반에 들어오면서 사회복지실천은 급격한 변화의 흐름을 맞게 되는데, 첫째, 우리나라 최초의 복지관에 해당하는 태화여자관(현재 태화기독교사회복지관)이 1921년 문을 열고 그 후, 60여년 후인 1983년 개정된 「사회복지사업법」을 토대로 사회복지관의 설립 및 운영을 지원하는 근거가 마련되면서 다수의 사회복지관이 설치되기 시작하였다. 1989년에는 「주택건설촉진법」 개정으로 영구임대 아파트 건립시 아파트 내에 일정규모의 사회복지관 설치가 의무화 되었다. 둘째, 전문직업보다는 학문을 중시하는 유교사상적 풍토로 인하여 전문직업학교를 통한 교육보다는 정규대학을 통한 학문적 교육이 중시되었다. 1947년 이화여자대학교에 기독교 사회사업학과가 최초로 신설되었으며 국립대학교로서는 1959년 서울대학교에 사회복지학과가 개설된 것에 이어, 1970년 부산대학교에 사회사업학과가 개설되었다. 1970년대만 하여도 전국에 사회복지학과가 개설된 대학이 10여 개 대학에 불과하였으나 1980년대 이후에 많은 대학에서 사회복지학과를 설치하게 되었다. 셋째, 공공 영역에서는 1987년부터 사회복지전문요원(현재 사회복지전담공무원으로 명칭)이 임용되어 주로 저소득층 밀집지역을 중심으로 동사무소에 배치되어 활동하였다.

한편 사회복지인력과 자격제도에도 큰 변화가 있었는데 1997년 개정된 「사회복지사업법」에 따라, 2003년부터 국가자격시험을 실시하여 새로운 자격제도를 실행하게 되었다. 이 제도에 따라 모든 예비사회복지사와 2급 사회복지사는 국가시험에 합격하여야 공인된 1급 사회복지사의 자격을 얻게 되며, 1급 사회복지사는 법정 국가자격증이다.

1998년 「정신보건사회복지사」 2급 자격시험이 실시되었고 1급을 취득하기 위해서는 2급 취득 후 5년간의 임상경력이 요구되었는데, 2002년 최초의 1급 승급시험이 시행되었다. 「정신보건법」 제7조에 의한 정신보건전문요원은 정신보건 임상심리사, 정신보건 간호사, 정신보건 사회복지사로 정신보건 사회복지사는 「사회복지사업법」에 의한 사회복지사 1급 자격소지자로서 보건복지부장관이 지정한 전문요원 수련기관에서 1년 이상 수련을 하고 필기시험과 구술시험을 합격하면 2급 정신보건 사회복지사 자격을 취득할 수 있었다.

2005년부터 한국사회복지사협회장의 위임을 받아 한국학교사회복지사협회와 한국학교사회복지학회가 공동 주관하여 학교사회복지사 자격시험이 실시되었다. 사회복지사와 정신보건사회복지사는 보건복지부에서 관장하는 국가자격증인데 반해, 학교사회복지사는 민간자격증이었다.

2000년대 이후 한국 사회복지실천은 전문 분야의 확대 및 자격제도 등을 통한 전문직의 정체성 확보라는 특징을 읽을 수 있는데 2018년이 되어 「사회복지사업법」 개정으로 그간 민간자격증이었던 학교사회복지사, 의료사회복지사가 국가자격증으로 변모하였다. 각각에 대해서는 본 서 4장에서 다루도록 한다.

Chapter

03 사회복지실천의 가치와 윤리

1. 사회복지실천과 가치
2. 사회복지실천과 윤리
3. 사회복지실천에서 가치갈등과 윤리적 딜레마

Chapter 03

사회복지실천의 가치와 윤리

1 사회복지실천과 가치

1) 가치의 개념

가치는 사회복지실천에서 매우 중요하다. 브라운(Brown, 1968)은 "철학을 제외하면 사회복지 전문직만큼 가치의 문제에 깊이 관심을 갖는 전문직은 아마도 없을 것이다"라고 하였으며, 골드스타인(Goldstein, 1973)은 사회복지사들을 일컬어 "가치에 둘러싸인 사람들"이라고 하였듯이 사회복지실천에서 가치는 매우 중요하다.

가치는 믿음 또는 신념과 같은 것으로 "좋다", "바람직하다" 등과 같이 선호하는 것에 대한 암묵적 견해로서 인간의 삶과 관련된 특정 수단, 목적, 조건들에 대한 선호이다. 이때 가치는 단순한 관심이 아니라 행동 시에 선택의 기준으로 작용하여 인간행동의 방향과 동기를 제공한다. 윌리엄(William, 1967)은 "가치란 선호하는 것 혹은 선택한 것에 대한 기준이며, 잠재적이거나 실제적인 행동을 정당화시켜 줄 뿐 아니라 선택된 행위들의 바람직한 상태를 일컫는 개념"이라고 정의하였다. 즉, 가치란 객관적으로 증명할 수 없고 주관적으로 선호하는 것으로 인간의 적절한 행동을 선택하는 데 지침이나 기준이 된다. 가치와 윤리는 종종 혼용되지만 그 뜻은 다르다. 사회복지실천의 윤리에서 가치의 문제를 중요하게 다루는 것은 가치에서 윤리가 나오기 때문이다(엄명용 외, 2007).

바틀렛(Bartlett, 1970)은 사회복지실천에서의 본질적 3대 요소인 가치, 지식, 기법 중 가치적 요소를 중시했다. 사회복지 전문직은 어떠한 지식이나 개입방법만으로는 충족될 수 없으며 뚜렷한 가치나 신념이 선행되어야 함을 시사하고 있다. 전문직 속성에서 가치를 전제로 삼은 윤리강령을 중시함도 이에 연유한다고 보겠다. 특히 사회복지 전문가들은 클라이언트를 원조함에 있어 어떠한 생각을 갖는 것이 바람직하며, 문제를 해결하는 데 어떻게 처리함이 바람직한 것인가 하는 사고나 판단을 할 수 있어야 하는데 이때 바람직한 가치관은 매우 중요하다.

2) 가치의 유형

(1) 가치의 수준에 따른 분류

가치는 수준 또는 그 중요도에 따라서는 일반적으로 궁극적 가치, 수단적 가치 그리고 차등적 가치의 세 가지 유형으로 분류한다(Johnson & Yanca, 2001).

① 궁극적 가치는 가장 추상적이고 대다수의 사람이 가장 쉽게 동의하는 가치로서 인간의 존엄성, 자유, 정의 등이 궁극적 가치에 속한다.

② 수단적 가치는 목적을 위한 바람직한 수단에 대한 것으로 궁극적 가치를 달성하

기 위한 수단으로써 자기 결정, 비밀보장 등이 수단적 가치에 속한다.

③ 차등적 가치는 사회문화적 영향이나 개인의 경험에 따라 찬반이 나뉠 수 있는 가치로서 안락사나 낙태 그리고 동성애에 대한 가치 등이다.

(2) 가치의 주체에 따른 분류

가치의 주체에 따라서는 개인적 가치, 사회적 가치, 전문직 가치 등으로 나누기도 한다.

① 개인적 가치는 각 개인들이 가지고 있는 가치로서 종교적, 문화적 가치의 영향을 강력히 받으므로 각 개인의 환경에 따라 다르게 형성될 수 있다.

② 사회적 가치는 개인적 가치에 영향을 미치며 시대의 변화에 따라 변하는 특성이 있다. 사회의 일반화된 정서적 공감대를 반영하는 것으로 역사적으로 형성되었으며 경험에서 비롯된다.

③ 전문직 가치는 기본적으로 해당 전문직의 독특한 실천 활동과 관련하여 요구되는 가치로서 전문직 구성원들이 행하는 업무의 목적을 분명하게 해 주며 그 구성원들의 활동을 안내해 주게 되어(김기태 외, 2008), 전문직 활동의 평가와 책임소재의 근거가 된다. 전문직 가치는 어떠한 직업이 사회적 차원에서 전문직으로 인정받는 과정에서 주어지는 것으로 일반적으로 전문직이 속한 그 사회의 가치를 반영하게 된다. 그러나 전문직 가치가 반드시 그 사회의 사회적 가치와 일치하는 것은 아니다. 예를 들면, 사회복지 전문직의 가치는 사회적 가치에 기반을 두고 나왔으나 반드시 현 사회의 가치와 일치하는 것은 아니다. 즉, 일반윤리는 "모든 사람은 평등하게 존중받아야 한다."는 윤리적 원칙을 강조하지만 사회복지 전문직의 윤리는 "… 그러나 클라이언트의 이익이 우선적으로 보호받아야 한다"를 강조한다.

그러나 사회복지실천에서 이러한 가치기준은 절대적인 것이 아니며, 클라이언트를 도울 때 유용하게 사용할 수 있는 개념들에 지나지 않는다. 유능한 사회복지사는 이 지침을 잘 이해하여 특정한 클라이언트를 만날 때 어떤 지침이 유용한지를 잘 파악할 수 있어야 할 것이다(Zastrow, 1995).

3) 사회복지실천의 주요가치

재스트로(2004)는 사회복지실천에서 일반적으로 중시되는 주요 가치들을 다음과 같이 제시하고 있다.

① 인간의 존엄성과 개인의 독특함을 존중
② 자기결정권에 대한 클라이언트의 권리를 존중함
③ 비밀보장
④ 기타의 가치들

- 잔여적 대책이 아닌 제도적 대책을 지향함
- 클라이언트와 전문적 관계를 맺음
- 사회적 경제적 정의를 추구함
- 서비스의 단위로 가족에게 초점을 둠
- 서비스의 사회적 책임성을 지향함

한편 레비 Levy 는 사회복지전문직의 가치를 기능적인 측면을 기준으로 다음의 세 가지로 나누어 설명했다(김융일 외, 2000).

(1) 사람 우선의 가치

전문직 수행의 대상인 사람 자체에 대해 전문직이 갖추어야 할 기본적 가치로서 인간의 본성을 제시해 줄 수 있는 가치들이다. 사회복지사는 인간의 타고난 가치와 존엄을 믿고, 모든 인간은 변화를 향한 동기와 능력을 선천적으로 갖고 있다는 데 대한 믿음을 가지는 것이 필요하다. 그리고 모든 인간은 사회 및 인류와 자신에 대한 책임을 가지며, 모든 인간은 소속의 욕구와 같이 공통된 욕구를 갖지만, 각 개인은 독특한 존재라는 것을 인정하는 가치이다.

(2) 결과 우선의 가치

사람에 대해 서비스를 제공했을 때 초래되는 결과에 대한 가치로서 바람직한 결과 성취를 위해 가져야 하는 가치이다. 사회는 개인들이 자신들의 잠재성을 각자가 인식할 수 있도록 성장과 발달의 기회를 제공해야 하고 사람들에게 동등한 참여 기회를 제공해야 하며 그리고 사람들이 자신들의 기본적 욕구를 충족할 수 있도록 자원과 서비스를 제공해야 한다는 사회적 책임에 대한 믿음이다.

(3) 수단 우선가치

서비스를 수행하는 방법과 수단, 도구에 대한 가치이다. 사회복지사들은 모든 사람을 존경과 존엄으로 다루어야 하고, 자기결정의 권리를 갖도록 해야 하며, 인간을 독특한 성격과 삶의 경험을 가진 개인으로 다루어야 한다는 믿음이다.

그리고 NASW의 윤리강령은 전문직으로서 사회복지실천이 우리의 모든 업무에 영향을 미치는 핵심적인 가치에 기반을 두고 있다. 이들 핵심적인 가치는 서비스, 사회정의, 개인의 존엄과 가치 worth, 인간관계의 중요성, 성심 integrity 그리고 능력의 여섯 가지이다(NASW, 1999). 이를 구체적으로 살펴보면 다음과 같다(김기태 외, 2008).

첫째, 사람들에 대한 서비스는 사회복지실천 전문직 업무를 특징짓는 핵심적인 가치라고 사회복지사들은 믿고 있다. 이는 모든 사회복지사들의 의무이며 이 가치에서 '사회복지사의 1차적인 목적인 욕구를 가진 사람들을 도우며 사회문제들을 드러내 보이는' 사회복지실천의 윤리적인 원칙도 나오게 된다.

둘째, 우리사회에는 위험에 직면한 많은 집단과 사람들이 있다는 것은 경제적, 사회적 정의를 신장시키기 위한 사회변화 활동들을 사회복지사들이 추진해야 함을 의미한다. 이 가치로부터 나오는 윤리적 원칙은 '그것이 있는 곳이 어디든 사회복지사들은 사회정의에 도전하는 것'이다.

셋째, 모든 개인의 존엄과 가치는 사회복지사들이 사람들과 일을 하는 방식에서 실현되어야 하는 것이다. 우리는 개인들과 집단에서 차이와 다양성을 알아야 하며 모든 사람들은 그들의 능력을 개발할 수 있는 최대한의 기회를 가질 수 있도록 해 주어야 한다. 여기에서 나오는 윤리원칙은 '개인의 존엄과 가치에 대한 존중'이며 사회복지실천에서 클라이언트의 자기결정의 권리가 포함된다.

넷째, 인간관계의 중요성인데 사회복지사에게 사람들 간의 인간관계는 두 가지 면에서 매우 중요하다. 그 하나는 사람들이 성공적으로 삶을 살아가는 데 필요한 지지와 강점들이 이러한 관계에서 나오기 때문이며 다른 하나는 사회복지실천이 클라이언트와 사회복지사 간의 원조관계를 전제로 하고 있기 때문이다. 여기에서 나오게 되는 윤리원칙은 '인간관계의 중요성을 인식하는 것'이다.

다섯째, 성심 integrity 이란 사회복지사가 기본적으로 정직성을 가져야 한다는 것이다. 사회복지사는 클라이언트와 고용주에 대한 의무를 존중하는 윤리적인 실천을 해야 한다. 이러한 가치에서 나오게 되는 윤리적 원칙은 '사회복지사가 신뢰받는 방식으로 일하는 것'이다.

여섯째, 능력이란 사회복지사가 가장 높은 수준의 지식과 기술 그리고 가치를 지니고 있어야 한다는 것을 의미한다. 가능하다면 사회복지사는 언제나 전문적 지식을 확충하는 방향으로 지혜를 모아야 한다. 여기에는 자신의 실천을 평가하고 연구발표나 워크숍, 논문을 통해서 동료들과 함께 결과를 공유하는 것이 포함된다. 이 가치에서 나오는 윤리적 원칙은 '사회복지사는 그들의 능력 안에서 실천하며 그들의 전문성을 개발하고 신장시키는 것'이다(Boyle et al., 2006; Long et al., 2006).

2 사회복지실천과 윤리

1) 사회복지실천 윤리

윤리의 한자적 의미를 살펴보면 윤倫은 사람의 무리, 집단을 의미하고, 리理는 이치 혹은 도리라는 뜻이다. 따라서 윤리는 사람의 관계 속에서 사람으로서 마땅히 지켜야 하는 도리를 의미한다. 이러한 맥락에서 볼 때 사회복지실천 전문직의 윤리는 사회복지실천 전문가로서 마땅히 지켜야 할 도리를 말하는 것으로서 이것이 바로 전문직 활동의 기준이 되고 원칙이 되는 것이다.

가치가 보편적이고 추상적인 체계인 반면, 윤리는 가치와 일치된 행위로 이끄는 행동상의 규칙들이라고 할 수 있다. 가치는 무엇이 좋고 바람직한가와 관련되는 반면, 윤리는 무엇이 도덕적으로 옳고 그른가를 다룬다. 이처럼 윤리는 행동화된 가치로서 가치가 행동으로 표출되었을 때 옳고 그름을 판단하는 기준이 되는 것이다. 즉, 윤리는 가치에서 비롯되나 무엇이 옳고 그른가를 판단해 주는 도덕적 지침이 된다. 윤리란 사물의 이치나 어떤 행동이 도덕적으로 올바른가에 관한 질문과 관련(Loewenberg & Dolgoff, 1985)되며, '도덕적으로 좋고/나쁘고, 옳고/그른 것'에 관한 것으로 '바람직한 것, 우선적인 것, 선한 것'의 의미인 가치와는 구분되는 개념이다(엄명용 외, 2007).

미국의 대표적인 사회복지 윤리학자 로웬버그와 돌고프(Loewenberg & dolgoff, 1996)는 사회복지 윤리를 "사회복지실무자들로 하여금 무엇이 윤리적으로 올바른 실천방법인가를 인식할 수 있게 도와주며, 전문적인 사회복지실천 상황에서 초래되는 윤리적 측면들과 관련된 올바른 실천 행위를 결정하고 행동에 옮길 수 있는 하나의 방법"이라고 언급했다(김기덕 외, 2012).

러머(Reamer, 1999)는 사회복지윤리의 역할을 다음과 같이 설명하고 있다.

① 사회복지윤리는 사회복지 전문직의 기본적인 임무와 목표를 명백하게 제시하는 역할을 수행하고 있다. 즉, 사회복지가 지향하는 가치와 원칙들을 통해 사회복지 또는 사회복지전문직의 본질이 무엇인지, 다시 말해 사회복지가 이 세상에 왜 존재하며 또 어떠한 사명을 갖고 있는지를 확인할 수 있다.

② 사회복지윤리는 사회복지사나 사회복지기관이 구체적으로 어떠한 종류와 성격의 사회적 관계를 형성해 나가야 할지를 제시한다. 즉, 사회복지사가 사회의 다양한 집단들과 전문적 관계를 맺게 될 때, 언제 누구와 어떠한 종류의 관계를 형성해야 하는가라는 근본적인 질문에 직면하게 되는데 이때 사회복지윤리에 의해 결정하게 된다.

③ 사회복지윤리는 사회복지사가 자신의 실천과정에서 선택할 수 있는 다양한 실천대안들 가운데 어떠한 것이 가장 바람직한 것인지를 판단하는 중요한 기준으로 작용한다.

④ 사회복지윤리는 사회복지사가 실천과정에서 직면하는 윤리적 갈등을 해결할 수 있는 중요한 도구이다.

2) 전문가 윤리강령의 역사

윤리강령은 이미 오래전에 일반화되었으며, 그 역사는 고대로 거슬러 올라간다. 2천여 년 전에 히포크라테스(Hippocrates, 기원전 460~377)는 그리스의 모든 의사들에게 높은 수준의 전문적이고 윤리적인 행위를 하겠다는 서약을 하도록 요구하였다. 지금까지 알려지고 있는 히포크라테스 선서는 고대와 중세사회의 의사들에게 올바른 전문적 행동의 길이 무엇인지 알려 준 하나의 지침이었으며, 이는 최초의 전문직 윤리강령이라 이야기할 수 있겠다.

최근에는 모든 전문직들이 윤리강령을 발달시켜 왔다. 미국 내의 많은 집단들은 그들의 직업을 전문직으로 발전시키고자 공식적인 결정을 하면서 윤리강령을 채택하였다. 사회복지사들 또한 플렉스너(Flexner, 1915)가 사회복지사는 아직 전문직이 아니라고 말한 후부터 전문가 윤리강령을 만들고자 하였다. 그래서 1920년 메리 리치몬드 Mary Richmond 의 도움으로 사회복지사들을 위한 최초의 윤리강령 초안이 발표되었다(Pumphrey, 1959). 그러나 초안 발표 후 30여 년의 시간이 흐른 1951년에야 비로소 미국사회복지사협회 AASW 가 최초로 윤리강령을 채택하였다. 그러나 그때는 아직 AASW가 통일된 전국 조직이 아니었으므로 공식적인 윤리강령으로 인정받지는 못하였다. 그 후 1950년 후반에 모든 전문적인 사회복지 조직들이 역사적으로 통합됨에 따라 새로운 전문가 윤리강령의 필요성이 제기되었고, 새로운 통합단체인 전미사회복지사협회 NASW 에서는 1960년에 비로소 협회의 공식적인 윤리강령을 채택하여 발표하였다. 그 후 여러 차례의 개정을 거듭하여 현재의 윤리강령이 탄생하게 되었다(서미경 · 김영란 · 박미은, 2011).

3) 우리나라 사회복지사 윤리강령

한국사회복지사협회에서는 1982년 우리나라 최초의 사회복지사 윤리강령을 제정한 후 1988년 3월 제1차 개정과 1992년 10월 제2차 개정 그리고 2001년 12월 제3차 개정을 통하여 오늘에 이르고 있다. 2001년 개정된 사회복지사 윤리강령에서는 전문을 비롯하여 기본적 윤리기준, 클라이언트에 대한 윤리기준, 동료에 대한 윤리기준, 사회에 대한 윤리기준, 기관에 대한 윤리기준, 윤리위원회의 구성과 운영에 관한 부분으로 내용을 범주화하였다. 한국사회복지사협회의 이러한 윤리강령은 2001년 12월 15일 전국사회복지사대회에서 채택하고 발표함으로써 사회복지사의 윤리강령을 내외에 천명하였다. 매우 다양하면서도 구체적인 내용을 담고 있는 한국사회복지사협회 윤리강령의 내용을 살펴보면 다음과 같다.

사회복지사 윤리강령

전문

사회복지사는 인본주의 · 평등주의 사상에 기초하여, 모든 인간의 존엄성과 가치를 존중하고 천부의 자유권과 생존권의 보장활동에 헌신한다. 특히 사회적 · 경제적 약자들의 편에 서서 사회정의와 평등 · 자유와 민주주의 가치를 실현하는 데 앞장선다. 또한 도움을 필요로 하는 사람들의 사회적 지위와 기능을 향상시키기 위해 저들과 함께 일하며, 사회제도 개선과 관련된 제반 활동에 주도적으로 참여한다. 사회복지사는 개인의 주체성과 자기결정권을 보장하는 데 최선을 다하고, 어떠한 여건에서도 개인이 부당하게 희생되는 일이 없도록 한다. 이러한 사명을 실천하기 위하여 전문적 지식과 기술을 개발하고, 사회적 가치를 실현하는 전문가로서의 능력과 품위를 유지하기 위해 노력한다. 이에 우리는 클라이언트 · 동료 · 기관 그리고, 지역사회 및 전체사회와 관련된 사회복지사의 행위와 활동을 판단 · 평가하며 인도하는 윤리기준을 다음과 같이 선언하고 이를 준수할 것을 다짐한다.

윤리기준

Ⅰ. 사회복지사의 기본적 윤리기준

1. 전문가로서의 자세
   1) 사회복지사는 전문가로서의 품위와 자질을 유지하고, 자신이 맡고 있는 업무에 대해 책임을 진다.
   2) 사회복지사는 클라이언트의 종교 · 인종 · 성 · 연령 · 국적 · 결혼상태 · 성 취향 · 경제적 지위 · 정치적 신념 · 정신, 신체적 장애 · 기타 개인적 선호, 특징, 조건, 지위를 이유로 차별대우를 하지 않는다.
   3) 사회복지사는 전문가로서 성실하고 공정하게 업무를 수행하며, 이 과정에서 어떠한 부당한 압력에도 타협하지 않는다.
   4) 사회복지사는 사회정의 실현과 클라이언트의 복지 증진에 헌신하며, 이를 위한 환경 조성을 국가와 사회에 요구해야 한다.
   5) 사회복지사는 전문적 가치와 판단에 따라 업무를 수행함에 있어, 기관 내외로부터 부당한 간섭이나 압력을 받지 않는다.
   6) 사회복지사는 자신의 이익을 위해 사회복지 전문직의 가치와 권위를 훼손해서는 안 된다.
   7) 사회복지사는 한국사회복지사협회 등 전문가단체 활동에 적극 참여하여, 사회정의 실현과 사회복지사의 권익옹호를 위해 노력해야 한다.
2. 전문성 개발을 위한 노력
   1) 사회복지사는 클라이언트에게 최상의 서비스를 제공하기 위해, 지식과 기술을 개발하는 데 최선을 다하며 이를 활용하고 전파할 책임이 있다.
   2) 클라이언트를 대상으로 연구하는 사회복지사는 저들의 권리를 보장하기 위해, 자발적이고 고지된 동의를 얻어야 한다.
   3) 연구과정에서 얻은 정보는 비밀보장의 원칙에서 다루어져야 하고, 이 과정에서 클라이언트는 신체적, 정신적 불편이나 위험 · 위해 등으로부터 보호되어야 한다.
   4) 사회복지사는 전문성을 개발하기 위해 노력하되, 이를 이유로 서비스의 제공을 소홀히 해서는 안 된다.
   5) 사회복지사는 한국사회복지사협회 등이 실시하는 제반교육에 적극 참여하여야 한다.
3. 경제적 이득에 대한 태도
   1) 사회복지사는 클라이언트의 지불능력에 상관없이 서비스를 제공해야 하며, 이를 이유로 차별대우를 해서는 안 된다.
   2) 사회복지사는 필요한 경우에 제공된 서비스에 대해, 공정하고 합리적으로 이용료를 책정해

야한다.

3) 사회복지사는 업무와 관련하여 정당하지 않은 방법으로 경제적 이득을 취하여서는 안 된다.

II. 사회복지사의 클라이언트에 대한 윤리기준

1. 클라이언트와의 관계

1) 사회복지사는 클라이언트의 권익옹호를 최우선의 가치로 삼고 행동한다.
2) 사회복지사는 클라이언트에 대하여 인간으로서의 존엄성을 존중해야 하며, 전문적 기술과 능력을 최대한 발휘한다.
3) 사회복지사는 클라이언트가 자기결정권을 최대한 행사할 수 있도록 도와야 하며, 저들의 이익을 최대한 대변해야 한다.
4) 사회복지사는 클라이언트의 사생활을 존중하고 보호하며, 직무 수행과정에서 얻은 정보에 대해 철저하게 비밀을 유지해야 한다.
5) 사회복지사는 클라이언트가 받는 서비스의 범위와 내용에 대해, 정확하고 충분한 정보를 제공함으로써 알 권리를 인정하고 존중해야 한다.
6) 사회복지사는 문서 · 사진 · 컴퓨터 파일 등의 형태로 된 클라이언트의 정보에 대해 비밀보장의 한계 · 정보를 얻어야 하는 목적 및 활용에 대해 구체적으로 알려야 하며, 정보 공개 시에는 동의를 얻어야 한다.
7) 사회복지사는 개인적 이익을 위해 클라이언트와의 전문적 관계를 이용하여서는 안 된다.
8) 사회복지사는 어떠한 상황에서도 클라이언트와 부적절한 성적관계를 가져서는 안 된다.
9) 사회복지사는 사회복지 증진을 위한 환경조성에 클라이언트를 동반자로 인정하고 함께 일해야 한다.

2. 동료의 클라이언트와의 관계

1) 사회복지사는 적법하고도 적절한 논의 없이 동료 혹은, 다른 기관의 클라이언트와 전문적 관계를 맺어서는 안 된다.
2) 사회복지사는 긴급한 사정으로 인해 동료의 클라이언트를 맡게 된 경우, 자신의 의뢰인처럼 관심을 갖고 서비스를 제공한다.

III. 사회복지사의 동료에 대한 윤리기준

1. 동료

1) 사회복지사는 존중과 신뢰로서 동료를 대하며, 전문가로서의 지위와 인격을 훼손하는 언행

을 하지 않는다.

2) 사회복지사는 사회복지 전문직의 이익과 권익을 증진시키기 위해 동료와 협력해야 한다.
3) 사회복지사는 동료의 윤리적이고 전문적인 행위를 촉진시켜야 하며, 이에 반하는 경우에는 제반 법률규정이나 윤리기준에 따라 대처해야 한다.
4) 사회복지사가 전문적인 판단과 실천이 미흡하여 문제를 야기시켰을 때에는, 적절한 조치를 취하여 클라이언트의 이익을 보호해야 한다.
5) 사회복지사는 전문직 내 다른 구성원이 행한 비윤리적 행위에 대해, 제반 법률규정이나 윤리기준에 따라 조치를 취해야 한다.
6) 사회복지사는 동료 및 타 전문직 동료의 직무 가치와 내용을 인정 · 이해하며, 상호 간에 민주적인 직무관계를 이루도록 노력해야 한다.

2. 수퍼바이저

1) 수퍼바이저는 개인적인 이익의 추구를 위해 자신의 지위를 이용해서는 안 된다.
2) 수퍼바이저는 전문적 기준에 의해 공정하게 책임을 수행하며, 사회복지사 · 수련생 및 실습생에 대한 평가는 저들과 공유해야 한다.
3) 사회복지사는 수퍼바이저의 전문적 지도와 조언을 존중해야 하며, 수퍼바이저는 사회복지사의 전문적 업무수행을 도와야 한다.
4) 수퍼바이저는 사회복지사 · 수련생 및 실습생에 대해 인격적 · 성적으로 수치심을 주는 행위를 해서는 안 된다.

Ⅳ. 사회복지사의 사회에 대한 윤리기준

1) 사회복지사는 인권존중과 인간평등을 위해 헌신해야 하며, 사회적 약자를 옹호하고 대변하는 일을 주도해야 한다.
2) 사회복지사는 필요한 사회서비스를 개발하기 위한 사회정책의 수립 · 발전 · 입법 · 집행에 적극적으로 참여하고 지원해야 한다.
3) 사회복지사는 사회환경을 개선하고 사회정의를 증진시키기 위한 사회정책의 수립 · 발전 · 입법 · 집행을 요구하고 옹호해야 한다.
4) 사회복지사는 자신이 일하는 지역사회의 문제를 이해하고, 그것을 해결하는 일에 적극적으로 참여해야 한다.

Ⅴ. 사회복지사의 기관에 대한 윤리기준

1) 사회복지사는 기관의 정책과 사업 목표의 달성, 서비스의 효율성과 효과성의 증진을 위해 노력함으로써, 클라이언트에게 이익이 되도록 해야 한다.
2) 사회복지사는 기관의 부당한 정책이나 요구에 대하여, 전문직의 가치와 지식을 근거로 이에 대응하고 즉시 사회복지윤리위원회에 보고해야 한다.
3) 사회복지사는 소속기관 활동에 적극 참여함으로써, 기관의 성장발전을 위해 노력해야 한다.

Ⅵ. 사회복지윤리위원회의 구성과 운영

1) 한국사회복지사협회는 사회복지윤리위원회를 구성하여, 사회복지윤리실천의 질적인 향상을 도모하여야 한다.
2) 사회복지윤리위원회는 윤리강령을 위배하거나 침해하는 행위를 접수받아, 공식적인 절차를 통해 대처하여야 한다.
3) 사회복지사는 한국사회복지사협회의 윤리적 권고와 결정을 존중하여야 한다.

3 사회복지실천에서 가치갈등과 윤리적 딜레마

1) 사회복지실천과 가치갈등

사회복지실천현장에서 사회복지사는 개인적 가치, 사회적 가치, 전문적 가치, 클라이언트와 클라이언트가 소속된 집단의 가치 등에 의해 영향을 받으며 이러한 가치들 간의 갈등으로 인해 가치갈등을 경험하게 된다. 사회복지사가 경험하게 되는 다양한 가치갈등의 유형으로는 가치의 상충, 의무의 상충, 클라이언트 체계의 다중성, 결과의 모호성 그리고 힘 또는 권력의 불균형을 들 수 있다(양옥경 외, 1993).

(1) 가치상충

가치상충은 윤리적 딜레마가 가장 빈번히 발생할 수 있는 상황으로 사회복지사는 두 개 또는 그 이상의 경쟁적 가치와 직면했을 때 윤리적 딜레마에 직면하게 된다. 예를 들면, HIV양성 성인들을 위한 지지집단에서 A라는 한 회원이 자기는 자신의 아내에게 자신이 HIV양성이라는 사실을 이야기하지 않고 아내와 안전하지 않은 성관계를 계속해 왔다고 하였다. 그러면서 자기도 자신의 행동이 잘못된 행동이고 부인에게 잘못을 저지르고 있다는 것은 인정하지만 만약 자신이 HIV양성이라는 사실을 부인이 알게 되면 자기를 떠날까 봐 두려워서 이야기를 하지 못했다고 한다. 그리고 사회복지사의 설득에도 불구하고 앞으로도 부인에게 이야기하지 않겠다고 할 경우 사회복지사는 어떻게 해야 할까? 만약 이러한 성관계를 통하여 파트너의 생명이 직접적이고 즉각적으로 위험하다면(대부분의 사회복지사가 그렇게 생각하듯이), 윤리원칙 1(생명보호)이 윤리원칙 6(사생활과 비밀보장의 원칙)에 우선한다(로웬버그와 돌고프 윤리적 의사결정 모델 참고). 의료전문직에서도 이러한 윤리적 딜레마를 동일한 방법으로 다루어 왔다. 전미의학협회의 윤리사법문제위원회 Council on Ethical and Judical Affairs는 만약 의사가 제3자에게 알리라고 HIV감염자를 설득하다가 실패하면 의사 자신이 보건당국이나 위험에 처한 제3자에게 알려야만 한다고 밝히고 있다(Journal of American Medical Association, 1988, 서미경 외, 2011에서 재인용).

(2) 의무상충

사회복지사는 기관에 대한 의무와 클라이언트에 대한 의무 사이에서 갈등하게 된다. 모든 조직은 규칙과 정책을 가지고 있으며, 고용된 사람들은 자발적으로 이러한 규칙들을 지킨다는 것에 동의한다. NASW 윤리강령은 고용조직과의 이러한 약속을 기본적인 윤리적 의무라고 여긴다. 그러나 아무리 사회복지기관이라 하여도 조직의 목적과 목표가 반드시 사회복지전문직의 목적과 부합되는 것은 아니다. 조직의 유지와 생존에 관한 요구는 사회복지사가 자신의 클라이언트의 이익에 우선을 두어야 한다는 근본적인 의무와 상반되는 규칙을 도출할 수도 있다. 이와 같은 유사한 상황에서 사회복지사, 특히 사회복지 행정가는 중요한 윤리적 딜레마-기관의 규칙을 고수하는 것을 우선시하거나 아니면 클라이언트에 대한 서비스를 우선시하거나-를 해결해야 한다. 예를 들면, 아동보호기관의 행정가는 아동학대를 조사하기 위해서는 특별히 고도의 기술이 요구된다는 것을 알면서도 그 업무를 위해 전문적으로 훈련받은 사회복지사를 고용하기에는 예산이 충분치 않기 때문에 부적절하게 훈련받은 준 전문 사회복지사를 고용해야 하는 상황일 때, 기관에 대한 의무와 클라이언트에 대한 의무 사이에서 윤리적 딜레마에 직면하게 될 것이다.

(3) 클라이언트체계의 다중성

아동학대 문제, 심각한 부부갈등, 구타 등의 복합적인 문제를 가진 이혼부부의 자녀 문제를 다룰 때 사회복지사는 누가 클라이언트인가를 결정하는 데 어려움을 겪는다. 누구의 이익을 최우선적으로 고려하고, 어떤 문제에 먼저 개입해야 하는가를 결정하는 것은 어려운 일이다. 판사의 관점, 사회의 관점, 아동의 관점, 어머니의 관점에 따라 문제에 접근할 때 다양한 윤리적 딜레마를 겪게 된다.

(4) 결과의 모호성

사회복지사가 내린 윤리적 결정의 효과가 모호할 때 사회복지사는 선택의 딜레마에 봉착하게 된다. 특히 클라이언트가 아동일 때 어떻게 결정하는 것이 아이를 위해 최선인지, 앞으로 5~10년 후에도 최선일 수 있는지, 무슨 권리로 사회복지사가 아동에 대한 결정을 해야 하며, 바른 윤리적 결정이 어떤 것인지가 모호한 상황에 사회복지사는 종종 봉착하게 된다. 예를 들어, 해외 입양이 아동을 위한 최선의 결정인지를 확신할 수 없기 때문에 해외 입양 담당 사회복지사는 자주 갈등을 겪게 된다.

(5) 힘 또는 권력의 불균형

사회복지사와 클라이언트의 관계가 권력적으로 평등하지 않다는 것은 사실이며 이것이 기본적으로 윤리적 딜레마를 일으킨다. 클라이언트는 도움을 구하는 위치에 있으므로 전문가에 의존하는 관계가 되기 쉽다. 따라서 비록 사회복지사들이 클라이언트의 자기 결정권, 클라이언트 이익의 최우선성, 의사결정에서 클라이언트 참여 우선성 등의 요인들에 높은 가치를 두고 있지만 사회복지실천 과정에서 이를 충분히 반영하지 못하는 경우가 생길 수 있다. 특히 미성년자나 정신지체 등의 요인으로 클라이언트의 능력이 제한되어 자신의 결정과 선택을 전문가에게 의존할 수밖에 없음으로써 클라이언트의 알 권리와 자기결정권의 포기가 생길 수 있다.

2) 가치갈등과 윤리적 딜레마의 해결책

이와 같이 사회복지사는 클라이언트를 원조하는 과정에서 다양한 가치 갈등과 윤리적 딜레마에 봉착하게 되는데 이를 해결하기 위한 방법들을 살펴보면 다음과 같다.

(1) 일반적 지침

재스트로(1995)는 사회복지사의 가치갈등을 해결하는 데 도움이 되는 지침들을 다음과 같이 제시하였다.

① 가치갈등의 문제에 대응하는 첫 단계는 가치 갈등이 존재한다는 것을 인식하는 것이다. 그러나 가치갈등을 인식한다는 것은 쉬운 일이 아니다. 윤리적인 문제는 종종 모호하고 우리를 불편하게 만든다. 그러나 어떤 전문직도 지역사회와 국가의 일반적 윤리 기준에 총체적으로 위배되는 윤리적 원칙을 세울 수 없는 것이 현실이다. 사회복지사는 언제든지 사회의 법이나 도덕, 사회규범 등에 익숙해 있어 갈등이나 모순에 대해 올바른 가치 판단을 내릴 수 있어야 한다(Brill, 1986).

② 사회복지사는 클라이언트를 위하여 자신의 가치를 '밝혀 label '야만 하고, 클라이언트와 사회복지사가 평등한 입장에서 자신의 가치를 밝힐 수 있어야 한다(Kelman, 1965). 이러한 접근은 약물, 혼외정사의 문제, 절도 등의 문제를 지닌 클라이언트의 문제를 다루는 데 유용할 수 있다. 그러나 이러한 접근에는 위험이 도사리고 있다. 사회복지사의 가치는 클라이언트에게 중요한 관심사가 아닐 수도 있고, 다른 한편으로는 사회복지사의 가치를 클라이언트에게 이야기하는 것은 클라이언트에게 영향을 줄 수도 있다. 예를 들어, 낙태에 반대하는 가치를 지닌 사회복지사는 자신이 의식하지 못하는 가운데 클라이언트가 낙태에 대해 죄의식을 갖게 할 수 있다. 사회복지사가 자신의 가치를 어떻게 이야기하는 것이 클라이언트에게 가장 건설적이고 도움이 될 수 있는지를 전문적으로 판단해야 할 것이다.

③ 클라이언트는 자신의 가치관이 무엇인지 알도록 도움을 받아야 하고, 자신의 가치에 부합되는 해결책을 모색할 수 있도록 도움을 받아야 한다. 클라이언트는 자신이 선택할 수 있는 자유를 침해하는 조종으로부터 보호받을 필요가 있다. 이는 사회복지사의 가치관과 편견이 클라언트에게 적용될 수 있음을 인식하는 것으로 예를 들어, 낙태를 원하는 클라이언트는 이를 수용하는 사회복지사에게 의뢰할 필요가 있다.

④ 글래서(Glasser, 1965)가 제안한 보다 발전된 도덕적 지침은 클라이언트가 타인의 요구를 침해하지 않는 한 자신의 요구를 충족시키고 그들이 원하는 것을 하도록

허용한다는 것이다. 이러한 방법이 낙태, 동성연애자, 혼전관계를 갖는 사람 등의 문제를 해결하는 데 매우 유용하다는 것이 발견되었다. 이러한 지침은 아동학대, 혼외관계, 근친강간 등의 문제를 해결하는 데도 유용한데, 그것은 자신의 행동이 타인에게 미치는 영향을 다루기 때문이다. 모든 사람에게 유용하게 적용되는 단일한 도덕적 지침은 존재하지 않는다. 그것은 사람마다 생활방식과 목표 그리고 개인적인 가치들이 다르기 때문이다.

⑤ 사회복지사는 누가 가치 딜레마를 갖고 있는지를 아는 것이 중요하다. 사회복지실천에서 중요한 점은 사회복지사가 자신이 담당한 사례에 지나치게 정서적으로 개입되지 않는 것이다. 만일 클라이언트의 문제가 당신이 집에 있을 때도 생각이 나고 이것이 당신의 생활을 방해한다면 그것에 지나치게 개입되어 있는 것이다. 클라이언트가 이혼, 낙태, 가족성원의 시설입소 등의 문제에 대해 딜레마에 빠져 있다면 그것이 사회복지사의 딜레마가 아닌 클라이언트의 딜레마가 되게 해야 한다. 사회복지사의 딜레마가 아니게 함으로써 사회복지사가 가장 객관적으로 클라이언트를 도울 수 있는 사람이 될 수 있을 것이다.

(2) 윤리적 딜레마 해결을 위한 방법

사회복지사들은 매일 윤리적 선택을 해야 한다. 윤리적 의사결정은 이미 정해진 규칙을 특정한 상황에 그대로 적용하는 것을 의미하지 않는다. 매키버(Maciver, 1922)는 "윤리란 주어진 상황, 결과, 혹은 성취될 목적을 포괄적으로 고려하지 않은 채, 언제 어느 곳에서도 적용 가능한 일련의 신성한 규칙 혹은 명령이라고 간단히 규정할 수는 없다"고 하였다. 만약 상황과 시간이 다르다면 사회복지사들은 그들이 직면한 윤리적 문제를 다르게 처리할 수 있을 것이다. 일반적으로 사회복지사들은 한 가지 좋은 기회와 한 가지 나쁜 기회 중에서 단순히 어느 하나를 선택하는 그런 상황에서 일하지 않는다.

대신 그들은 두 가지 모두 긍정적이거나 혹은 두 가지 모두 부정적인 특성을 갖는 선택의 기회에 직면한다. 그러한 상황에서 숙련된 사회복지사는 주어진 선택의 기회와 결과들을 면밀히 검토한 후에 가장 윤리적이라고 간주되는 것을 선택한다. 그러나 어떤 선택이 가장 윤리적인 것인지 어떻게 알 수 있을까? 이때 사회복지사는 윤리적 딜레마를 경험하게 된다. 즉, 윤리적 딜레마는 문제해결을 위한 여러 대안 중에서 어떤 특정한 한 해결책을 책정하기에 어려운 문제 상황에 처하는 것으로 사회복지사가 직면하는 문제의 윤리적 측면이며(Loewenberg & Dolgoff, 1985), 사회복지사가 전문가로서 지켜야 하는 윤리적 의무 혹은 책무가 서로 충돌하기 때문에 어떠한 실천 행동을 선택하는 것이 윤리적으로 올바른 것인지 판단하기 힘든 상태로서, 윤리적 갈등으로도 불린다.

그래서 많은 학자들(Kitchner, 1984; Joseph, 1985; Lewis, 1984; Reamer, 1983; Siporin, 1983; Zigmond & Boorhem, 1989)이 윤리적 딜레마를 다루기 위해 사회복지전문직의 가치에 기반을 둔 윤리적 의사결정을 위한 지침을 마련하고자 하였다. 전문적 가치가 같다고 사회복지사가 윤리적 딜레마를 해결하는 방법이 같은 것은 아니며 그리고 윤리적 딜레마를 해결하기 위한 지침이라고 해서 그것이 어느 상황에서도 맹목적으로 적용할 수 있는 마술적인 공식을 의미하지는 않는 것임을 기억해야 한다. 리머(1983)가 지적한대로 지침은 지침일 뿐이며 완벽한 방정식은 아닌 것이다.

본 서에서는 윤리적 딜레마를 해결하기 위해 제시된 방법 가운데 로웬버그와 돌고프에 의해 제시된 윤리적 의사결정모델과 콩그레스Congress에 의해 제시된 윤리적 의사결정모델을 살펴보고자 한다.

| 로웬버그와 돌고프의 윤리적 의사결정모델 |

먼저 로웬버그와 돌고프는 윤리적 의사결정 시 사회복지사들에게 도움이 되는 두 개의 지침 즉, 윤리적 규칙 심사표ERS: Ethical Rules Screen와 윤리적 원칙 심사표EPS: Ethical

Principles Screen를 제시하였다. 윤리적 딜레마 상태에서 사회복지사는 먼저 〈표 3-1〉 윤리적 규칙 심사표에 따라 윤리적 규칙심사를 한다. 즉, 윤리적 규칙 심사표는 윤리강령 적용에 대한 지침서로 윤리강령을 살펴보면서 윤리강령에서 어떤 규칙을 적용할 수 있는지를 결정한다. 그러나 이것이 만족스러운 지침을 제공하지 않을 경우에 다음 단계로 〈표 3-2〉의 윤리적 원칙 심사표를 사용하도록 한다.

| 표 3-1 | **윤리적 규칙 심사표(ERS: Ethical Rules Screen)**

1. 윤리강령을 살펴보고 어떤 규칙을 적용할 수 있는지 결정한다. 이러한 규칙들은 사회복지사 개인의 가치체계보다 우선되어야 한다.
2. 적용 가능한 한 가지 혹은 여러 가지의 강령규칙을 따른다.
3. 구체적인 문제에 대해서 강령규칙이 직접적으로 부합되지 않거나 혹은 여러 개의 강령규칙들이 상충되는 지침을 제공하는 경우에는 윤리적 원칙 심사표(EPS)를 활용한다.

윤리적 원칙 심사표에는 윤리적 원칙들의 순위가 제시되어 있다. 윤리적 원칙의 서열화는 사회복지사들 사이에서 이루어져 있는 합의에 기초하고 있다. 윤리적 딜레마 상태에서 사회복지사는 윤리적 원칙의 우선순위에 의해서 의사결정을 하게 된다. 이때 이들의 윤리적 원칙에서 가장 최우선에 두고 있는 것은 생명보호의 원칙이다. 이는 자기결정이나 비밀보장이 인간의 생명보다 우선할 수 없다는 가치를 반영한 것이다. 한 가지 이상의 원칙이 관련되어 있고 또한 각 원칙들이 상이한 결과를 가져올 상황에서 원칙들의 서열을 적용해 선택 가능한 윤리적 대안을 분석한다. 즉, 윤리적 원칙 1에 기초한 사정은 윤리적 원칙 2나 3에 기초한 사정보다 우선되며, 윤리적 원칙 3과 4가 모두 적용되는 경우에는 윤리적 원칙 3이 우선권을 가진다.

| 표 3-2 | 윤리적 원칙 심사표(EPS: Ethical Principles Screen)

윤리원칙 1	생명보호의 원칙	인간의 생명보호가 모든 것에 최우선된다.
윤리원칙 2	평등과 불평등의 원칙	능력이나 권력이 같은 사람은 '똑같이 취급받을 권리'가 있고, 능력이나 권력이 다른 사람들은 '다르게 취급받을 권리'가 있다.
윤리원칙 3	자율과 자유의 원칙	클라이언트의 자율성과 독립성 그리고 자유는 중시되나 무제한적인 것은 아니라는 것으로서 자신이나 타인의 생명을 위협하거나 학대할 권리 등은 없다.
윤리원칙 4	해(害)의 최소화 원칙	선택 가능한 대안이 다 유해할 때 가장 최소한으로 유해한 것을 선택해야 한다.
윤리원칙 5	삶의 질의 원칙	지역사회는 물론이고 개인과 모든 사람의 삶의 질을 좀 더 증진시킬 수 있는 것을 선택해야 한다.
윤리원칙 6	사생활 보호와 비밀보장의 원칙	사회복지사가 클라이언트에 대해서 알게 된 사실을 다른 사람에게 공개해서는 안 된다.
윤리원칙 7	진실성과 완전 개방의 원칙	클라이언트와 여타의 관련된 당사자에게 오직 진실만을 이야기하며 모든 관련 정보를 완전히 공개해야 한다.

윤리원칙 1: 인간의 생명보호protection of life는 클라이언트를 비롯한 모든 사람들에게 적용된다. 이 원칙은 다른 여러 의무나 원칙들에 우선하여 발생한다. "생명의 권리"란 쿠제와 싱어(Kuhse & Singer, 1985)에 의하면, "모든 권리 중에서 가장 기본적인 것이며, 만약 생명의 권리가 침해되면 어느 누구도 다른 권리를 누릴 수 없다"고 하였다.

윤리원칙 2: 평등equality과 불평등inequality의 원칙은 동등한 사람들은 평등하게 처우되어야 하는 권리를 가지며, 동등하지 않은 사람들은 만약 그 동등하지 않은 이유가 문제가 되고 있는 사안 그 자체에 있다면 그에 따라 다르게 처우되어야 한다는 권리를 말한다. 이 원칙이 적용되는 대표적인 상황은 아동학대의 사례이다. 학대받는 아동은 성인과 "동등한" 위치에 있지 않기 때문에 학대 상황이 비록 생과 사의 심각한 경우가 아니어도 학대하는 성인에 대한 비밀보장과 자율성의 원칙은 아동을 보호하는 의무에 비해 더욱 낮은 순위를 차지한다.

윤리원칙 3: 사회복지사는 개인의 자율성과 독립성 그리고 자유를 신장시키는 실천적 결정을 해야 한다. 그러나 자유가 비록 매우 중요한 가치이긴 해도 자신이나 다른 사람의 생명의 원칙 또는 생존의 원칙이 갖는 중요성보다 우선할 수 없다. '어떠한 결정을 하든지 그것은 자신의 자율적인 권리이므로 자신 혹은 다른 사람을 해칠 수도 있다'는 주장은 그 어느 누구에게도 설득력이 없다. 어떤 사람이 이러한 결정을 하려할 때, 사회복지사는 이에 개입해야 할 의무가 있는데 그 이유는 원칙 3보다 원칙 1이 앞서기 때문이다.

윤리원칙 4: 최소해악의 원칙은 클라이언트에게 해가 되는 윤리적 교착상태에 직면하게 되면 사회복지사는 위해가 되는 상황을 사전에 방지하거나 피하도록 해야 한다. 대안 중 어떤 것을 선택하더라도 누군가에게 위해가 될 수 있는 상황이라면 사회복지사는 클라이언트나 타인에게 최소한의 해가 되는 선택을 해야 한다.

윤리원칙 5: 삶의 질 원칙은 사회복지사는 클라이언트 개인뿐 아니라 지역사회의 삶의 질을 촉진하기 위한 실천을 해야 한다. 사회복지사는 지역에서부터 세계에 이르기까지 복지사회를 구현해야 하며, 사람과 지역사회 그리고 환경의 발달을 촉진해야 한다.

윤리원칙 6: 사회복지사는 모든 사람의 사생활보호와 비밀보장의 권리를 강화하기 위해 노력을 해야 한다. 그러나 비밀보장을 하는 것이 오히려 위해가 될 경우, 폭력이나 손해를 예방하는 것이 이 원칙보다 우선되어야 한다.

윤리원칙 7: 정직과 완전공개의 원칙에 따라 사회복지사는 진실한 말을 해야 하며 자신의 클라이언트 및 타인과 관련된 모든 정보에 대해서 충분하게 공개해야 한다. 전문적인 관계가 원활하게 되기 위해서는 신뢰를 요하며 신뢰는 정직을 기본으로 한다.

| 콩그레스의 윤리적 의사결정모델 |

콩그레스(1999)는 사회복지의 가치, 윤리강령 그리고 사회복지의 맥락을 고려하여 신속하고 효과적으로 적용 가능한 윤리적 의사결정의 ETHIC모델을 제시하였다. 이 모델은 영어의 윤리ETHIC 단어의 철자를 활용하여 과정으로 제시하고 있다.

① Examine: 윤리적인 사안과 관련된 개인, 사회, 기관, 클라이언트와 전문가의 가치를 검토한다.

개인, 사회, 기관, 클라이언트와 전문가의 가치는 모두 윤리적 의사결정에 영향을 미친다. 윤리적 의사결정과 관련된 체계들 사이에 존재하는 가치의 차이로 윤리적 딜레마가 야기될 수 있다. 특히, 윤리적인 사안과 관련하여 지향해야 하는 가치가 무엇인지를 검토한다.

② Think: 상황과 관련된 윤리강령과 윤리기준, 관련 법규의 적용에 대해 생각한다.

윤리적 딜레마 상황에서 우선적으로 지침이 될 수 있는 것이 윤리강령이다. 윤리강령의 각 조항들을 살펴보면서 윤리적 의사결정의 지침으로 활용할 수 있다. 특히, 취약한 클라이언트에 대한 권리나 인권, 차별 등과 관련된 윤리적인 사안과 관련 법규를 확인하는 과정도 중요하다. 따라서 사회복지사는 사회복지사협회의 윤리강령은 물론 클라이언트와 관련된 제반 법률에 관한 지식도 있어야 하며 이와 관련된 판례도 참고할 수 있어야 한다.

③ Hypothesis: 상이한 결정들의 잠재적 결과에 대한 가설을 설정한다.

윤리적 딜레마와 관련하여 내릴 수 있는 결정을 가정해 보면서, 각 결정이 가져올 결과를 예측해 보는 것은 중요하다. 한 사안과 관련하여 각기 다른 결정이 가져올 결과를 가정해 보는 것은 클라이언트의 권리를 극대화하며 손실을 최소화하는 윤리적 결정에 유용할 수 있다.

④ Identify: 가장 취약한 사람에게 헌신한다는 사회복지사의 관점에서 결정으로 인해 이득을 받는 사람과 해를 입는 사람이 누구일지를 확인해 본다.

위에서 각기 다른 결정이 야기할 결과를 가정해 본 후, 이 결정으로 인해 이득을 받는 사람과 손실을 입는 사람을 확인해야 한다. 그러한 과정을 통해 취약한 사람에게 해가 되지 않는 결정이 될 수 있도록 하는 것이 사회복지사의 역할이기도 하다.

⑤ Consult: 최선의 윤리적 결정과 관련하여 슈퍼바이저와 동료의 자문을 구한다.

윤리적 의사결정을 위한 E → T → H → I의 과정을 거친 후에 지금의 방향이 윤리적 결정인지, 이 결정으로 제3자가 불이익을 받는 것은 없는지, 취약한 클라이언트를 보호하고 있는지, 다른 대안이 더 바람직한 것은 아닌지 등과 관련된 슈퍼바이저와 동료의 자문을 구하여 윤리적 의사결정을 제시하게 된다. 이는 사회복지사가 강령을 확인하고 판례를 찾아보면서, 숙고하고, 여러 대안을 가정해 보면서 지금의 결정에 도달했다 하더라도 상사와 동료의 슈퍼비전을 통해서 지금의 윤리적 결정이 현재의 상황에서 최선일 수 있다는 것을 검증하는 과정이다.

(3) 가치관에 대한 자기인식

사회복지실천에서 사회복지사가 가치갈등과 윤리적 딜레마에서 벗어나기 위해 고려해야 할 사항들은 다양하나 사회복지사의 전문성을 높이기 위한 자기 이해라는 측면에서 사회복지사의 개인적 가치관과 전문적, 사회적 가치관의 관계를 분명하게 인식하는 것은 매우 중요하다.

개인의 사적 가치는 의식적, 무의식적으로 자신의 행동에 영향을 주기 때문에 인간을 돕는 전문가들은 자신의 가치관이 무엇인지를 분명하게 인식할 필요가 있다. 이를 위해 사회복지사는 계속적으로 자기훈련을 해야 한다. 사회복지사는 자신의 개인적, 전문적 가치는 무엇이며, 그것이 어떻게 자신의 행동을 규제하여 클라이언트 원조와 대인관계에 영향을 미치는가를 항상 염두에 두어야 한다. 직면한 사건과 상황에 대한 가치판단에 영향을 주는 사회복지사의 개인적 가치관은 때로 본인이 그 존재를 지각하지 못할 만큼 깊숙이 내면화되어 있어서 사회복지사는 자신의 편견이 무엇인지를 알기 힘들 수 있다. 사회복지사는 자신의 가치에 감정적 요소가 다분히 개입되어 있음을 인식해야 한다. 따라서 사회복지사는 자신의 편견이 무엇인지를 의식하는 데 최선을 다해야만 하며, 자기 자신과 스스로의 가치관을 객관적이고도 현실적으로 평가하도록 노력해야 한다(Brill, 1986). 이를 위해 자신의 가치관이 형성된 배경을 인식하고 그것이 어떻게 행동과 결정에 기여하고 있는가를 검토하고, 그 가치관이 다른 사람에게 어떤 영향을 주는지를 고려해야 할 것이다.

자신의 가치관에 대한 일련의 평가가 이루어지고 난 후, 사회복지사는 변화가 필요한 가치관은 바꾸도록 노력해야 할 것이다. 사회복지사는 클라이언트의 욕구를 충족시킬 수 있다면 클라이언트의 생활양식을 허용하고, 클라이언트와 사회복지사 자신의 생활양식은 서로 다르다는 사실을 인식해야 할 것이다. 사회복지사는 다양한 계층과 취향을 가진 사람들을 만나고, 그들의 다양한 생활양식, 가치관을 이해하도록 노력해야 한다(엄명용 외, 2011).

코리와 코리(Corey & Corey, 1988)는 개인적 자기인식을 도모하기 위해 스스로에게 던져 볼 수 있는 질문들을 제시했다. 이들에 대한 해답을 얻는 과정은 사회복지사에게 그리

간단하지도 편안하지도 않다. 때로는 자신의 개인적 가치가 전문적 가치와 상충하는 것을 발견하여 당혹감을 느낄 수도 있다. 코리와 코리(1988)는 '자신을 수용해야 타인을 수용할 수 있다'는 점을 강조하면서 궁극적으로 자기수용을 위한 자기인식self-awareness의 과정으로 다음과 같은 질문들을 활용할 것을 제안했다(김기태 외, 2008에서 재인용).

- 사회복지사가 가치상의 심판 없이 클라이언트와 솔직하게 상호작용하는 것이 가능한가?
- 사회복지사는 클라이언트가 사회복지사 자신의 신념과 가치를 받아들이기를 바라는가?
- 사회복지사는 자신에게 스스로 진솔하면서도 동시에 클라이언트가 당신의 가치관과 현저히 다른 가치를 가질 수 있도록 하는 자유를 허용할 수 있는가?
- 사회복지사는 자신과 클라이언트 사이에 일어난 가치갈등으로 인해 다른 전문가에게 의뢰를 해야 할지를 어떻게 결정지을 것인가?
- 사회복지사 자신의 솔직한 관점을 클라이언트에게 드러내 보이는 것은 클라이언트가 사회복지사의 가치관을 수용하도록 교묘하게 안내하는 것과는 어떻게 다른가?
- 사회복지사는 가치와 삶의 경험에 있어 클라이언트와 어느 정도의 유사성을 필요로 하는가?
- 특정사안(예를 들어, 낙태 혹은 아동학대 등과 같은 가치 수반적 문제들)과 관련된 사회복지사의 입장은 무엇인가?
- 사회복지사로서의 관점들은 어디에서 발전된 것인가?
- 사회복지사로서의 가치들은 수정의 여지가 있는 것인가?
- 사회복지사 자신의 가치를 강요하지 않고 클라이언트에게 어떤 식으로 의사전달을 할 것인가?
- 사회복지사의 가치와 신념체계들이 클라이언트와 활동함에 있어 어떠한 방식으로 영향을 미치고 있는가?

재스트로(1995)는 클라이언트에게 부정적인 영향을 줄 수 있는 사회복지사의 편견을 줄이기 위한 방법을 다음과 같이 제시하고 있다.

- 사회복지사는 자신의 편견이 무엇인가를 의식하는 데 최선을 다해야 한다.
- 자신의 가치관을 객관적이고 현실적으로 평가하도록 노력한다.
- 변화가 필요한 가치관을 변화시키기 위해서 사회복지사는 다양한 프로그램에 참여하여 자기 인식을 높이도록 노력해야 한다.

(4) 비윤리적 사안들

일반적으로 비윤리적 행동이란 클라이언트에 대한 사회복지사 자신의 행동이 미치는 영향력에 대한 인식이나 관심의 결여를 의미한다. 그러면서 클라이언트의 욕구보다 사회복지사 자신의 욕구를 우선시하는 결과를 초래하기도 한다. 이러한 비윤리적 행동은 대개 미묘한 형태로 이루어지므로 사회복지사 자신에 대한 솔직하면서도 구체적인 인식이 무엇보다 필요할 것이다. 클라이언트와 사회복지사의 관계에서 발생할 수 있는 몇 가지 비윤리적인 실천사례를 살펴보면 다음과 같은 것들을 생각해 볼 수 있겠다(김기태 외, 2008).

① 클라이언트의 의존

클라이언트는 원조과정 그 자체나 혹은 사회복지사에게 의존하는 경향을 흔히 보인다. 이러한 의존성은 대개 일시적인 것이며 굳이 해로운 것으로 단정 지을 필요는 없다. 그러나 사회복지사가 클라이언트의 의존성을 부추기는 경우에는 윤리상의 문제가 제기된다. 일부 사회복지사가 클라이언트의 의존성을 부추기게 되는 경우로는, 첫째, 사회복지실습생들의 경우로서 그들은 클라이언트를 필요로 하며 클라이언트를 '잃게' 되면 자신들이 나쁘게 보일 수도 있다는 생각에서 필요 이상으로 클라이언트와의 접촉을 늘릴 수 있다. 둘째, 일부 사회복지사들은 자신이 중요한 존재임을 확인받고 싶은 욕구에서 클라이언트의 의존성을 교묘하게 조장하기도 한다. 예를 들어, 무기력함을 보이는 클라이언트가 해답을 요청할 때 사회복지사가 클라이언트에게 어떻게 해야 할지를 즉시 말해 주는 경우이다. 셋째, 일부 사회복지사는 클라이언트와의 관계에서 자신만이 적극성을 지닌 존재로 부각되고자 하는 욕구에서 과정 자체를 모호하고 신비주의적인 것으로 유지하기도 한다. 이러한 경우 클라이언트는 원조과정 내에서 자신이 할 수 있는 것이 없다는 무력함을 느끼며 이는 의존성을 증대시키는 결과를 가져온다. 넷째, 스스로가 무력감을 가진 사회복지사의 경우 클라이언트의 무력감을 방지하는 데 어려움을 가지면서 결과적으로 클라이언트의 의존성을 강화시키기도 한다.

② 조종

원조과정은 기본적으로 사회복지사와 클라이언트 간의 솔직하고 진실한 관계 위에서 형성된다는 것은 분명한 사실이다. 그러나 실제로 사회복지사가 클라이언트에게 도움을 준다는 명분 아래 클라이언트를 조종할 가능성도 있다(Corey & Corey, 1988). 그리고 일부의 경우 경직된 전문적 견지를 고수함으로써 클라이언트를 동반자 역할에서 배제시킬 수도 있다. 이렇게 클라이언트를 조종하는 위험성으로부터 벗어나기 위해 일부 접근법들은 원조관계에서 클라이언트들이 자신들에게 일어나는 일들을 결정하는 데 적극적 역할을 가지도록 하는 전략을 강조한다. 계약은 이러한 목적을 위해 자주 사용되는 방법이다.

③ 이중관계

여러 형태로 나타나는 이중관계는 사회복지사와 클라이언트가 원조목적을 위한 전문적 관계 이외의 또 다른 차원의 관계를 유지하는 것을 의미한다. 사회복지 원조관계에서 클라이언트와 사회복지사는 동등한 입장을 취하도록 요청된다. 그러나 사회복지사는 전문지식과 경험으로부터 나오는 전문적 권위를 보유함으로써 현실적으로 클라이언트와 완전히 수평적인 관계를 가지기란 불가능하다. 이 점에서 전문적 관계는 다른 차원의 관계와 병행될 수 없다.

만약 부적절한 병행이 이루어졌을 때 힘의 불균형으로 인한 권력남용 현상이 나타나기 쉬우며, 결과적으로 전문적 관계의 손상을 초래한다. 전문적 관계의 손상으로 인한 최대의 피해자는 주로 클라이언트이다. 따라서 이중적 관계 유지가 비윤리적 행동으로 간주되는 이유는 바로 이 때문이다. 이중적 관계의 예로서는 기관 밖에서 클라이언트와 사적으로 만나는 경우, 원조 제공을 담보로 금전적 혹은 사적 이윤을 추구하는 경우, 클라이언트(혹은 이전의 클라이언트)와 정서적으로 관여하거나 혹은 성적 접촉을 갖는 경우 등이 포함된다.

Chapter 04

사회복지실천의 다양한 현장

1. 사회복지실천현장의 개념과 사회복지사의 역할
2. 다양한 실천 현장 및 실천기관

Chapter 04

사회복지실천의 다양한 현장

1 사회복지실천현장의 개념과 사회복지사의 역할

사회복지실천현장은 사회복지서비스를 직접적 또는 간접적으로 제공하는 장場, setting으로 좁은 의미에서는 사회복지실천을 이루는 '구체적인 장소' 혹은 사회복지서비스를 클라이언트에게 직접 또는 간접적으로 제공하는 사회복지기관을 의미한다. 예를 들면, 종합사회복지관, 노인복지관, 장애인복지관 등이다.

한편 넓은 의미에서의 사회복지실천현장은 '분야field' 혹은 서비스의 초점이 되는 '대상 집단client' 등을 포함하는 개념이다. 이는 단순히 물리적 공간이나 장소만을 뜻하는 것이 아니라 사회복지실천이 이루어지고 있는 모든 실천분야를 말한다. 예를 들면, 대상별 분류에서 아동, 청소년, 노인, 여성 등이 있다.

사회복지실천현장은 몇 가지로 분류가 가능하다.

첫째, 기관의 주된 기능과 목적에 따른 분류로, 기관의 주된 기능과 목적이 사회복지서비스를 제공하며 사회복지사들이 중심되어 활동하는 사회복지실천 1차 현장(종합사회복지관, 노인복지관 등)과 일차적인 기능은 따로 있으며 필요에 의해 사회복지서비스를 제공하는 2차 현장(학교, 병원, 기업, 군, 교정시설 등)이 있다.

둘째, 기관 설립주체 및 재원조달 방식에 따라 공공기관과 민간기관으로 나뉘는데, 공공기관은 정부의 지원에 의해 운영되며 사회복지사의 업무는 정부규정이나 지침에 의해 규정한다. 그리고 주 업무는 서비스를 계획하고 관리, 지원하는 것으로 행정체계에 의해 이루어진다. 대표적으로 사회복지전담공무원은 국민기초생활보장 관련 업무와 기타복지서비스에 관한 홍보와 지역주민 대상 교육 등의 업무를 하게 된다. 민간기관은 사회복지 관련 사업을 목적으로 하고 기부금이나 후원금, 재단 전입금, 기타 서비스 이용료 등을 주요 재원으로 운영된다. 그러나 오늘날 대부분의 사회복지기관이 정부지원금으로 운영되고 있기 때문에 완전한 민간기관을 찾아보기는 어렵다.

셋째, 주거서비스 제공 여부를 기준으로 분류할 때 거주시설(생활시설), 이용시설로 분류할 수 있다. 장애인생활시설, 보육원, 쉼터, 공동생활가정 등과 같이 주거서비스를 포함한 사회복지실천기관을 거주시설(생활시설)이라 하며 사회복지사는 클라이언트의 치료, 재활, 사회복귀 과정에 필요한 개별화된 서비스를 제공하는 전문가 역할을 수행한다. 이용시설은 복지관, 주간보호센터 등 주거서비스를 제공하지 않으며 자신의 집에 거주하는 클라이언트를 대상으로 사회복지서비스를 제공하는 기관이다. 이용시설에 근무하는 사회복지사는 지역사회에서의 통합적인 개입을 위해 개인 클라이언트로부터 집단, 지역사회, 전문가집단까지 개입수준을 확대하여 다양한 역할을 수행하게 된다.

마지막으로 서비스 제공방식에 따라 간접서비스기관과 직접서비스기관으로 나뉜다. 간접서비스기관으로는 사회복지협의회, 공동모금회 등을 들 수 있으며, 이들 기관은 클라이언트와의 직접적인 대면보다는 정책개발, 연구, 단체협의 등의 업무가 주를 이룬다. 반면 직접서비스기관에서는 클라이언트와의 상담, 교육, 면담 등의 업무를 통해 서비스를 직접 전달하는 업무가 주를 이룬다.

또한 각 현장에서 사회복지사의 활동은 다양한 모습으로 비쳐지는데 사회복지사가 현장에서 어떤 역할들을 하는가를 살펴보면 사회복지실천의 기능을 보다 이해하는 데 도움을 준다. 다음은 재스트로(1999)가 설명하는 사회복지사의 역할 13가지이다.

첫째, 사회복지사는 가능하게 하는 사람enabler이다. 이러한 역할은 사회복지사가 개인이나 집단, 지역사회가 그들의 욕구를 명료화하도록 돕는 것이다. 즉, 그들이 직면한 문제를 보다 분명하게 하여 해결방안을 찾아 주며 그들 자신의 문제를 보다 효과적으로 다룰 수 있는 자신의 능력을 발달시켜 주는 역할이다.

둘째, 사회복지사는 중개인broker이다. 이는 개인이나 집단이 지역사회 내에 있는 서비스체계나 자원을 활용할 수 있도록 돕거나 안내해 주는 역할을 말한다. 많은 경우에 있어서 클라이언트들은 자신이 필요로 하는 서비스나 자원이 지역사회 내에 어디에 어떻게 있는지를 모르거나 이용방법을 알지 못하여 고통으로부터 벗어나지 못하고 있다는 것이다.

셋째, 사회복지사는 클라이언트를 옹호하는 사람advocator이다. 이러한 개념은 법률분야에서 변호사의 역할을 빌려 온 것으로서 사회복지사는 클라이언트에 대하여 옹호인의 역할을 수행해야 할 때가 있다는 것이다.

넷째, 사회복지사는 클라이언트의 권능을 신장시키는 사람empowerer이다. 사회복지실천의 핵심적인 목적 중의 하나가 클라이언트로 하여금 자신의 권한과 능력을 향상, 신장시키는 것에 맞추어져 있다. 그래서 클라이언트가 자신의 환경을 이해하고 기회를 만들며, 자신의 결정에 대하여 책임을 지게 하는 것이다.

다섯째, 사회복지사는 사회운동가이며 동시에 행동가activist이다. 이러한 역할은 사회정의 불평등, 사회적 박탈에 관심을 가지고 있는 것이며 개인들의 욕구를 충족시켜 주기 위해서 사회환경의 변화에 관심을 가진다. 그러기 위해서 사실을 탐구하고 지역사회 욕구를 분석하며, 조사연구, 정보의 보급과 해석, 사람들의 활동을 조직하는 것

등을 행한다.

여섯째, 사회복지사는 중재인mediator이다. 이는 상이한 의견이나 가치를 가진 개인들 간 또는 집단이나 조직 간의 갈등 등을 중재하는 역할을 의미한다. 이때 사회복지사는 중립적인 위치에 머물러 있어야 하며 논쟁에서 한편으로 치우쳐서는 안 된다.

일곱째, 사회복지사는 협상하는 사람negotiator이다. 이는 하나 혹은 그 이상의 갈등적 문제를 가진 사람들이 서로 화해하고 수용하며 의견의 일치를 이루어 내도록 돕는 것이다. 여기에는 협상이 유용하며 사회복지사는 중립적인 입장에 머물 수가 없고, 의견을 가지고 적극적으로 개입하게 된다.

여덟째, 사회복지사는 가르치는 사람educator이다. 이 역할은 클라이언트에게 정보를 제공하고 적응할 수 있는 수완들을 가르치는 것이다. 이 경우 사회복지사는 많은 것을 알고 있어야 하며 또한 훌륭한 의사소통 기술을 지녀야 한다.

아홉째, 사회복지사는 제안자 또는 주창자initiator이다. 하나의 문제 또는 잠재적인 문제는 주의를 기울이기 전에 그것에 대한 문제의식이나 심각성을 인지할 수 없다. 이에 사회복지사는 창도자로서 문제에 주의를 기울이지 않으면 안 된다.

열째, 사회복지사는 조정하는 사람coordinator이다. 이는 구성원들을 조직화된 방식으로 함께 묶는 것이다. 가령 복합적인 문제를 가진 가족의 경우 여러 기관들이 함께 일을 하게 되는데 서비스의 중복과 상호 간의 갈등을 피하기 위하여 조정을 시도하게 된다.

열한째, 사회복지사는 조사연구자researcher이다. 모든 사회복지사는 반드시 한 사람의 조사연구자일 수밖에 없다. 왜냐하면 사회복지실천은 관심 있는 분야의 문헌에 대한 조사, 실천의 결과평가, 프로그램의 장 · 단점 사정, 지역사회 욕구의 탐구 등이 포함되기 때문이다.

열두째, 사회복지사는 집단촉진자group facilitator이다. 사회복지사가 관여하는 집단들은 치료집단, 교육집단, 자조집단, 감성집단, 가족치료집단 등으로 이러한 집단에서 사회복지사는 집단경험의 리더로서 받아들여진다.

열셋째, 사회복지사는 대중을 상대로 하는 강연자public speaker이다. 사회복지사는 가끔 다양한 집단들과 대화를 해야 할 경우가 있다.

이 외에 헵워스와 라슨(Hepworth & Larsen, 1993, 2006)은 사회복지사의 역할을 크게 다섯 가지로 분류하였는데, ① 서비스 직접제공자(개별적 혹은 집단적 사회복지실천, 부부치료, 가족치료, 집단활동서비스 등), ② 체결연결자(중개자, 사례관리/조정자, 중재자/판단자, 옹호자), ③ 체계유지와 강화자(조직분석가, 촉진자/추진자, 자문가), ④ 연구자와 조사활용자, ⑤ 체계개발자(프로그램개발자, 계획가, 정책개발자)이다.

다음으로 대상별 실천 영역과 기관들이 어떤 것들이 있는지 살펴보고 각각의 사회복지사의 활동을 살펴본다.

2 다양한 실천 현장 및 실천기관

1) 아동복지현장 및 사회복지사의 활동

아동복지는 지난 1세기에 걸쳐 아동을 둘러싼 환경의 변화와 더불어 아동의 사회적 법적 지위의 향상 및 복지사회에 대한 관심의 증가로 등장하였다.

미국 사회사업연감(Social Work Year Book, 1960)에서는 아동복지의 행동이나 활동분야에 초점을 둔 정의를 제시하고 있다. 즉, 행동분야로서의 아동복지는 "아동들이 행복하게 살며, 그들의 생활에서 잠재능력을 최대한도로 발휘할 수 있는 건강하고 건전한 개인들로 성장·발달할 수 있도록 함을 목적으로 하는 광범위한 활동을 포함하고 있다고 본다. 또한 아동복지는 가정생활을 유지·강화하면서 건전한 아동발달을 가져올 수 있는 지역사회생활을 영위하게 하는 데 관심이 있다"고 밝히고 있다.

우리나라 사회복지사전에는 "아동복지란 일반적으로 특수한 장애를 가진 아동은 물론 모든 아동들이 가족 및 사회의 일원으로서 육체적으로나 정신적으로 건전하게 성장할 수 있도록 지역사회나 사회복지 분야에 있는 공·사 단체나 기관들이 협력하여 아동복지에 필요한 사업을 계획하며 실행에 옮기는 조직적인 활동을 의미 한다"고 규정하고 있다.

이상의 문헌에 나온 아동복지를 실천하는 분야별 기관은 「아동복지법」 제52조에 명시된 아동복지시설의 종류를 보면 더욱 자세히 알 수 있다.

| 표 4-1 | 아동복지시설

종류	내용
아동양육시설	보호대상아동을 입소시켜 보호, 양육 및 취업훈련, 자립지원 서비스 등을 제공하는 것을 목적으로 하는 시설
아동일시 보호시설	보호대상아동을 일시보호하고 아동에 대한 향후의 양육대책수립 및 보호조치를 행하는 것을 목적으로 하는 시설
아동보호 치료시설	아동에게 보호 및 치료 서비스를 제공하는 다음 각 목의 시설
	가. 불량행위를 하거나 불량행위를 할 우려가 있는 아동으로서 보호자가 없거나 친권자나 후견인이 입소를 신청한 아동 또는 가정법원, 지방법원소년부지원에서 보호위탁된 19세 미만인 사람을 입소시켜 치료와 선도를 통하여 건전한 사회인으로 육성하는 것을 목적으로 하는 시설
	나. 정서적·행동적 장애로 인하여 어려움을 겪고 있는 아동 또는 학대로 인하여 부모로부터 일시 격리되어 치료받을 필요가 있는 아동을 보호·치료하는 시설
자립 지원시설	아동복지시설에서 퇴소한 사람을 취업준비 기간 또는 취업 후 일정 기간 동안 보호함으로써 자립을 지원하는 것을 목적으로 하는 시설

종류	내용
아동상담소	아동과 그 가족의 문제에 관한 상담, 치료, 예방 및 연구 등을 목적으로 하는 시설
아동 전용시설	어린이공원, 어린이놀이터, 아동회관, 체육 · 연극 · 영화 · 과학실험전시 시설, 아동휴게숙박시설, 야영장 등 아동에게 건전한 놀이 · 오락, 그 밖의 각종 편의를 제공하여 심신의 건강유지와 복지증진에 필요한 서비스를 제공하는 것을 목적으로 하는 시설
공동생활가정	보호대상아동에게 가정과 같은 주거여건과 보호, 양육, 자립지원 서비스를 제공하는 것을 목적으로 하는 시설
지역아동센터	지역사회 아동의 보호 · 교육, 건전한 놀이와 오락의 제공, 보호자와 지역사회의 연계 등 아동의 건전육성을 위하여 종합적인 아동복지서비스를 제공하는 시설
아동보호전문기관	학대받은 아동의 발견, 보호, 치료를 의뢰하고/ 아동학대의 예방 및 방지를 위한 홍보/ 아동학대행위자를 위한 상담 · 교육 등 실시/ 아동학대행위자, 아동학대행위자로 신고된 자 및 그 가정에 대한 조사/ 기타 학대받은 아동의 보호를 위하여 필요한 사항을 시행
이외	가정위탁지원센터, 보장원, 자립지원전담기관, 학대피해아동쉼터

출처: 「아동복지법」 제52조(아동복지시설의 종류), 2023년 일부 개정.

이상에서 살펴본 바와 같이 아동복지분야에서 일하는 사회복지사는 효과적인 조력자의 역할을 수행하기 위해서는 아동의 욕구에 적합한 태도와 기술이 요구된다. 즉, 아동의 발달단계에 적합한 언어와 행동을 이해하고 아동에게 효과적인 면접기술과 놀이를 통해 의사소통 방법을 개발하고 필요한 도구를 준비해야 한다. 이때 사회복지사는 아동기의 핵심적 특성인 안정감을 줄 수 있는 지지자로서 부모와 정상적인 관계를 맺을 수 있도록 중개하는 역할이 필요하고 아동보호시설의 경우, 아동의 성장변화를 전체적으로 관리하기 위한 사례관리자, 정서적 지원자로 활동하며 특히 2004년부터 법제화된 지역아동센터에서는 학습과 성장을 돕는 교사의 역할을 수행하게 된다(엄명용 외, 2007). 또한 아동보호전문기관에서 아동의 방임 혹은 학대를 조사하기 위해서는 고도의 훈련을 받은 전문 기술이 요구되며 행정가, 상담사, 치료사, 교사, 중개자, 중재자, 옹호자 등의 역할을 수행하게 된다.

2) 장애인복지현장 및 사회복지사의 활동

장애인복지영역은 사회복지의 분야 중 가장 많은 패러다임의 변화를 겪었다고 할 수 있을 정도로 장애인에 대해 시혜와 보호의 대상이라는 시선에서 서비스제공 및 정책결정의 주체로서의 위상을 갖게 된 영역이다.

사회복지가 모든 인간의 행복을 증진하는 것을 목적으로 한다면 장애인복지는 장애인도 비장애인처럼 지역사회 내에서 아무런 불이익을 받지 않고 생활할 수 있도록 인간으로서의 존엄한 권리를 보장하고 삶의 질을 개선하는 데 목적을 두고 있다. 즉, 장애인복지는 장애인이 일상생활에서 겪게 되는 모든 곤란을 인적, 물적, 사회적 자원의 활용과 협력을 통해 가능한 한 경감, 해소하고 다른 모든 사람과 동등한 생활조건과 생활의 안정을 확보케 하는 것이다. 더 나아가서는 장애인이 가진 정신적 신체적 결함으로 갖게 되는 사회, 심리, 물리적 장애와 이와 같은 사회적 환경을 만들어 내고 있는 사람들의 장애인에 대한 가치관의 극복과 개선 내지 제거를 위하여 국가 및 사회의 제도화된 제반 복지정책을 수행하는 체계적이고 조직적 활동이라 할 수 있다.

장애인복지의 이념으로는 인간존중, 정상화, 자립, 사회통합, 자기결정 등으로 대표될 수 있으며 이러한 이념은 UN의 세계인권선언(1948)을 근거로 하여 지적장애인의 권리선언(1971), 신체장애인 권리선언(1975) 등에서 나타나기 시작하였으며 장애인의 권리보장과 사회적 관심을 증대시키기 위해서 1981년 세계장애인의 해를 선언하였다.

특히 장애인복지에서 큰 변화라고 할 수 있는 장애인의 자립생활운동은 중증 젊은 장애인들이 중심이 되어 기존의 전통적인 서비스에 반발하고 지역사회 내에서 스스로의 삶을 선택하고 결정할 수 있다는 의식의 변화에서 비롯되었다. 이렇게 발생된 자립생활 패러다임은 1970년대에 들어와 본격화하여, 장애인복지의 패러다임이 전문가 중심의 재활 패러다임에서 당사자 중심의 자립생활 패러다임으로의 진보를 가져왔다. 우리나라에 자립생활이 소개된 것은 1997년 '서울국제장애인 학술대회'로, 이 당사자 중심의 장애인자립생활 패러다임은 불과 10여 년 정도의 짧은 시간 속에 「장애인차별금지법 및 권리구제에 관한 법률」을 탄생시키는 추진적 이념이 되었다.

한국은 「장애인복지법」상 장애유형이 15개이며 이 중 유일하게 발달장애만을 위한 「발달장애인 권리보장 및 지원에 관한 법률」이 2018년 제정되어 장애계에서 가장 소외되고 지원이 많이 요구되는 발달장애에 대한 사회적 관심이 촉구되었다.

| 표 4-2 | 장애인복지시설

종류	내용
장애인거주시설	거주공간을 활용하여 일반가정에서 생활하기 어려운 장애인에게 일정 기간 동안 거주 · 요양 · 지원 등의 서비스를 제공하는 동시에 지역사회생활을 지원하는 시설
장애인지역사회 재활시설	장애인을 전문적으로 상담 · 치료 · 훈련하거나 장애인의 일상생활, 여가활동 및 사회참여활동 등을 지원하는 시설
장애인직업재활시설	일반 작업환경에서는 일하기 어려운 장애인이 특별히 준비된 작업환경에서 직업훈련을 받거나 직업 생활을 할 수 있도록 하는 시설
장애인의료재활시설	장애인을 입원 또는 통원하게 하여 상담, 진단 · 판정, 치료 등 의료재활서비스를 제공하는 시설
기타	그 밖에 대통령령으로 정하는 시설

출처: 「장애인복지법」 제58조(장애인복지시설), 2019년 일부 개정.

이런 장애인복지에서 사회복지사는 재활상담을 담당하는 경우가 많아 상담가의 역할 부분이 크다. 특히 중증장애인의 재활 및 자립을 위해서는 그 장애인의 지역사회 내의 다른 기관과의 서비스 연계와 조정이 반드시 뒤따라야 하므로 사례관리자의 역할, 조정자의 역할 또한 크게 요구된다. 장애인주간보호센터, 공동생활가정, 낮병원 등에는 특정 약물에 대한 인지력을 높이기 위해 교육자, 사회기술력을 높이기 위한 안내자의 역할 등도 포함한다.

무엇보다 장애인을 클라이언트로 활동하는 장애인복지현장에서는 장애인에 대한 권리증진과 권리보장을 위해 이들의 인권과 고유 권리를 대변하는 옹호자의 역할이 요구된다.

3) 노인복지현장 및 사회복지사의 활동

노인복지는 많은 사회문제 가운데 특히 노인에게 일어나는 문제를 해결하고 노인의 복지를 이룩하려는 사회적 노력이라 할 수 있다. 장인협과 최성재(1996)는 노인복지를 노인이 인간다운 생활을 영위하면서 자기가 속한 가족과 사회에 적응하고 통합될 수 있도록 필요한 자원과 서비스를 제공하는 데 관련된 공적·사적 차원에서의 조직적 제반 활동이라고 정의하였다.

노인복지의 대상은 사회적 보호를 필요로 하는 의존적인 노인뿐만 아니라 일정 연령 이상의 모든 노인을 포함한다. 노인복지의 목적은 최저수준 이상의 생활유지, 사회적 욕구 충족과 생활문제의 예방과 해결, 사회적응과 통합을 성취할 수 있는 것이며 접근방법은 거시적 접근(정책)과 미시적 접근(임상실천)으로 나눌 수 있고, 대체로 노인이 어디에 머물고 있는가에 따라서 재가노인복지서비스와 시설보호서비스로 구분하고 있다.

| 표 4-3 | 노인복지시설의 종류와 설치 목적

종류	시설	설치 목적
노인주거복지시설	양로시설	노인을 입소시켜 급식과 그 밖에 일상생활에 필요한 편의를 제공함을 목적으로 하는 시설
	노인공동생활가정	노인들에게 가정과 같은 주거여건과 급식, 그 밖에 일상생활에 필요한 편의를 제공함을 목적으로 하는 시설
	노인복지주택	노인에게 주거시설을 임대하여 주거의 편의·생활지도·상담 및 안전관리 등 일상생활에 필요한 편의를 제공함을 목적으로 하는 시설

종류	시설	설치 목적
노인의료 복지시설	노인요양 시설	치매 · 중풍 등 노인성질환 등으로 심신에 상당한 장애가 발생하여 도움을 필요로 하는 노인을 입소시켜 급식 · 요양과 그 밖에 일상생활에 필요한 편의를 제공함을 목적으로 하는 시설
	노인요양 공동생활 가정	치매 · 중풍 등 노인성질환 등으로 심신에 상당한 장애가 발생하여 도움을 필요로 하는 노인에게 가정과 같은 주거여건과 급식 · 요양, 그 밖에 일상생활에 필요한 편의를 제공함을 목적으로 하는 시설
노인여가 복지시설	노인 복지관	노인의 교양 · 취미생활 및 사회참여활동 등에 대한 각종 정보와 서비스를 제공하고, 건강증진 및 질병예방과 소득보장 · 재가복지, 그 밖에 노인의 복지증진에 필요한 서비스를 제공함을 목적으로 하는 시설
	경로당	지역노인들이 자율적으로 친목도모 · 취미활동 · 공동작업장 운영 및 각종 정보교환과 그 밖의 여가활동을 할 수 있도록 하는 장소를 제공함을 목적으로 하는 시설
	노인교실	노인들에 대하여 사회활동 참여욕구를 충족시키기 위하여 건전한 취미생활 · 노인건강유지 · 소득보장 그 밖의 일상생활과 관련한 학습프로그램을 제공함을 목적으로 하는 시설
재가노인 복지시설	방문요양 서비스	가정에서 일상생활을 영위하고 있는 노인(재가노인)으로서 신체적 · 정신적 장애로 어려움을 겪고 있는 노인에게 필요한 각종 편의를 제공하여 지역사회 안에서 건전하고 안정된 노후를 영위하도록 하는 서비스
	주야간 보호서비스	부득이한 사유로 가족의 보호를 받을 수 없는 심신이 허약한 노인과 장애노인을 주간 또는 야간 동안 보호시설에 입소시켜 필요한 각종 편의를 제공하여 이들의 생활안정과 심신기능의 유지 · 향상을 도모하고, 그 가족의 신체적 · 정신적 부담을 덜어 주기 위한 서비스
	단기보호 서비스	부득이한 사유로 가족의 보호를 받을 수 없어 일시적으로 보호가 필요한 심신이 허약한 노인과 장애노인을 보호시설에 단기간 입소시켜 보호함으로써 노인 및 노인가정의 복지증진을 도모하기 위한 서비스
	방문목욕 서비스	목욕장비를 갖추고 재가노인을 방문하여 목욕을 제공하는 서비스

종류	시설	설치 목적
노인보호 전문기관	중앙노인보호전문기관	국가가 지역 간의 연계체계를 구축하고 노인학대를 예방하기 위하여 설치, 운영하는 시설
	지역노인보호전문기관	학대받는 노인의 발견이나 보호, 치료 등을 신속히 처리하고 노인학대를 예방하기 위하여 특별시, 광역시도, 특별자치도에 설치하는 시설
노인일자리 지원기관	노인일자리 지원기관	지역사회 등에서 노인일자리의 개발 · 지원, 창업 · 육성 및 노인에 의한 재화의 생산 · 판매 등을 직접 담당하는 기관

출처: 「노인복지법」 제32조(노인복지시설), 「노인일자리 및 사회활동 지원에 관한 법률」 2023년 일부 개정.

또한 2008년 7월부터는 노인장기요양보험제도가 시행되면서 고령이나 노인성 질병 등으로 목욕이나 집안일 등 일상생활을 혼자서 수행하기 어려운 이들에게 신체활동, 가사지원 등의 서비스를 제공하여 노후생활의 안정과 그 가족의 부담을 덜어 주게 되었는데, 이는 더 이상 노인문제의 책임을 그 가족에게 지게 하는 것이 아닌 사회 전체의 책임으로 인식하는 시대에 돌입한 것이다. 현재 노인의 복지를 증진하기 위한 시설로서 「노인복지법」은 그 종류를 노인주거복지시설, 노인의료복지시설, 노인여가복지시설, 재가노인복지시설, 노인보호전문기관으로 구분하고 기존의 노인일자리지원기관은 「노인 일자리 및 사회활동 지원에 관한 법률복지법」에서 다룬다.

노인복지 분야에서 일하는 사회복지사들은 노년기의 정체감 상실과 역할 상실에서 오는 무력감증에 대해 공감하며 노년기를 정서적으로 안정되게 꾸려 갈 수 있도록 돕는 조력자의 역할과 취업교육이나 사회교육, 여가활동지도, 치매노인을 위한 가족교육 프로그램 등 다양한 교육 프로그램을 개발하고 지도하는 교사로서의 역할이 강조된다. 또한 특수노인집단에게 필요한 프로그램과 서비스를 개발하고 고령자취업알선센터나 양로시설, 의료시설과의 연계를 이루고 무의탁노인이나 불우노인을 위한 후원자를 개발하는 미시적 차원에서의 중개자 역할이나 기관 차원에서의 중재자 역할이 필요하다. 이 외에도 지역에서의 재가봉사 프로그램이 활성화되면서 방문상담 및 재가서비스를 위한 현장개입과 사례관리 등을 위한 전문가 역할도 요구된다.

4) 지역사회복지현장 및 사회복지사의 활동

사회복지학에서 지역사회복지가 점하는 위치는 아동복지, 노인복지, 장애인복지와 같이 대상 및 접근수준 차원에서의 "분야론"인 동시에 사회복지를 실천하는 미시적 방법, 거시적 방법과 같이 중시적 방법으로 분류할 수 있는 "방법론"이다. 무엇보다 사회복지실천의 가장 대표적인 실제라 할 수 있는 지역사회복지관에서의 사회복지사는 우리가 학습하고 다루는 모든 사회복지사의 역할이 총망라되는 다양한 차원의 기능과 업무를 하게 된다.

로스Ross는 지역사회복지의 구체적인 과정으로 지역사회조직에 대해서 지역주민들의 욕구 또는 목적을 지시하는 것, 신뢰를 개발하는 것과 주민들의 욕구 또는 목적을 이루는 것, 욕구나 목적을 다루기 위해 자원들을 발견하는 것, 주민들을 존중하는 행동을 하는 것, 지역사회에서 협동적이고 협력적인 자세와 실천을 확대하고 개발하는 것이라 설명했다.

국내에서 지역사회복지에 대한 정의로, 최일섭은 전문 또는 비전문 인력이 지역사회수준에 개입하고 지역사회에 존재하는 각종 제도에 영향을 주고, 지역사회의 문제를 예방하고 해결하고자 하는 일체의 사회적 노력이라고 하였다.

이런 의미에서 지역사회복지 혹은 지역사회복지실천은 지역사회집단들과 조직들 그리고 개인들의 이상적인 지역사회 실현을 위해 노력하는 포괄적인 공식적, 비공식적 활동이라 할 수 있으며, 지역사회서비스제공활동, 지역사회보호활동, 지역사회계획활동, 지역사회조직화활동으로 나누어 살펴보면 다음과 같다.

① 지역사회서비스제공활동

지역사회서비스제공활동은 대인사회복지서비스를 제공함에 있어 자신의 삶에 중심적 터전이라 할 수 있는 지역사회를 기반으로 하는 원조 서비스를 제공하는 활동을 말한다. 생활을 영위함에 있어 도출되는 특정 욕구나 문제를 가진 사람들이 자신의 가정과 지역 내에서 원조를 받게 되며, 그러한 일체의 노력을 연계하고 네트워크하여 보다 효율적인 원조를 실시한다. 대표적으로 욕구가 다양한 중증장애인, 노인, 아동 등을 위한 사례관리, 노인 및 장애인을 위한 재가복지서비스, 정신장애인을 위한 사회적응 훈련 등이 있으며 이는 주로 지역사회복지관, 지역사회정신건강센터, 사회복귀시설 등에서 이루어진다.

② 지역사회계획활동

이 활동은 지역사회 구성원 간의 구조적인 관계를 변화시키거나 지역사회 구성원들이 지역문제에 대처하거나 이를 극복할 수 있도록 구제적인 실천과정을 계획하고 결정하여 수립하는 활동이라 할 수 있다. 이는 특히 지자체와 같은 관이 주도하여 민과 협력하는 형태를 띠게 되는데 대표적인 것이 2006년 1기, 2010년 2기를 맞은 지역사회복지계획이다. 지역사회복지계획은 지역사회의 실질적인 욕구와 문제분석, 복지정책의 우선순위결정, 자원 및 서비스 공급체계의 설계 등을 통해 보다 그 지역사회의 특성에 맞는 지역사회복지를 실현하기 위한 목적이 있다. 2003년 개정된 「사회복지사업법」의 내용에는 시 · 군 · 구에 지역사회복지협의체를 설치하고 지역사회복지계획을 심의하도록 하며, 시도 및 시 · 군 · 구에서 지역사회복지계획을 수립, 시행하도록 규정하였다.

③ 지역사회보호활동

지역사회보호활동은 가능한 한 사회적 보호를 필요로 하는 사람의 가정 또는 그와 유사한 지역사회 내의 환경에서 서비스를 제공하는 사회적 보호의 형태이다. 지역사회

보호의 특징은, 첫째, 가정 또는 가정과 유사한 환경, 즉 통원치료기관 그룹홈 등과 같은 보호의 장이 전제된다는 점, 둘째, 서비스 제공을 위해 함께 동거하는 직원이 있다는 점, 셋째, 일상적인 생활의 결정은 개인에 의하여 이루어지며, 넷째, 가정에서의 보호 또는 가정 외부로부터 서비스를 받는다는 점이다.

④ 지역사회조직화활동

지역사회조직화활동은 주민들이 공유하고 있는 문제를 위해 함께 투쟁하고 주민들의 삶에 영향을 주는 결정들에 대해 주민 스스로 발언할 수 있게 이끄는 지역사회복지실천활동이다. 이때 중요한 것은 조직화organization이다. 지역사회조직화를 위해서는 주민의 욕구를 해결하고 발전시킬 수 있는 영속적인 지역사회조직체가 필요하다. 따라서 지역사회조직화활동은 지역의 많은 이들의 힘을 집약시키고 민주적 조직들을 만듦으로써 주민들의 문제해결 능력을 강화시킨다고 할 수 있다. 우리나라에서는 주로 지역사회복지관을 비롯하여 특히 제3섹터로 불리는 시민사회단체에서 이 활동을 주도하고 있다.

지역사회복지를 실천하는 대표적인 기관이 지역사회복지관이며 여기의 사회복지사들은 클라이언트 개인, 집단, 가족, 지역사회 등의 다양한 개입수준을 통해 다양한 역할을 수행한다.

첫째, 서비스 및 지원이 필요한 클라이언트와 지역사회에서 제공 가능한 물품, 후원금, 후원자, 무형의 서비스 등을 연계하는 중개자의 역할과 조력자의 역할이 있으며 둘째, 기관 내의 효율적 운영과 관리를 위한 방안을 통해 조직의 기능을 활성화시키는 촉진자의 역할, 지역 내 기관들의 연계와 네트워크를 발전시키는 중재자의 역할, 자원봉사자 교육과 같은 인정 자원의 개발과 관리를 위한 훈련가, 교육자의 역할을 수행한다. 셋째, 지역사회개발이나 지역문제 해결을 위한 주민참여와 공동체 의식을 증대시키기 위한 계획가의 역할도 중요하며 지역 내 소수집단의 이익을 대변하고 옹호하며 불합리한 제도의 문제점을 개선하기 위한 사회행동과 지역사회 인식 개선을 위한 노력도 한다.

넷째, 지역 내의 다른 복지기관이나 지역 내 시설과의 협력을 통해 지역복지의 방향성을 설정하며 효과적인 전달체계로의 변화를 위한 촉매자로서의 역할과 지역사회욕구조사, 사례연구 등 다양한 조사방법의 활용과 지역사회 프로그램 개발 및 평가를 위한 연구를 실시하여 전문가로서 자기개발과 사회복지실무에 대한 지식과 기술을 발전시키는 연구자, 조사자의 역할도 있다.

5) 학교사회복지현장 및 사회복지사의 활동

아동복지 또는 청소년복지가 대상중심이라 본다면, 학교사회복지는 이 대상들의 성장 및 교육의 장場, setting인 학교를 중심으로, 사회복지사의 활동 영역 또한 이 학교 및 학교를 둘러싼 지역사회의 인적, 물적, 제도적 자원을 활용하여 학생들의 학교 및 지역사회적응을 증진시키는 활동을 의미한다.

이러한 학교사회복지에 대한 개념은 학자마다 다르게 정의하고 있지만 학교라는 실천현장에서 전문사회복지사가 학생들의 학교생활적응을 지원하여 학교교육의 목적을 달성하고 학생들의 삶의 질을 향상시키고자 하는 활동이라는 점에는 공통성을 찾을 수 있다.

우선 미국 NASW(2002)에서는 "학교라는 교육기관에서 전문적 능력과 자격을 갖춘 사회복지사가 제공하는 사회적 서비스를 의미한다. 즉, 공교육 체계에서 학교교육의 목적을 달성하는 것을 지원하고 학생들이 학교에 잘 적응할 수 있도록 도와주며, 이를 위해 학교, 가족, 지역사회가 수행하는 노력을 조정하고 영향을 미치는 활동"으로 정의할 수 있다.

우리나라의 학교사회복지학회에서는 “학교라는 사회적 제도와 지역사회라는 환경 안에 개입하여 학생의 심리사회적 기능과 학업성취능력을 향상시킴은 물론 학교교육과 관련된 서비스욕구를 가진 사회의 구성원들에게 교육의 기회를 공평하게 제공하여 개인이 욕구를 충족하고 보장받을 수 있도록 도와주고 지지해 주는 사회복지실천의 전문 분야”로 규정하고 있다(www.schoolsocialwork.org).

이런 학교사회복지는 학교체계 내에서 일어나는 학생의 문제를 개인의 문제만이 아닌 개인을 둘러싼 환경과의 상호작용의 문제로 보고, 이러한 심리, 사회적 문제를 학생-학교-가정-지역사회의 연계를 통해 예방하고 해결함은 물론, 모든 학생이 자신의 잠재력과 능력을 최대로 발휘할 수 있도록 최상의 교육환경과 공평한 교육기회를 제공하여 궁극적으로 교육의 본질적인 목적을 달성하고 또한 학생복지를 실현할 수 있도록 도와주는 교육기능의 한 부분이며 사회복지의 전문분야라고 할 수 있다. 학교사회복지 대상자는 학교상황에서의 문제, 즉 학습부진, 학교공포증, 공격성, 반사회적 행동, 퇴행적 행동, 무단결석, 비사교성, 지나친 정서적 불안감과 일반적인 불행감 또는 파괴적 행동 등이 있는 학생이며, 이 밖에도 학교에서 문제를 일으키는 가정환경이 복잡한 아동, 특수한 학급편성을 필요로 하는 아동을 그 대상으로 삼고 있다.

최근 학교사회복지는 크고 작은 변화를 맞이하였다. 2018년 법 개정으로 인해 민간자격증에 준하던 학교사회복사 자격증이 2021년 1월부터 국가자격증으로 발급되었으며 선거권은 만 18세로 하향되었고 2022년부터 고등학교 무상교육이 전면 실시되었다.

또한 우리 사회에서 학교사회복지라는 전문적 개입이 요구되는 사회적 상황으로는 지식기반 사회 도래로 인한 인적자본의 강조, 평생학습의 강조, 신빈민층의 출현과 빈곤의 대물림, 공교육의 부재와 열악한 교육복지, 교육양극화 및 교육격차, 학생복지서비스에 대한 욕구 증가(홍봉선 외, 2020) 등을 들 수 있다.

학교사회복지영역에서 사회복지사의 활동은 다채롭다. 개별지도사업 및 집단지도사업을 통한 직접적인 치료활동을 비롯하여 지역사회의 이용 가능한 자원을 조직하고 동원하는 역할을 하며, 교사와 학생 간, 부모 간 관계개선의 노력과 학교 내의 문제해결을 위한 특별 조정팀을 구성하여 효과적인 원조관계를 조성하는 역할과 청소년 문제에 대한 새로운 중재방법을 제공하고 활용하는 역할 등이 있다. 문제를 갖고 있는 청소년들과 상담, 정서적 지지자의 역할 외에도 사회적 지원서비스를 연결해 주는 중개자의 역할과 청소년문제의 사회적 인식개선을 위해 청소년개인의 차원을 넘어선 학교, 가정, 지역사회 차원의 노력을 아끼지 않는 옹호자, 행정가의 역할도 하게 된다.

6) 정신건강사회복지현장 및 사회복지사의 활동

정신건강사회복지는 정신의학의 영역에서 이루어지는 사회사업활동이라고 할 수 있다. 의료사회사업에서 분화되어 전문영역으로 발전되어 온 정신건강사회사업은 좁게는 정신장애인과 그 가족에 대하여 행해지는 원조활동에 초점을 둘 수 있으나 넓게는 전 국민의 정신건강증진을 위한 사회사업활동으로 정의할 수 있다.

정신건강사회복지의 개념은 학자나 시대에 따라 다르게 규정되어 왔는데, 핑크 등(Fink et al., 1949)은 정신건강사회사업이란 정서적이고 정신적인 질병에 대한 전적인 책임이 정신의학자에 의해 수행되고 있는 병원이나 진료소에서 실시하는 개별사회사업이라고 하였다. 김규수(1995)는 여러 외국 학자들의 논의를 종합하여, (a) 정신건강사회사업의 대상은 정신적 및 정서적 장애를 가진 클라이언트며, (b) 주체는 정신과의사, 사회복지사, 심리학자, 정신과 간호사 그리고 작업요법사 등의 치료팀으로 구성되고 (c) 활동장소는 병원이나 진료소, 정신건강기관, 지역사회 등으로 확대 설명하고 있으며, (d) 목적은 정신적 · 정서적 장애로 고통을 받고 있는 사람들의 건강을 회복시키고 정신건강을 촉진하는 활동 등 2차 예방뿐만 아니라 1차 예방 활동으로 확대된 서비스를 내포하고 있으며, (e) 사회사업적 접근 방법을 케이스 워크로 국한시키지 않고 제반 사회사업방법론을 적용함을 의미하고 있다고 하였다.

그동안 우리나라의 정신건강정책은 정신장애인을 중심으로 병원이나 시설에서 장기간 격리, 수용하는 데 주력해 왔다. 그러나 1997년 1월부터 시행된 「정신건강법」에 의해 기존의 장기입원중심에서 벗어나 지역사회에서 정신장애인을 조기발견, 치료, 재활시키는 지역사회정신건강사업으로 정책 전환이 이루어졌다. 동법 7조에 의해 보건소에는 정신건강전문요원을 두고, 정신의료기관에는 입원환자 100인당 정신건강요원 1명을 배치하도록 규정화되어 있다. 이때 정신건강사회복지사는 국가자격증화되어 의료사회복지사, 학교사회복지사에 비해 빠른 행보를 가졌다.

또한 2000년도부터는 연차적으로 정신장애인도 장애인에 포함되어 장애인복지서비스 수혜가 가능하게 되었다. 현재 이들을 위한 시설로서 국비지원의 정신건강센터, 지방자치단체가 자체 지원하고 있는 정신건강센터, 정신장애인의 사회복귀를 위한 사회복귀시설, 보호자들을 중심으로 소규모시설의 욕구가 커짐에 따라 마련된 주거시설 등이 있으며, 이들 시설은 이용자 중심의 모임을 통해 사회적응훈련, 직업재활훈련, 취업현장개발 등 다양한 프로그램을 실시하고 있다.

지역사회정신건강사회복지사는 지역 내의 자원을 충분히 활용하여 지역 전체가 혜택을 받을 수 있도록 하는 지역주민에 대한 책임, 클라이언트의 가정과 가까운 곳에서 진료를 받을 수 있도록 돕는 일, 클라이언트의 입원치료, 응급처치, 부분입원, 외래치료, 자문 및 교육 등 기본적인 서비스 외에도 소아나 노인에 대한 특수 서비스, 알코올중독 및 약물남용 치료, 추후관리, 입원 전 식사 및 거주 시설의 활동 등 부과적인 서비스까지 포함한 포괄적 서비스를 제공한다. 또한 사회복지사는 정신과 의사, 의료사회복지사, 정신간호사, 임상심리사, 작업요법사 등의 전문인력이 참여하는 팀 접근, 지속적인 치료, 지역주민의 참여를 촉진하는 일, 평가와 연구 활동, 예방활동 그리고 자문활동 등을 수행하고 있다.

지역사회정신건강사회복지는 주로 정신건강전문요원이 담당하고 있는데 이들은 사회복지사 자격과는 별도의 자격으로 「정신건강증진 및 정신질환자복지서비스지원에 관한 법률」(약칭 정신건강법) 제17조에 정신건강전문요원의 업무를 규정하여 놓았다. 여기에서 정신건강전문요원이란 정신건강사회복지사, 정신건강간호사, 정신건강임상심리사, 정신건강작업치료사를 말한다. 정신건강사회복지사는 정신의료기관, 정신건강복지센터, 중독관리통합지원센터 등 영역에서 정신건강 서비스 지원을 담당한다.

정신건강 영역에서 사회복지사의 역할은 치료사의 역할, 클라이언트와 지역자원을 연결해 주는 중개인의 역할, 클라이언트의 권익과 권리를 대변하는 옹호자의 역할, 그리고 지역사회 내 정신건강에 대한 보다 정확한 정보와 욕구를 파악하는 조사연구자의 역할을 수행하게 된다.

7) 의료사회복지현장 및 사회복지사의 활동

2018년 「사회복지사업법」이 개정됨으로써 의료, 학교 영역의 사회복지는 큰 변화를 맞이하게 된다. 지금까지 의료사회복지사는 대한의료사회복지사협회에서 발급하는 민간자격증이었으나 2021년부터는 국가자격증화되기 때문에 국가에서 관리 및 발급하게 되었다. 사회복지사 1급 자격을 취득한 사람 가운데 복지부 장관이 지정하는 기관에서 1년 이상의 수련 과정을 이수하면 정신건강사회복지사, 학교사회복지사와 마찬가지로 의료사회복지사 국가 자격을 취득하게 되었다.

의료사회복지는 질병을 가진 환자와 그 가족, 지역사회를 대상으로 의료진과 함께 협의하여 클라이언트의 심리, 사회적, 정서적, 환경적 문제를 해결하도록 돕고, 입원 시 뿐만 아니라 입원 전과 퇴원 후에도 사회적 기능을 원활히 수행할 수 있도록 한다. 질병의 예방과 회복, 사후 관리에 이르는 연속적 과정에서 개인에 대한 접근뿐 아니라 의료제도와 정책 차원의 접근을 통하여 의료사회복지실천의 목적을 달성하도록 돕는 보건의료영역의 전문 사회복지사이다. 현행 「의료법 시행규칙」 제38조에 의하면 종합병원(병상 수 100개 이상) 규모에서는 사회복지사 자격을 가진 자 중에서 환자의 갱생, 재활과 사회복귀를 위한 상담 및 지도 업무를 담당하는 요원을 1명 이상 배치토록 하였다.

무엇보다 보건복지부가 추진 중인 '지역사회중심 통합 돌봄 서비스(커뮤니티 케어)'에 의하면 지역사회 내 의료기관의 의사, 간호사, 의료사회복지사 등 다직종으로 구성된 연계팀을 구성, 퇴원계획을 수립하고 지역 돌봄 자원을 연계하는 등 입원환자의 지역사회 정착을 지원는 역할을 수행하게 된다. 이를 통해 의료사회복지사는 종합병원 등을 이용하는 클라이언트에게 재활과 사회복귀를 위한 상담 및 지도 업무를 수행하여 병원 내 생활은 물론 퇴원 후 지역사회 적응을 지원한다.

정신건강사회복지사와 마찬가지로 의료사회복지사는 자원이 필요한 클라이언트에게 그 자원을 연결해 주는 중개인의 역할, 환자라는 의료적 약자인 클라이언트에 대한 권리옹호자 및 대변자의 역할, 환자인 클라이언트와 그 가족 지원을 위한 상담가의 역할 등이 수행된다.

Chapter 05

사회복지실천의 개입 수준: 대상

Chapter

05 사회복지실천의 개입 수준: 대상

사회복지실천에서 클라이언트에 대한 개입의 단위, 즉 개입 수준을 어떻게 하는가는 매우 중요한 과업이다. 왜냐하면 클라이언트의 단위를 어떻게 하느냐에 따라 개입기술은 달라지기 때문이다. 흔히 클라이언트는 개인으로만 생각하지만 개인 이외에 가족, 집단, 지역사회 자체가 사회복지실천의 대상이 될 수도 있다. 5장에서는 사회복지실천에서의 다양한 클라이언트의 개입 수준에 대해 살펴보고 이에 따른 개입방법과 개입기술을 생각해 보도록 한다.

1 개인과 사회복지실천

개입의 단위 중 개인을 대상으로 하는 사회복지실천은 과거의 개별사회사업, 개별실천과 맥을 같이한다. casewokr라 불리는 개별사회사업은 사회복지실천방법 중 가장 역사가 오래된 실천방법으로 집단사회사업, 지역사회조직과 함께 3대 방법론으로 분류되어 그 중요도는 매우 높았다. 사회적응에 어려움을 겪게 되는 클라이언트를 전문가가 일대일, 면대면face to face 방식을 통해 그가 갖은 특정 욕구를 해결하거나 원조를 하는 활동이라 할 수 있다.

1) Casework의 등장 및 특징

본래는 소셜 케이스 워크social casework라고 불러야 마땅하지만, 편의상 우리나라에서는 'social'이라는 형용사를 생략하여 케이스 워크라고 부르고 있다.

'케이스 워크'란 무엇인가에 대해서는 수많은 정의가 있으나, 가장 대표적인 메리 리치몬드의 저서 『What is Social Casework?』에서 다음과 같이 정의하고 있다.

Social casework란 개인과 그 사회환경 간에 개별적인 의식적 조정을 통해서 그 사람의 인격의 발달을 도모하는 제반과정이다(Richmond, 1922).

즉, 메리 리치몬드는 케이스 워크의 특징을 개별화, 의식적 조정, 인격의 발달 및 과정이라는 말로서 그 의미를 표현하고 있다(장인협, 1989).

사회복지가 전문화되고 법제화되기 전, 영국과 미국에서의 인보관과 자선조직협회를 통한 활동가들은 개인, 가족, 지역사회를 대상으로 원조서비스를 제공하였다. 20세기 초반에는 원조기술을 본격적으로 가르치는 전문학교도 등장을 하게 되었는데 메리 리치몬드(1917)는 개인을 돕는 개별사회사업casework을 조직화하고 이를 반복 훈련, 가르침으로써 개별사회사업 혹은 개인을 대상으로 한 실천을 하였다.

사회복지실천의 초기단계에 사용된 개별사회사업은 개인의 부적응에 대한 치료적 개입을 강조하였으며 사회문제에 대한 거시적 접근보다는 개별화된 문제에 대한 적응에 초점을 두는 미시적 접근이 중심적이었다. 개인의 문제를 사회환경과의 관련성 속에서 삶의 문제로 이해하고 다양한 수준에 체계적으로 개입할 것을 강조하는 통합적 접근이 대두되면서, 개인 대상의 실천social work practice with individuals이라는 용어로 바뀌었고, 개입의 영역도 점차 다양화되면서 확대되고 있다.

개별사회사업은 1960년대에 들어서 많은 공격을 받기 시작하였는데, 그 이유는 심리적 접근 강조, 효과성 결여, 빈민과 억압된 계층의 욕구에 제대로 반응하지 못한다는 것이었다. 그래서 1950년대와 1970년대에 걸쳐 과학적 지지를 얻은 접근법, 즉 행동수정 같은 접근법을 도입하였고, 환경에 대한 더 많은 관심을 보이면서 체계개념을 도입하였다(이윤로, 2008).

2) 개인에 대한 사회복지실천

개인에 대한 사회복지실천에서 클라이언트와 그의 독특한 상황에 대한 이해는 필수적이다. 사람들 사이에는 공통성과 차이점이 동시에 존재하는데, 사람들 간의 차이점을 구성하는 것은 현재의 발달단계, 발달단계상의 욕구 그리고 클라이언트의 욕구가 제대로 충족되는가 하는 것이며, 이러한 차이는 유전과 환경적 요소의 산물이라고 할 수 있다. 환경 속의 인간을 체계적 관점에서 본다면 개인과 상황의 다양한 측면들은 상호작용하며 상호 영향력을 미친다. 따라서 환경 속의 인간을 이해하는 것은 모든 사회복지실천에서 매우 중요하다.

이러한 접근의 대표적인 이론이 생태체계적 접근으로, 체계 간에 이루어지는 상호작용과 상호교류를 강조한다. 클라이언트는 생태체계의 한 부분으로 간주되며 생태체계를 구성하는 다양한 체계 간의 자원, 에너지 및 정보 등의 교환이 이루어진다. 모든 체계는 클라이언트와 생태체계 내의 다른 체계들의 욕구가 충족되도록 기능하게 된다. 만약 충족되지 못한 욕구가 생기면 생태체계 내 불일치나 불균형이 존재하게 되며 따라서 사회복지사와 클라이언트는 균형을 회복하거나 새로운 균형을 개발하기 위해 노력하게 된다.

개별 클라이언트를 대상으로 직접적인 개입이 이루어지는 사회복지실천의 특징을 김혜란 등(2006)은 다음과 같이 제시하고 있다.

첫째, 개인대상의 사회복지실천은 1인의 클라이언트 체계를 중심으로 개별 클라이언트가 갖는 문제에 초점을 두고 클라이언트와의 개별화된 원조과정을 진행하게 된다. 개인의 존엄성과 자기결정권이라는 사회복지실천의 기본가치를 바탕으로 개별 클라이언트와의 협력적 문제해결 과정 속에서 클라이언트의 선택권을 중요시하며 개인의 개별적 욕구와 특성, 상황 등에 적합한 방법과 전략을 선택하게 된다.

둘째, 클라이언트의 문제를 해결하기 위해 클라이언트와 사회복지사 간의 전문적 관계를 도구로서 활용한다. 즉, 일대일 관계의 특성상 사회복지사와 클라이언트의 친밀도가 매우 높으며, 대인관계의 기술을 활용하여 클라이언트의 문제해결을 돕는다.

셋째, 개인의 적응과 변화를 위한 다양한 모델과 개입방법을 활용한다. 심리역동이론, 자아심리학, 행동주의 심리학 이외에도 사회학, 사회심리학, 정신치료 등 다양한 이론적 관련성을 갖고 있다. 따라서 이러한 이론을 적용시킨 다양한 실천모델, 즉 전통적 심리사회모델을 비롯하여 행동주의 모델, 인지행동주의 모델, 위기개입, 과제중심모델 등을 활용하여 개인의 변화 또는 개인과 환경의 상호작용을 변화시키기 위해 노력한다.

2 가족과 사회복지실천

현대사회의 큰 특징으로 위탁아동을 양육하는 부부, 이전의 양성애 결혼관계에서 출산한 아이를 함께 양육하는 동성애 부부, 심각한 인지장애가 있어 시설에서 생활하며 치료를 받는 아동을 둔 부부, 법적으로 결혼한 부부는 아니지만 몇 년 동안 동거하며 사실혼관계를 유지하는 부부, 재혼으로 이루어진 혼합가정 등 다양한 가족의 유형들의 출현을 들 수 있다. 이런 가족을 대상으로 원조하는 사회복지사들은 과거의 전형적 가족의 개념으로만 접근하기가 어려워졌으며, 다양한 가족의 특성과 기능 그리고 이들이 경험한 문제에 대한 이해가 필요하게 되었다.

제2차 세계대전으로 인한 개인의 심리적, 정서적 문제가 가족의 해체, 청소년 비행 등의 가족문제를 제기하면서, 가족의 구조변화를 통해 개인의 행동과 태도에 변화를 주려는 가족치료에 관심이 모아지기 시작하였다. 초기의 관심은 주로 정신분열병 환자와 그 가족에 대한 것이었으나 일반가족으로 점차 확대되었다. 1950년대는 주로 정신분열병 환자가족에 대한 연구에 기반하여 학파 간의 구분이 뚜렷하였으나 1960년대는 사회복지사들이 서로 연합하여 전체 가족에게 개입하기 위한 새로운 개입전략과 기술을 발전시키기에 이르렀다. 1970년대에는 치료기법이 이론과 조사를 앞질러 발달하였고 행동주의 접근법과 같은 혁신적인 치료기법이 소개되었으며 1980년대에 이르러서는 가족치료가 하나의 전문직으로서의 정체감을 갖기에 이르렀다(송성자, 1987).

사회복지사는 처음에는 개인적 문제를 가진 것처럼 보이는 클라이언트를 만나게 되지만 많은 경우 문제는 그 개인의 것이라기보다는 전체 가족에 있는 경우가 많다. 따라서 이들은 가족이라는 다른 관점에서 바라볼 필요가 있다(Kirst- Ashman & Hull, Jr., 1993).

특히 가족을 하나의 체계로 보는 관점은 가족성원 간의 상호작용뿐 아니라 가족과 주변 환경과의 상호작용까지 모두 관찰하고 개입할 수 있다는 점에서 매우 유용하다. 가족은 가족성원 개개인으로 구성된 전체이며, 지역사회를 구성하고 이에 적응하는 부분으로의 체계이기 때문이다.

이런 이유에서 가족을 대상으로 하는 사회복지실천을 위해서는 가족이라는 체계를 이해하여야 하고 다음의 주요 개념들을 익혀야 한다. 체계에 관한 보다 자세한 내용은 '제6장 사회복지실천의 통합방법론'에서 다루도록 한다.

1) 가족체계를 위한 주요 개념

(1) 가족항상성

가족항상성은 체계로서의 가족이 구조와 기능에 있어서 균형을 유지하려는 속성으로 역동적 균형 상태를 유지하기 위한 체계의 경향성을 말한다. 가족항상성은 위기이론과 관련이 있는데, 가족은 위기 상황 이후에 정상적 기능수행으로 되돌아가려는 경향이 있다. 사회복지사는 상호작용 패턴을 재조직하고 이러한 패턴을 조절하는 새로운 규칙을 만들어 냄으로써 새로운 균형 상태를 유지하게 한다. 즉, 모든 가족구성원은 칭찬하거나 야단치는 것과 같이 상대방의 행동을 강화하는 피드백을 통하여 가족의 균형을 유지하는 경향이 있다.

(2) 가족하위체계

전통적으로 가족하위체계는 성, 세대, 일반적 관심(지적 능력, 사회적 능력, 책임) 등에 따라서 형성되고 구분된다. 가족 내의 대표적인 하위체계는 부부, 부모-자녀, 형제자매 하위체계를 들 수 있다. 부부하위체계는 두 사람의 결혼과 더불어 형성된다. 부부 하위체계가 건강하게 기능하기 위해서 부부는 각자 원가족의 영향에서 어느 정도 독립적이고 적절히 분화되어야 한다. 부모-자녀 하위체계의 주요 기능은 자녀양육, 지도, 통제와 연관된다.

(3) 경계

경계란 체계를 외부 환경으로부터 구분하는 관념상의 테두리로 눈에는 보이지 않지만 체계를 구성하는 사람들과 그렇지 않는 사람을 구분하게 된다. 정보와 에너지가 들어오고 나가는 정도와 투과성의 정도에 따라 경직된 경계, 혼돈된 경계, 명확한 경계로 나눈다. 가족들의 모임에서 다른 가족들 구성원들이 서로 섞여 있어도 보이는 선은 없으나 우리는 '○○네 가족'이라는 경계를 통해 다른 가족들과 명확히 구분할 수 있다.

(4) 가족경계선

가족의 하위체계 간에 허용할 수 있는 접촉의 양과 종류는 경계로 구분된다. 경계는 가족과 하위체계의 독립과 자율성을 보호한다. 상호경계는 경직된 경계에서부터 산만한 경계까지 다양하다. 하위체계 간의 상호역동은 이 경계선이 명확한지(명확한 경계선), 밀착되어 있는지(밀착된 경계선), 분리되어 있는지(경직된 경계선)에 따라서 다르다.

(5) 개방체계와 폐쇄체계

체계는 일정 기간 동안 어느 정도의 안정성을 가지고 인과적인 관계 속에서 직접 혹은 간접적으로 관련되어 있는 구성요소들의 복합체인데, 외부 세계와의 관계를 기준으로 개방체계와 폐쇄체계로 나눌 수 있다.

개방체계는 어느 정도 투과성이 높은 경계를 갖고 있는 체계이다. 개방체계는 성장과 발전에 필요한 정보나 에너지를 외부에서 자유롭게 받아들인다. 체계이론에서는 체계를 개방적인 것으로 본다. 이는 체계의 계속성과 변화의 본질적인 요인이 환경과의 상호 교환 속에 관여함을 의미한다. 개방체계는 환경으로부터 투입을 받아들이며 산출을 생산하여 환경으로 보낸다.

폐쇄체계는 다른 체계와 상화작용이 없다. 환경의 다른 에너지에 접근이 불가능하여 자체의 에너지만을 써야 하므로 번창할 수 없다. 이러한 외부와의 교류 및 작용이 없게 되면 에너지 유입이 없게 되며 체계들의 분화가 적어지고 조직과 기능이 상실되면서 체계는 해체되게 되는데 이를 엔트로피 entropy 라고 한다. 반면 이에 대비되는 경향을 네겐트로피 negentropy 라고 한다. 가족체계들 중에서도 외부 에너지와의 교류가 왕성한 개방체계 성격을 띠는 경우가 있는 반면, 내부 구성원 간의 내적 에너지 교류만을 고집하고 외부 환경 및 에너지와의 상호작용을 거부하는 폐쇄체계적 가족체계도 있다.

2) 가족에 대한 사회복지실천

사회복지사들은 다양한 세팅에서 다양한 문제를 가진 가족들과 일하게 된다. 가족과의 사회복지실천은 개인과의 실천과는 상당히 다르다. 즉, 개인과 일할 때는 대상이 하나이며 사정이나 목표 및 개입계획도 하나이지만, 가족은 다양한 관점과 각자의 목표를 가진 다양한 개인들을 다루어야 한다. 따라서 가족과의 실천에서는 다음과 같은 특징을 염두에 두어야 한다(Boyle et al., 2006).

첫째, 사회복지사는 한 번에 여러 사람과 관계를 형성해야 한다. 처음 두 회기 동안 각각의 가족성원과 관계를 형성할 필요가 있다. 이러한 관계형성의 과정은 시간이 걸리며 노력을 요하는 일이다. 전체 가족과 관계를 맺는 능력을 배우기는 어렵지만 엄청난 이득을 가져다준다. 그러기 위해서는 각 성원의 인식을 가치 있는 것으로 보아야 하며, 이는 각 성원의 말을 경청하고 이해함으로써 가능하다. 가족과 관계형성을 위해서는 그들의 감정과 생각을 이해하는 기술과 공감적 이해 기술의 통합이 필요하다.

둘째, 사회복지사들은 가족으로부터 필요한 모든 자료를 수집하기 위해 광범위한 사정기술이 필요하다.

사정은 모든 실천의 주요부분으로서, 심리사회적 관점에서 개인에 대한 이해를 할 수 있게 해 준다. 가족의 경우에는 가족 내 개인을 사정해야 할 뿐 아니라 가족 자체의 특성에 대해 사정해야 한다. 가족은 생애주기를 갖고 있으므로 각 주기의 단계에 따른 다른 이슈들을 다루어야 한다. 나아가 가족에 대한 사정은 하위체계, 상호작용, 의사소통 및 역할 면에서 이루어야 한다.

셋째, 사회복지사들은 가족성원들의 의사소통 문제를 다룰 수 있어야 한다. 가족성원들 간은 의사소통할 수 있어야 지금 혹은 장래에 대두하는 문제를 해결할 수 있다. 물론 사회복지사가 한 회기 내에 일어나는 모든 의사소통을 책임질 수는 없지만, 가족성원들이 서로 문제를 해결해 나가기 시작할 때 이러한 지식은 매우 중요하기 때문에 가족의 의사소통방식을 사정할 필요가 있다. 나아가 사회복지사는 효과적 의사소통 기술을 가르칠 수 있어야 한다. 또한 경우에 따라서는 이러한 상호작용 바깥에 머물면서 방향을 제시할 필요가 있다.

넷째, 사회복지사는 중립성을 유지해야 한다. 사회복지사는 클라이언트인 가족성원들과 관계를 형성하면서 독특한 개인으로서 이들을 알아가게 된다. 그러나 여러 명의 가족성원과 함께 있을 때 사회복지사는 그들 모두와 관계를 형성해야 하는데, 이때 한 사람의 편에서 이야기를 듣거나 지지하지 않도록 유의해야 한다. 물론 가족 중 한 클라이언트에게 좀 더 지지적이어야 할 필요가 있을 때도 있지만 중요한 것은 어느 경우에도 편향적이어서는 안 된다는 것이다.

3 집단과 사회복지실천

사람은 사회적 동물로 가족, 친구, 동료 등 다양한 유형의 집단과 상호작용을 하면서 산다. 일반적으로 집단은 두 사람 이상의 모임이라고 볼 수 있는데 김종옥 등(1993)은 "집단이란 2인 이상의 집합체로서 일정한 성원이 있고, 서로가 동일한 집단에 소속하고 있다는 집단의식이 있고, 공통의 목적이나 관심사가 있으며, 이들 목적을 성취함에 상호의존적이며, 의사소통, 인지 그리고 반응을 통하여 상호작용하여, 단일한 행동을 할 수 있는 능력이 있을 때 이를 집단이라고 할 수 있다"고 설명하였다. 또한 비교가 되는 개념으로 군집群集, aggregate이라는 것은 정서적 결속이나 상호작용이 전혀 이루어지지 않는 사람들의 단순한 모임을 말하는 것으로 같은 버스나 지하철을 탄 승객, 같은 병원에 입원한 환자, 음악회에 모인 청중, 상호교류가 전혀 없는 이웃 등이 여기에 속한다(Hartford, 1971).

특히 사회복지실천에서는 클라이언트와 개별원조를 함에 있어 비용과 시간, 노력적인 측면에서 클라이언트의 집단화가 더 효율성 및 장점을 갖게 되는 경우가 있다. 같은 문제를 경험한 사람들의 모임, 즉 집단은 그 자체로서 서로의 문제를 공유, 지지하고 스스로의 문제를 이해하는 효과가 있으며 개입을 통해 변화가 보다 실생활의 환경에 가까울 수 있다는 장점이 있어 사회복지실천현장에서는 집단을 이용한 방법이 널리 사용되고 있다.

따라서 사회복지실천에서 집단의 개념은 반드시 동질성을 가진 구성원들의 의도적인 모임이라는 것이 전제되어야 하며 이것은 군집, 군중 등과의 차별성이 있음을 의미한다.

이러한 집단을 이해하기 위해서는 다양한 집단의 유형을 익혀야 한다.

1) 집단의 유형

집단을 분류하는 유형은 기준이 다양할 수 있는데 본 서에서는 목적에 따른 분류를 제시하고자 한다. 사회복지사가 관여하는 사회복지실천 영역에서 흔히 접할 수 있는 목적적 분류로는 치료를 목적으로 하는 치료집단, 과업 달성을 목적으로 하는 과업집단, 공동문제의 해결을 위한 자조집단으로 크게 나눌 수 있다.

(1) 치료집단

치료집단treatment group의 목적은 집단구성원의 교육, 성장, 치료, 사회화 등 행동 변화, 사회화의 욕구 충족 등에 있고 사회복지사의 역할은 상호작용을 통해 집단을 발달시키는 데 있다. 치료집단의 특성은 자기 개방적이며 스스로의 노출을 자연스럽게 조장한다. 공개적이며 쌍방적인 의사소통양식을 선호하며 집단의 구성원들은 공동의 관심사, 공동의 문제 등에 초점을 맞춘다. 집단의 성공여부는 구성원들의 치료적 목표의 성공달성 여부에 근거를 둔다. 여기에 해당되는 집단에는 지지집단, 교육집단, 성장집단, 치유집단이 포함된다.

(2) 과업집단

과업집단task group의 목적은 조직이나 기관의 문제에 대한 과업성취, 문제해결, 성과물 산출, 명령 수행 등에 있고 사회복지사의 역할은 클라이언트의 강점과 자원을 강조하면서 클라이언트의 관심사를 처리하는 협의에 초점을 맞추며 클라이언트에 대한 서비스의 질을 높이기 위해 활동한다. 집단구성원이 성취한 과업, 의무, 결과물 등에 의해 평가되며 여기에 해당하는 집단은 치료회의팀, 각종 위원회 및 이사회, TFT Task Force Team 등이다.

(3) 자조집단

자조집단self-help group의 목적은 공동된 관심과 욕구가 있는 구성원들이 상호 지지와 협력을 통해 문제 상황에 대처할 수 있는 능력을 향상시키는 것이다. 일반적으로 자조집단에서의 사회복지사 역할은 매우 간접적이며 조언 및 지지제공자로서 자조집단의 핵심적 역할은 하지 않는다. 집단구성원 중 지도자가 중심이 되어 주도적 역할을 하며 집단 스스로의 역량을 강화하는 데 주력한다. 단주친목모임, 장애인당사자모임, 정신장애인가족모임 등 그 종류는 다양하다.

| 표 5-1 | 치료집단, 과업집단 그리고 자조집단 간 비교

구분	치료집단	과업집단	자조집단
목적	집단 구성원의 교육, 성장, 치료, 사회화 등 행동변화	조직, 기관의 수행할 업무 및 과업수행	집단 구성원의 문제 해결 능력 향상
사회복지사의 역할	구성원의 상호작용을 적극 조장하여 집단 발달	구성원의 상호작용이나 임명을 통해 집단 발달	간접관여, 조언 및 지지제공자
의사소통 양식	개방적이며 쌍방적	특정한 과업에 초점을 둔 토의	정서적 지지에 초점, 집단성원 중 지도자에게 집중
구성	공동관심사 및 문제에 근거	필요한 재능, 전문성, 노동분화	공유된 문제 중심으로 자발적 운영
자기노출	높음	낮음	높음
종류	지지집단, 교육집단, 성장집단, 치료집단, 사회화집단	치료회의팀, 각종 위원회 및 이사회, TFT	단주친목모임, 장애인당사자모임, 정신질환자가족모임

2) 집단에 대한 사회복지실천

사회복지실천의 많은 부분은 집단과 관련하여 일어난다. 집단은 그 자체가 개입의 목적이든 아니면 개별상담이나 가족과의 실천 혹은 다른 치료와 함께 이루어지든 간에 강력한 기제임은 틀림없다. 따라서 사회복지사는 집단에 대한 지식과 기술을 반드시 익혀야 한다. 점차 사회복지사들은 집단을 다양한 목적으로 활용하고 있다. 집단사회사업은 "유사한 관심이나 공통의 문제를 안고 있는 사람들이 규칙적으로 모여 특정 목표를 달성하기 위한 활동에 참여할" 때 일어나는 것으로 정의된다(Barker, 2003).

따라서 집단에 대한 사회복지실천은 목표지향적이며, 그 초점은 크게 두 가지로 나뉜다. 첫째, 사회기술이나 교육 및 치료를 제공하여 성원들의 사회정서적 복지를 증진시킴으로써 개개인이 변화하도록 돕는 것이다. 이러한 집단의 예로는 약물의존자들이나 우울증을 앓고 있는 사람들이 회복할 수 있도록 도와주거나, 아동이 부모의 이혼에 대처하도록 원조하고, 위탁부모에게 분리와 재배치가 위탁아동에 미치는 영향에 대해 가르치며, 가족성원들이 많은 문제영역을 다룰 수 있도록 원조하는 것 등을 들 수 있다. 둘째, 변화의 단위로서 집단 전체에 초점을 두거나 환경에 영향을 미치는 요소로서 집단에 초점을 두는 경우로 과업집단이 여기에 속한다.

사회복지사들은 클라이언트에 대한 직접적 활동뿐 아니라, 클라이언트에 대한 정보를 수집하고 개입계획을 세우기 위해 집단을 활용하기도 한다. 또한 병원에서의 사례회의와 같이 다른 학문분야의 동료로부터 특정 클라이언트에 대한 정보를 공유하는 회의에 참석하기도 한다. 그리고 사회복지사들은 새로운 정책이나 직원연수, 기관문제를 다루는 직원회의에도 참석한다(Hepworth et al., 2006). 혹은 슈퍼비전 영역에서도 개별적인 슈퍼비전을 실시하는 경우와 두 명 이상의 슈퍼바이저를 모아 슈퍼비전을 행하는 집단지도감독의 영역까지 집단의 활용은 다채롭다.

4 지역사회와 사회복지실천

사회복지실천을 증진시키는 또 다른 방법 및 개입 수준은 지역사회를 하나의 사회복지실천 단위로 보는 측면이다. 지역사회 수준에 개입하여 지역사회에 존재하는 가족제도에 영향을 주고 지역사회의 문제를 예방하고 해결하고자 하는 일체의 사회적 노력을 의미하며 지역사회 내에서 사회복지실천을 하는 것과 지역사회를 대상으로 사회복지실천을 하는 것이 동시에 포함됨을 익혀야 한다.

1) 지역사회의 개념

지역사회는 영어의 'community'의 개념에 근원을 두고 있다. 'community'는 '지역사회'로 번역되기도 하고, '공동체(공동사회)'로 번역되기도 한다. '지역사회'는 일정한 지리적 구역을 전제조건으로 일정한 지역에 사는 사람들의 집합체를 말하는 반면, '공동체'는 공동의 관심이나 이해관계를 전제조건으로 기능적 기준에 의해 형성되며, 그 구성원이 공동의 이익을 추구하고, 이해관계를 같이 하는 개인이나 집단조직체를 의미한다. 지역사회복지에서 말하는 지역사회의 개념은 이러한 지리적 의미와 기능적 의미를 함축하고 있으며 "일정한 지리적 범위 내의 사람들의 집단 혹은 공동의 이해관계, 소속감, 문화에 기초하여 활동하는 사람들이 집단으로 구성된 사회적 단위"라 정의할 수 있다.

다시 말해, 지리적 의미의 지역사회는 한 지역을 구성하는 사람들과 조직들의 지리적 분포라는 관점을 강조하는 경우로 행정단위인 특별시, 광역시, 도 · 시, 군, 읍 · 면의 구분이 있다.

기능적 지역사회는 공통의 관심 및 이해관계로 형성된 공동체를 의미하는 것으로 직업, 취미, 활동영역 등 기능적 기준에 기초하여 형성된 집단으로 동호회, 종교적 혹은 이념적 모임들이 해당된다.

2) 지역사회와 사회복지실천

지역사회 수준의 실천이란 지역사회의 문제를 해결하는 데 있어 전문기술을 가지고 계획 입안이나 운영관리의 기법을 함께 가지는 포괄적인 지역원조 기술도 포함한다. 또한 지역사회실천은 지역사회의 환경개선적인 과제로 파악하고 있기 때문에 그 전개의 주체는 민간의 조직이나 단체만으로 한정시키지 않으며, 행정기관 등의 공공기관과의 협동이나 연계가 중요시된다. 그리고 당사자를 포함한 주민 참여의 촉진이 필수적인 요건이 되고 있다. 그러나 보다 효과적인 실천을 위해서는 지역사회복지사가 일반적인 지역사회와 조직에 대한 지식, 그가 활동하고 있는 특수한 지역사회와 조직에 대한 지식, 나아가 모금의 원천과 모금의 순환에 대한 지식이 필수적이다.

지역사회복지실천은 지역에 속한 주민들이 자신들의 사회적 기능 향상을 위해 필요한 의식개혁, 환경개선, 지역사회 조직화 등을 자발적·주체적·협력적으로 해 나갈 수 있도록 사회복지사가 안내자, 조력자, 조정자, 운동가, 전문가 등의 역할을 수행하는 것을 말한다. 이러한 활동을 수행하기 위해 사회복지사는 지역사회주민들의 성향과 문화에 대한 파악, 지역사회문제 및 욕구의 파악, 지역사회주민의 욕구 충족에 필요한 자원들의 확인 및 발굴, 지역사회주민의 조직화, 지역사회자원의 조직화와 조정, 필요한 경우 지역사회 자원 개발 등의 활동을 한다.

다시 말하면, 지역사회 수준의 실천의 원조기술이란 지역사회의 다양한 복지에 관한 문제를 해결하는 원조기술을 말하며, 지역사회에서 발생하고 있는 다양한 복지욕구에 대해서 실태를 파악하고 계획을 세우고, 원조활동을 행하는 것을 말한다(감정기 외, 2009).

현재 우리나라의 각 지역사회에 위치해 있는 종합사회복지관은 지역사회보호활동과 지역사회조직활동을 혼합하여 실천하고 있는 지역사회복지실천의 실제라 할 수 있다. 지역사회보호활동은 지역사회 내에 존재하는 후원자를 발굴, 동원하여 지역사회의 요보호 대상자들을 보호하는 활동이다. 지역사회 자원과 빈곤한 가정을 정기적으로 연결하여 줌으로써 요보호 지역주민의 경제적 어려움을 경감시켜 주고 심리적 안정을 도모하는 데 지역사회 보호의 목적이 있다. 지역사회조직활동은 잠재된 지역사회의 자원을 찾아내고 서로 연결함으로써 지역복지 발전을 위한 토대를 마련하고 지역주민 자신들의 조직화를 통하여 궁극적으로 지역사회의 복지 향상을 도모하는 사회복지사의 활동이다.

Chapter 06

사회복지실천의 관점

1. 사회복지실천의 지식 기반
2. 사회복지실천의 통합적 방법론

Chapter 06

사회복지실천의 관점

1 사회복지실천의 지식 기반

사회복지실천이 전문직으로서의 위치를 확고히 하기 위해서는 검증된 이론적 틀 안에서 실천이 이루어져야 한다. 바틀렛(Bartlett, 1970)은 사회복지활동은 확고한 지식을 기반으로 이루어져야 하고, 지식이 실천을 이끌어 가야 한다고 주장했다. 이것은 곧 클라이언트와 사회에 대한 책임성을 의미하기도 한다. 사회가 부여한 책임성을 실현하기 위한 하나의 방법은 경험적으로 검증된 이론에 입각하여 구체적 형태의 변화를 일으키는 실천을 수행하는 것이다. 이론적 틀에 기초하지 않은 실천은 임의성에 바탕을 둔 일상적인 되풀이에 불과하거나 기반이 없는 공허한 활동이 될 수 있다. 반면에 실천현장에 바탕을 두지 않은 이론은 현실성이 결여될 수 있다. 따라서 사회복지실천은 구체적인 변화를 초래하기 위해 지식을 활용하고 이론을 적용하는 과정이다(Sheafor & Horejsi, 2008).

[그림 6-1]에서 볼 수 있듯이 사회복지실천을 위한 이론은 크게 기본이론과 실천준거틀로 구별된다(Mailick, 1990, 엄명용, 2008에서 재인용).

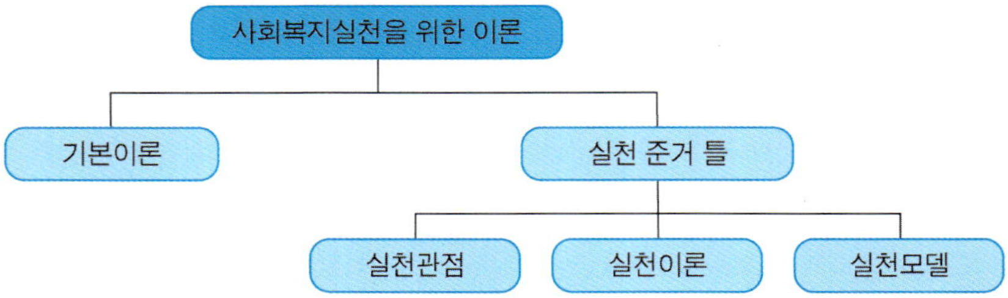

| 그림 6-1 | **사회복지실천 이론의 구성**

기본이론orienting theories은 인간행동에 대한 기술 및 설명, 인간행동 문제의 발생원인, 사회문제의 발생원인과 과정 등에 대한 설명을 제공하는 것으로, 이것은 사회복지실천의 배경지식이 되며 대개 사회학, 심리학, 경제학, 행정학, 교육학, 문화인류학 등의 학문분야에서 가져오게 된다. 그런데 이러한 기본이론들은 인간 및 사회현상에 대한 기본적 설명만을 제공할 뿐 이러한 현상들을 어떻게 변화시킬 수 있을 것인가에 대한 상세한 지침을 제공하지는 않는다. 따라서 이러한 지침을 얻기 위해서는 실천 준거틀practice frameworks이 필요하다.

실천 준거 틀은 인간의 행동 및 심리상의 문제, 인간의 주변에서 인간의 문제에 영향을 미치는 여러 가지 사회환경의 문제들을 어떻게 파악할 것이며 또한 어떻게 변화시킬 수 있을 것인가에 대한 지침을 제공한다(Sheafor et al., 1997).

[그림 6-1]에서 알 수 있듯이 실천 준거 틀은 실천관점practice perspectives, 실천이론practice theory, 실천모델practice model을 포함하는 실천의 포괄적 개념이라 할 수 있다. 상호 맥을 같이하는 개념, 믿음, 가치, 명제, 가정, 가설 및 원리로 구성되어 있는 실천

준거 틀은 인간 자체를 이해하고, 인간은 어떻게 기능 또는 역기능을 보이는가, 인간은 어떻게 변화될 수 있는가 등에 대한 이해를 돕는 개괄적 사고체계라고 볼 수 있다.

쉬퍼 등(Sheafor et al., 1997)은 사회복지실천의 준거 틀이 갖는 유용성을 다음과 같이 제시하였다.

① 고도의 감정이 개입되기 쉬운 복잡한 인간의 문제와 그 문제 상황에 대한 분석틀을 제공한다.
② 주어진 정보, 믿음, 가정 등을 하나의 전체적인 의미체계로 조직화한다.
③ 행동 및 의사결정의 논리적 근거를 제공한다.
④ 사람의 일을 다루는 데 체계적이고 질서정연하며, 예견 가능한 접근을 촉진한다.
⑤ 전문직들 사이의 의사소통을 원활하게 촉진한다.

이러한 실천 준거 틀을 구성하는 실천관점, 실천이론, 실천모델에 대해 좀 더 자세히 살펴보면 다음과 같다.

① 실천관점은 인간행동과 사회구조를 바라보는 개념적 렌즈로 기술될 수 있으며, 실천상황에서 무엇을 중요하게 고려하여야 하는지에 대한 폭넓은 지침을 제공하는 것이다. 그래서 실천관점은 개입전략의 선택을 안내할 수 있는 것으로 기술된다. 즉, 어떤 현상을 특정한 시각에서 바라본다는 것은 그 현상을 변화시키기 위한 노력의 초점도 특정분야에 집중될 수 있음을 의미한다. 사회복지실천 분야에서 개인과 환경 사이의 관계를 파악하고 개입의 방향을 제시하는 대표적이고 포괄적인 관점으로 일반체계적 관점과 생태체계적 관점을 들 수 있다. 이러한 관점들은 문제를 파악하는 관점, 개입의 방향 및 과정에 대한 개략적인 지침을 제공할 뿐, 구체적인 개입방법과 기술을 제공하지는 않는다.

② 실천이론은 실천관점에 비해 보다 구체성을 띠는 것으로서 실천과 관련된 개념들을 소개 설명하고, 그 개념들 사이의 유기적 관계를 설명한다. 실천이론은 인간행동이나 사회현상에 대한 설명을 제시할 뿐만 아니라 변화를 위한 개입활동에 대한 개괄적 지침을 제공한다. 이처럼 실천이론은 발생한 어떤 현상에 대한 설명을 제시하고, 그 현상을 변화시키기 위한 개입 시에 따라야 할 실천원리를 제시한다는 면에서 흔히 개입의 노정표road map라 불린다. 대부분의 실천이론들은 하나 혹은 그 이상의 기본이론들에 뿌리를 두고 있다. 예를 들면, 심리사회적 접근법은 주로 정신역동이론과 자아심리학에 뿌리를 두고 있으며, 행동주의 치료는 학습이론에 기반을 두고 있다.

③ 실천모델은 사회복지실천 개입의 실천과 관련된 일련의 개념과 원리 그리고 개입절차 등을 체계적으로 조직해 놓은 것이다. 실천이론과는 대조적으로 실천모델은 어느 특정이론에 매어 있기보다는 상황에 따라 다양한 관점들을 포함하고 있는 경우가 많다. 즉, 대부분의 모델들은 행동에 관한 특정 이론으로부터 전개되었다기보다는 실제 경험이나 실험에서 개발되었다(Sheafor et al., 1997). 일반적으로 실천모델로 분류되는 것들로는 과업중심모델, 위기개입모델, 생활모델, 문제해결모델 등을 들 수 있다.

사회복지사가 어느 한 기본이론 또는 실천이론에만 기초해서 활동하는 경우는 거의 없다. 대부분의 사회복지사들은 다양한 기본이론과 상호 보완적이며 상호 대체가능한 실천의 관점, 실천이론 그리고 실천모델들을 활용한다(Sheafor et al., 1997). 사회복지사가 사회복지실천현장에서 만나는 클라이언트들과 클라이언트들의 문제 상황은 너무 다양하고 복잡해서 어느 한 가지의 기본이론, 실천이론, 또는 실천모델만 가지고 문제를 해결하기는 거의 불가능하기 때문이다.

2 사회복지실천의 통합적 방법론

1) 통합적 방법의 등장배경 및 개념

역사적으로 사회복지는 모든 사회문제에 대하여 다양한 접근방법으로 도움을 제공하였다. 이러한 접근방법들은 상이한 개념, 기술, 과업 및 활동을 가진 기술론적이고 구체적인 방법들로 전환되는데, 즉 1920~30년대에는 개별사회사업과 집단지도, 1930년대에는 지역사회조직사업, 1950년대에는 사회복지행정과 사회복지조사가 발달하였다. 이러한 방법론을 흔히 전통적 방법론separate methods approach이라 칭한다(전재일, 1981). 이후 개인, 가족, 집단에 대한 사회치료를 한 범주로 묶어 명명하는 임상사회사업 혹은 직접적 실천방법이라는 용어와 계획, 행정, 지역사회조직을 한 범주로 묶은 간접적 실천 혹은 거시적 실천이라는 용어가 등장하였다(조휘일 · 이윤로, 1999).

사회복지실천의 발달과정에서, 개별사회사업의 이론과 실천의 발달은 사회복지 전문직을 정립하는 계기가 되었으나, 개인의 심리문제에 지나치게 집착함으로써 결과적으로 사회복지 내에 과도하게 분화된 전문화를 야기하였다. 또한 하나의 기술이나 실천영역을 강조하는 사회복지 전문직 내의 동향은 다양한 요인이 복합적으로 작용하는 실천영역에 대해서는 효과적으로 대처하지 못하는 한계를 낳게 되었다.

이에 대해 스텀프(Stumpf, 1970)는 전통적 방법이 문제를 전체로 보지 않고 단편화시켜, 클라이언트의 생활상의 문제에 전체적으로 개입하기보다는 사회복지사의 입장에서 적절히 처리할 수 있는 문제만을 부분적으로 잘라 내어 돕는 형식을 취해 왔다고 주장한다(전재일, 1981). 이러한 전통적 방법의 한계를 정리하면 다음과 같다(김융일 외, 2000 재인용).

첫째, 전통적 방법은 주로 제한된 특정문제 중심의 개입을 하고 있어 최근의 복잡한 문제 상황에 대해 적절히 개입하기 어려운 상황이 발생한다. 따라서 전통적 방법은 이러한 외부적 환경에 의해서 자체적인 한계점에 도달해 있다.

둘째, 전통적 방법은 지나친 분화, 전문화로 서비스의 파편화 현상을 초래함으로써 다양한 문제와 욕구를 가지고 있는 클라이언트가 여러 기관이나 사회복지사를 찾아다녀야 하는 부담감을 야기한다.

셋째, 전문화 중심의 교육훈련은 사회복지사의 분야별 직장 이동에 도움을 주지 못한다.

넷째, 공통기반을 전제하지 않는 분화 및 전문화는 각각 별개의 사고와 언어 및 과정을 보여 줌으로써 사회복지 전문직의 정체성 확립에 장애가 된다.

이러한 전통적 방법의 한계를 보완하고자 분화 및 전문화되어 있는 사회복지실천방법을 통합하려는 시도가 나타나기 시작하였는데, 1958년 미국사회복지사협회NASW가 제출한 "사회사업실천의 직업 정의"라는 보고서가 그것이다. 이후 사회복지실천에 있어 통합적 방법에 관한 논의는 바틀렛이 그의 저서 『사회사업실천의 공통기반The Common Base of Social Work Practice』에서 사회복지방법의 지식과 가치가 다양한 방법을 규정하고 있음을 강조하면서 그 공통된 기초를 묶어 냈다(Bartlett, 1970). 이후 골드스타인, 핀커스와 미나한, 플랜저Flanzer, 시포린Siporin, 콤튼과 갤러웨이Compton & Galaway, 메이어Mayer, 무릴로Murillo 등에 의해 통합적 방법에 관한 이론구축을 위한 노력이 전개되었다(전재일, 1981). 이 학자들의 전통적 방법에 대응한 통합적 방법을 구축하는 기본 가정은 사회복지실천에서 행해지는 여러 형태의 전문분화된 방법과는 관계없이 사회복지실천의 기본적인 개념, 기술, 과업 및 활동에 공통적인 핵심이 있다는 것이다(Pincus & Minahan, 1973; Cohen, 1957).

정리하면, 사회복지실천에서 통합적 접근이란 사회복지사가 개인, 집단, 지역사회에서 제기되는 사회문제에 활용할 수 있는 공통된 원리나 개념을 제공하는 것으로, 클라이언트 원조에 있어 접근방법을 통합하는 것을 의미한다. 즉, 전통적인 사회복지실천

방법을 전부 또는 일부, 최소한 2개 이상을 조합해서 교육함으로써 사회복지사 한 명이 두 가지 이상의 방법을 통합적으로 사용하여 클라이언트에게 개입할 수 있도록 하는 것이다. 통합적 관점을 통해 사회복지직은 전문직으로서의 정체성을 확보함과 동시에 개인을 환경 속에서 바라보는 고유한 관점을 확립하게 되었다. 그리하여 사회복지실천에서 통합적 접근은 전통적 사회복지실천의 3대 방법론(개별사회사업, 집단사회사업, 지역사회조직)에서 벗어나 1960년대와 1970년대부터 개인과 집단, 지역사회를 구분하지 않고 이들 방법을 총괄하여 개입할 수 있는 방법론이라 할 수 있다(김융일 외, 2000; 사회복지교육연구센터 편저, 2010).

한편, 이러한 사회복지 전문직 내의 노력과 함께 사회복지 외부의 환경에서도 체계이론, 일반체계이론, 생태체계이론 등의 다양한 이론이 사회복지의 주요 이론 틀로 활용되면서 복잡한 문제에 대해 접근할 수 있는 기틀이 마련되었다. 이러한 이론적 기반은 실천을 위한 개입 틀로서 보다 포괄적이고 체계적인 방법론을 요구하는 사회복지 전문직 내의 욕구와 맞물려 통합적 방법의 정립을 가속화시켰다. 따라서 통합적 방법은 사회복지의 내 · 외적인 환경의 요구에 의하여 자연스럽게 사회복지 전문직의 중요한 방법론으로서 등장하게 되었다. 이러한 배경하에 등장한 통합적 방법은 클라이언트의 문제 성격에 따라 효과적인 접근법을 절충적으로 활용하는 방법을 강조함으로써 심리내적인 면을 강조하는 정신역동이론으로부터 사회와 문화, 즉 상황 속의 인간 Person in situation을 이해하는 데 유용한 체계이론이나 생태체계이론에 이르기까지 다양한 이론과 지식을 활용하고 있다(김성천, 1996).

통합적 방법은 다음과 같은 특징을 갖는다(김융일 외, 2000). 첫째, 통합적 방법은 사회복지실천에 본질적인 개념, 활동, 기술, 과업 등에 공통적인 기반이 있음을 전제한다. 둘째, 통합적 방법의 가치는 클라이언트의 잠재성을 인정하며, 이들 잠재성이 개발될 수 있다고 보고, 미래 지향적인 접근을 강조한다. 셋째, 사회복지의 지식은 과거의 심리내적인 정신역동적 측면으로부터 상황 속의 인간을 이해하고자 하는 일반체계이론까지 확대된 개념을 사용한다. 넷째, 과거 사회복지의 개입은 주로 인간에게 초점을 두거나 환경에 초점을 두는 2궤도 접근으로 이루어져 왔으나, 통합적 방법은 이 양면적 상호작용에 초점을 둠으로써 인간과 환경의 공유영역, 즉 사회적 기능수행 영역에 사회복지사가 개입해야 함을 강조한다. 마지막으로, 클라이언트의 존엄성을 인정하고, 클라이언트의 참여와 자기결정 및 개별화를 극대화할 것을 강조하며 사회복지실천과정의 계속적인 평가를 주장한다.

2) 통합적 방법론의 주요 관점

(1) 일반체계적 관점

일반체계이론은 생물학자인 베르탈란피Ludwig von Bertalanffy에 의해 1940년대에 처음 제시된 이후 1960년대부터 주목을 받게 되었다.

체계란 독특한 방식으로 상호작용하고 지속적으로 존재하는 구성요소를 포함한 조직화된 전체이다. 베르탈란피(1968)는 체계를 구성하는 요소의 속성과 이들 간의 상호작용의 속성을 이해하기 위하여 일반체계이론을 개발하였다. 즉, 일반체계이론의 원칙은 매우 복잡한 체계의 관계속성 또는 체계 내부에서 이루어지는 상호작용의 특성을 파악하기 위하여 개발된 것이다. 모든 체계가 유사한 관계속성을 지니고 있다는 인식에 기초해 있는 일반체계이론의 등장으로 원조전문직에서는 이전의 기계적이고 환원적인 사고에서 벗어날 수 있었다. 체계요소 간의 상호관련성과 상호의존성을 강조하는 체계적 시각은 과학적 사고의 급격하고 중요한 변화를 가져왔다.

일반체계이론은 사회복지실천에 매우 중요한 영향을 미쳤으며 많은 변화를 초래하였다. 일반체계이론의 영향으로 사회복지에서는 X가 Y를 일으킨다는 직선적 원인론에 입각한 의료적 모형medical model에서 벗어나 여러 가지 원인에 의하여 행동이 일어난다고 보는 순환적 원인론cridar casuality으로 전환할 수 있게 되었다. 일반체계이론은 행동을 단순한 원인에 입각하여 설명하기보다는 다양한 변인 간의 상호작용을 이해할 수 있는 개념적 준거 틀을 제시하였다.

일반체계이론은 인간이 상호작용하는 많은 체계를 고려할 수 있는 접근방법이기 때문에 사회복지실천의 사정과 개입의 영역을 확대시켰다. 즉, 일반체계이론의 영향으로 사회복지실천의 사정에서는 내담자에 국한되지 않고 관련 체계의 영향력을 사정에 포함시키게 되었으며, 문제나 욕구를 보다 상황적이고 환경적인 맥락에서 이해하려는 경향을 부활시켰다. 그리고 일반체계이론의 원칙은 개인의 생활문제를 이해하고 개입하기 위한 사회복지실천뿐만 아니라 가족, 사회집단, 지역사회를 포함한 다양한 형태의 사회조직에 개입할 때 모두 적용될 수 있다.

체계이론(권중돈 외, 2008; 손광훈, 2008; 이영실 외, 2011)의 주요개념은 다음과 같다.

① 경계

경계boundary란 체계를 외부 환경으로부터 구분하는 일종의 테두리를 의미한다. 사회체계의 경계는 눈으로 보거나 만질 수 없고, 단지 그 체계를 구성하는 사람들이 서로에 대해 혹은 외부 사람들에 대해 행동하는 방식에서 드러난다. 경계는 체계와 체계 사이에 이루어지는 상호교류의 특징을 구분해 주기 때문에 체계의 독특성 혹은 정체성을 유지하는 기능을 한다. 경계를 통해서 에너지, 정보, 자원 등이 체계 내에서 밖으로 나가거나 혹은 외부로부터 안으로 들어오는데, 이때 경계는 마치 삼투막과 같이 에너지, 정보, 자원의 흐름과 피드백을 조절하고 통제하는 역할을 수행한다. 이때 정보의 흐름과 피드백은 경계선의 모양에 따라 조금씩 달라진다.

② 개방체계

개방체계 open system 는 어느 정도 투과성이 높은 경계를 갖고 있는 체계이다. 개방체계는 성장과 발전에 필요한 정보나 에너지를 외부에서 자유롭게 받아들인다. 체계이론에서는 체계를 개방적인 것으로 본다. 체계의 계속성과 변화의 본질적인 요인이 환경과의 상호 교환 속에 관여함을 의미한다. 개방체계는 환경으로부터 투입을 받아들이며 산출을 생산하여 환경으로 보낸다. 그리고 사회체계가 성장하고 발달하려면 상호작용하는 다른 체계들로부터 투입에 어느 정도 개방적이어야 한다. 건전한 체계는 반투과성의 경계를 가지며 이 경계를 잘 유지한다.

③ 폐쇄체계

폐쇄체계 closed system 는 다른 체계와 상호작용하지 않는다. 환경의 다른 에너지에 접근이 불가능하여 자체의 에너지만을 써야 하므로 번창할 수 없다. 폐쇄체계는 기간이 지남에 따라 에너지의 유입이 없어지면서 체계들의 분화가 적어지고 조직과 기능이 상실되거나 해체되는 경향이 있다. 이를 엔트로피 entropy라고 한다.

④ 위계

위계 grade of rank 는 체계의 부분은 여러 방식으로 서로 연결되어 있다고 본다. 모든 체계의 기본 단위는 활동이나 에너지 기능을 위해 그 상위체계에 의존하며 그 하위체계의 방향을 제시해 주어야 하는데, 그러한 하위체계, 상위체계 사이의 관계를 위계라고 한다.

⑤ 항상성

항상성 homeostasis 은 체계가 환경과 지속적으로 상호작용하면서 정적인 균형보다 역동적인 균형을 이루고 있는 상태이다. 이때 체계의 구조는 크게 달라지지 않는다. 체계가 갖는 변화와 유지라는 두 가지 기능 중에서 항상성은 체계의 일관성을 유지하려는 기능이다. 항상성의 기능은 체계에 안정을 줄 뿐 아니라 외부의 정보를 적절히 통제함으로써 체계를 혼란과 무질서로부터 보호한다. 또한 미래에 대한 예측을 가능하게 함으로써 체계의 구성원들에게 안정과 편안함을 준다.

⑥ 홀론

홀론holon이란 특정체계는 그 체계를 구성하는 작은 체계보다는 큰 상위체계이고, 그 체계를 둘러싼 더 큰 체계의 하위체계가 된다는 현상이다.

⑦ 역동적 평형상태

질서와 구조가 안정되어 있는 상태에서 체계는 내부적으로 끊임없이 변화하고 움직이는데, 이러한 상태를 역동적 평형상태dynamic equilibrium라고 한다. 체계의 구조를 변화시키지 않은 채 환경과의 상호작용 속에서 체계의 균형을 회복하려는 내부 성향이라는 점에서 체계의 항상성이라 할 수 있다.

⑧ 투입, 전환, 산출, 환류

㉠ 투입: 투입input은 체계가 환경으로부터 에너지, 사물, 정보 등을 받아들이는 과정을 말하며, 생물학적 · 심리학적 생존과 성장은 투입 과정을 통해서 보장받는다.

㉡ 전환: 전환conversion operation은 체계가 자신에게 적절하게 투입된 에너지를 변형시키고 재조직화하는 과정을 말하며, 투입체계는 체계 내부로 입수되고 나면 영향을 받고 변형되며 규제받고 체계의 기능수행을 위해 활용되는데 이렇게 투입체계가 활용되는 단계를 전환이라고 한다. 즉, 투입물을 처리하여 체계의 기능 유지에 필요한 형태로 전환하는 작용이다.

㉢ 산출: 산출output은 체계 내에서 변형된 에너지를 환경으로 방출하는 것을 말한다. 즉, 전환 활동을 통해 나타난 결과물이 체계 밖으로 나타난 것이다.

㉣ 환류: 모든 사회체계는 순환적인 성격을 띠고 있다. 이러한 순환적 성격을 가장 잘 나타내 주는 개념이 피드백feedback이다. 피드백이란 체계의 작동을 점검하고, 적응적 행동이 필요한지를 판단하여 이를 수정하는 능력을 말한다. 환류는 정적 및 부적 환류로 구분되는데, 정적 환류는 지금의 적절한 행동을 더욱 요청한다는 의미를 전달하며, 부적 환류는 체계가 목표를 성취하기 어려운 방식으로 행동하고 있다는 정보를 주어 목표와 조화를 이루도록 행동을 수정하게 한다.

(2) 생태체계적 관점

생태체계적 관점은 생태학의 개념과 일반체계이론을 기반으로 하여 인간과 환경 간의 상호작용하는 방법이나 내용에 초점을 둔다. 생태체계적 관점의 주요개념들은 생태학으로부터 개인과 환경 사이에 존재하는 상호작용의 개념을 빌려 왔으며, 일반체계이론으로부터 체계와 관련된 다양한 개념들을 빌려 왔다.

생태체계이론은 개인의 대처 능력 강화와 개인에게 영향을 주는 환경 모두를 강조하는 접근법으로 개인과 그를 둘러싸고 있는 다양한 제도, 체계 간의 상호작용을 이해하는 개념적 틀을 제공한다. 생태체계이론의 핵심적 가정은 개인과 환경이 상호 간에 영향을 미친다는 것이다.

생태체계이론의 주요 개념은 환경, 적합성과 적응, 스트레스와 대처, 관계, 역할과 유능성, 상호교류와 상호의존 등이 있는데, 그 내용을 살펴보면 다음과 같다(권중돈 · 김동배, 2008; 손광훈, 2008).

① 환경

생태체계이론에서는 생활상의 문제가 환경적 문제와 어떤 연관성을 지니고 있는가에 관심을 갖는다. 생태체계이론에서 환경은 사회적 환경과 물리적 환경 그리고 문화적 환경뿐 아니라 공간과 시간적 리듬까지 포함한다.

사회적 환경은 2인군의 관계에서부터 시작하여 사회 내에 존재하는 다양한 수준의 조직 내의 인간관계망까지를 포함하는 것이다. 물리적 환경은 인간에 의해 만들어진 인위적 세계built world와 자연적 세계world of nature를 포함한다. 이러한 사회적 환경과 물리적 환경은 복잡한 방식으로 상호작용하며, 이들의 상호작용은 문화적 환경으로까지 확대되어 나간다. 생태학적 이론에서는 생활을 영위하고 있는 물리적 환경과 사회적 환경뿐만 아니라 문화적 환경에도 관심을 갖는다.

② 적합성과 적응

적합성goodness of fit은 개인의 적응적 요구와 환경의 질이 어느 정도 부합되는가와 관련된 개념이다. 개인과 환경 사이의 상호작용이 성공적이고 적응적일 때, 즉 주요 타인, 사회적 조치 그리고 정치·경제적 구조와 정책 그리고 물리적 환경이 개인의 성장, 발달 그리고 물리적 및 정서적 안녕을 지지할 때 적합성이 이루어진다.

인간은 끊임없이 창조하고, 재구조화하며, 환경이 인간에게 어떤 영향을 미친다고 해도 환경에 적응해 나간다. 이와 같이 적응adaptation은 인간의 내적 영향력과 생태적 환경의 영향력에 의해 이루어지는 상호의존적인 과정인 것이다. 생태학적 이론에서는 개인의 정신병리를 개인적 욕구와 대처 능력이 환경적 자원이나 지지와 일치되지 못한 것으로 본다. 이와 같이 생태학적 이론에서는 병리를 이해하면서 스트레스를 일으키고 성공적 적응을 방해하는 환경적 요인을 중시하고 있다.

③ 스트레스와 대처

스트레스stress는 개인이 지각한 요구와 이러한 요구를 충족시킬 수 있는 자원을 활용할 수 있는 능력 사이에 불균형이 일어난 것이라 할 수 있다. 스트레스는 반드시 문제가 되는 것은 아니다. 어떤 스트레스는 개인의 성장과 발전을 도모하는 하나의 동기로 작용할 수 있다.

대처coping는 적응의 한 형태로 문제를 극복하기 위해 노력하는 것을 의미한다. 스트레스를 경험함으로써 자연적으로 발생하게 되는 대처기술은 정서적 고통을 통제하기 위하여 개인이 수행하는 행동이다. 대처 능력을 갖추기 위해서는 내적 자원과 외적 자원이 필요하다. 내적 자원에는 자존감과 문제해결 기술이 포함된다. 외적 자원에는 가족, 사회적 관계망 그리고 조직의 자원이 포함된다.

④ 관계, 역할, 유능성

관계relatedness는 인간관계를 형성하거나 타인과 연결될 수 있는 능력으로, 관계를 맺고자 하는 욕망과 능력은 초기의 양육과정에서 시작되고 일생을 통하여 상호적 보호 행동의 유형을 결정하게 된다.

역할role은 특정 사회적 지위를 갖고 있는 개인이 타인에게 어떻게 행동해야 하는지에 대한 기대뿐만 아니라 타인이 그 사람에게 어떻게 행동해야 하는지에 대한 기대까지도 포함하고 있다. 즉, 역할은 일련의 기대되는 행동유형일 뿐만 아니라 상호적 요구와 의미의 유형이다.

유능성competence은 인간발달에 필수적인 요소로서 자신의 판단을 신뢰하고 자기 확신을 갖고, 환경에 바람직한 영향을 미칠 수 있는 능력을 포함한다. 생태학적 이론에서는 타인과 관계를 맺고 긍정적인 자아정체감과 자존감을 형성할 수 있는 인간의 능력은 일생에 걸쳐 확대된다고 보고 있다.

⑤ 상호교류와 상호의존

상호교류transaction는 인간이 다른 환경의 사람과 의사소통하고 관계를 맺는 것을 말한다. 무언가 전달하고 교환하는 것이기 때문에 활동적이고 역동적이며, 긍정적이거나 부정적일 수 있다.

상호의존interdependence은 한 개인이 다른 사람이나 집단에 서로 의존하고, 의지하는 것을 말한다. 고도의 산업사회에서 인간은 생존하기 위해 서로 필요한 상호의존관계에 있다.

3) 통합적 방법의 실천 모델

전통적 방법을 통합하고자 하는 시도가 많은 학자들에 의해 이루어졌다. 대표적인 것으로 핀커스와 미나한의 4체계모델, 여기에 콤튼과 갤러웨이는 2체계를 추가하여 그 개념을 더욱 발전시키고 개발한 6체계모델, 골드스타인의 단일화모델, 저메인과 기터만Germain & Gitterman의 생활모델, 진단주의와 기능주의의 절충모델로 펄만에 의해 개발되고 정교화된 문제해결모델 등이 있다.

각각의 통합적 방법의 실천 모델에 대해 상세히 살펴보면 다음과 같다.

(1) 4체계모델

핀커스와 미나한(1973)은 사회복지실천에 공통적으로 적용할 수 있는 중심기술과 개념이 요구된다고 주장하면서, 사회복지사에게 요구되는 공통된 핵심기술로 사정기술을 들었다(Zastrow, 1995). 인간은 만족한 삶을 위해 주변 환경 속에 있는 체계에 의존하므로 사회복지실천은 이러한 체계에 초점을 맞추어야 한다고 주장한다. 인간을 도울 수 있는 세 가지 체계는 다음과 같다. 첫째, 가족이나 친구, 동료 같은 비공식적 또는 자연적 자원체계, 둘째, 회원제로 구성되는 지역사회집단이나 협회 같은 공식적 자원체계, 셋째, 병원이나 학교 같은 사회적 자원체계 등이다.

즉, 4체계모델은 포괄적이고 전체적인 관점에서 클라이언트체계를 사정할 수 있는 기초를 제공하고 사회복지사로 하여금 인간과 자원체계 간의 연결에 초점을 둔다. 이 모델은 복잡한 여러 수준의 체계들과 연결되어 있는 사람들과 일한다는 점을 강조하고 있으며 전통적인 이분법적 사고를 피한다. 이 모델에서의 사회복지실천의 초점은 사람의 문제나 자원체계가 아닌 사람과 자원체계 그리고 자원체계 간의 상호작용에 있다. 핀커스와 미나한(1973)이 제시한 4체계는 다음과 같다.

① 변화매개인체계

사회복지사와 사회복지사를 고용하는 기관과 조직을 말한다. 계획된 변화를 향해 체계와의 활동을 계획하며, 사회적 서비스와 자원을 제공한다.

② 클라이언트체계

서비스나 도움을 필요로 하는 사람을 말한다. 클라이언트는 도움을 요청하여 변화매개인인 사회복지사의 서비스를 제공받는 개인, 가족, 집단, 기관 또는 지역사회를 포함시킨다.

③ 표적체계

변화매개인들이 그들의 목표를 달성하기 위해 영향을 주거나 변화시키는 것이 필요한 사람들로서 때로는 클라이언트 체계와 중복되기도 한다. 즉, 목표로 정해진 것을 성취하기 위해 영향을 주거나 변화시킬 필요가 있다고 느끼는 사람들을 표적체계라고 한다.

④ 행동체계

변화매개인들이 변화노력을 달성하기 위해 서로 상호작용하는 사람을 말하는데, 이웃 · 가족 · 전문가 등이 해당된다. 변화매개자들이 변화시키려고 혼자서 노력하는 것이 아니고 다른 사람들과 함께 일을 한다.

이러한 4체계모델은 후에 콤튼과 갤러웨이(1994)에 의해 전문가체계와 의뢰-응답체계가 추가되면서 6체계 모델로 발전하였다. 전문가체계는 전문가단체, 전문가를 육성하는 교육체계, 전문적 실천의 가치 등으로 구성되며, 전문가체계의 가치와 문화는 변화매개체계인 사회복지사의 행동에 영향을 미치게 되며, 사회복지사는 기관변화, 사회변화의 대변가로서 전문체계를 이용한다. 의뢰-응답체계는 클라이언트가 다른 사람의 요청이나 법원, 경찰 등에 의해 강제로 오게 된 경우 일반 클라이언트 체계와 구별하기 위해 사용된다. 서비스를 요청한 사람을 의뢰체계, 강요에 의해 오게 된 사람을 응답자라고 한다.

(2) 단일화모델

단일화모델Unitary Model은 세 가지 중요한 준거 틀, 즉 사회체계모델, 사회학습 혹은 문제해결모델, 과정모델을 결합한 모델이다. 이 중에서도 특히 과정모델의 내용을 강조한다. 골드스타인은 과정모델을 조사와 평가, 의뢰와 중재, 평가적 전략 등에 의해 사회복지실천의 역할유도단계, 핵심단계 및 종결단계를 통하여 이루어지는 것으로 본다.

4체계모델이 클라이언트 체계 및 자원체계와 사회복지사와의 상호기능을 중시한 데 비해, 단일화모델은 사회학습에 관한 사회복지사의 기능에 더 많은 관심을 집중시킨다. 사회학습을 매우 광범위한 일반적인 의미로 제시하며, 중요한 변화 목표를 개인이나 소집단체계에 한정시키지 않고 사회학습 과정을 통해 조직, 지역사회 등의 더 큰 체계들이 변화될 수 있다고 주장한 것이다. 또한 사회복지사의 자원 확보와 폭넓은 활용을 통해 사회 변화가 가능하다고 강조한다. 그러므로 단일화모델의 목표는 크게 두 가지로 사회화학습의 촉진 및 강화와 자원을 확보하고 활용하는 사회변화로 볼 수 있다.

(3) 문제해결모델

문제해결모델Problem-Solving Model은 펄만(1957)에 의해 개발된 모델이다. 펄만은 진단주의와 기능주의의 대립적 논쟁을 통해 실용적이고 현재를 강조하는 문제해결모델을 발전시켰다. 펄만의 문제해결모델에서는 인간의 삶 자체를 하나의 지속적 문제해결의 과정으로 간주하고 있다. 문제해결의 과정을 크게 세 가지 과정으로 나누어 보면, 첫째, 클라이언트의 변화를 위한 동기의 방향을 제시해 주는 것, 둘째, 클라이언트의 능력을 반복해서 발휘하도록 하는 것, 셋째, 문제를 해결하는 데 필요한 원조, 자원에 접근하도록 하는 것이다.

펄만은 『사회적 개별사회사업: 문제해결과정Social Casework: A Problem-Solving Process』에서 '개별사회사업 과정은 체계적이고 정리된 방법으로 생각과 감정을 효율적으로 행동으로 옮기는 문제해결과정이다'라고 하였다(신성자 외, 2000). 그리고 개별사회사업의 목적은 치료가 아니고 현재의 문제에 대처하는 개인의 능력을 향상시키는 것이라고 하였다.

즉, 문제해결모델에서는 클라이언트의 문제의 해결 과정에서 클라이언트의 동기에 대한 지지, 자아 기능의 강화, 문제해결에 대한 지지 등을 수행한다. 또한 이 모델에서는 클라이언트가 외부의 도움 없이 문제를 처리하도록 돕고 있다. 클라이언트는 자극에 대해 단순히 반응할 뿐만 아니라 문제를 처리하며 역동적인 사회구조 속에서 어떤 목표를 달성하고자 노력하고 있다. 즉, 클라이언트 자신이 문제해결자로서 자신의 문제를 해결하는 것이다. 문제해결모델에서는 클라이언트를 지원하고 훈련하여 스스로 문제해결을 할 수 있는 능력이 있다는 것을 자각할 수 있도록 돕고 있다. 사회복지실천에서 사회복지사가 클라이언트와 상호작용을 하며, 클라이언트의 즉각적 문제에 대한 해결책을 원조하며 훈련하고, 클라이언트가 자아기능을 강화할 수 있도록 지원하고, 원조한다.

문제해결모델은 문제를 가지고 있는 사람이 어떤 장소에 자신의 문제를 갖고 도움을 얻기 위해 찾아오면 이때 사회복지사는 클라이언트의 문제해결기능에 관여하고, 더 나아가서는 문제해결에 필요한 자원을 보완해 주는 것이다. 이 모델은 사회복지사가 질병을 치료하듯이 클라이언트의 문제를 해결해 주는 것이 아니라, 클라이언트 체계의 성장과정에 참여하여 클라이언트를 도우면서 삶을 보다 효과적으로 대처해 갈 수 있도록 클라이언트의 능력을 강화시킬 것을 강조한다(Compton & Galaway, 1984).

문제해결모델의 특성은 자아개념을 중시하면서 클라이언트 자신이 문제해결자임을 강조하고, 인간은 누구나 안전을 유지 · 회복하며 문제해결에 의식적 · 무의식적으로 관여하는 존재라고 보는 것이다. 이 모델은 자아심리학, 실용주의철학, 역할이론 혹은 사회심리학, 문화인류학의 영향을 받았으며, 사회복지분야에서는 진단주의나 기능주의의 영향을 강하게 받고 있는 절충주의의 대표작이라 할 수 있다.

(4) 생활모델

생활모델Life model은 1970년 초기에 저메인과 기터만이 생태체계학적 관점을 이론의 준거 틀로 도입하여 개발한 모델로서 클라이언트와 그 환경 간의 상호작용에 초점을 두는 사회복지실천의 접근방법이다. 생활모델은 개인과 환경 간의 상호교류 속에서의 균형과 적응을 강조한다. 생태학적 이론구성을 바탕으로 한 생활모델은 유기체로서의 한 인간이 그를 둘러싸고 있는 환경과 어떻게 적응관계를 유지하게 되는가에 주요 관심을 둔다. 그러면서 개인이 겪는 고통이나 스트레스의 원인을 단지 심리적인 과정이나 외부 환경으로만 돌리는 이분법적 사고를 배제하고, 인간의 문제와 욕구 등은 인간 혹은 환경 자체의 산물이 아니라 상호 교환의 산물로서 볼 것을 강조한다(Germain & Gitterman, 1996).

생활모델은 문제를 병리적 상태의 반영이 아닌 전체의 부분들 간의 상호작용의 결과로 보고 있다. 그러므로 문제란 성격장애가 아닌 스트레스를 만들어 내고, 대처능력을 과중하게 부담시키는 생활상의 문제로 정의한다. 이와 같이 생활모델은 문제를 개인의 장애로서만 파악하지 않고 생활환경 내에서 파악하며, 개인이 환경과의 적응적 교류와 균형이 깨어지면 스트레스(긴장)가 발생한다고 하였다. 따라서 생활모델은 생활 그 자체를 모델로 하고, 이것이 지니고 있는 성장과 발달 및 문제해결의 힘을 동원하고, 촉진시키기 위하여 넓은 범주의 접근을 모색하는 데 그 특징이 있다(양정남 외, 2009).

모든 스트레스 상황이 반드시 스트레스를 유발하는 것은 아니며, 스트레스 유발 여부는 개인적 · 환경적 상황 그리고 특정 사건에 대한 인지방법에 의해 결정된다. 생활모델에서는 외부세계를 통제할 수 있는 인지능력을 강조하며, 사회복지실천의 목적을 환경과 개인의 상호교류가 적응적으로 되기 위해 개인의 적응능력을 강화하고 환경에 영향을 주는 것으로 보고 있다(조휘일 외, 1999). 생활모델에서의 주요 목표는 인간생활상의 문제를 해결하고, 인간의 적응능력을 지지 및 강화하며 스트레스를 경감시키고, 대처를 위한 사회자원을 동원하는 데 있다. 따라서 사회복지사는 클라이언트와 환경 간의 상호작용과 관련된 생활을 통해 새로운 균형을 창출하고 더 나아가 적응 능력과 자율성을 획득하도록 노력한다. 또한 최근에는 소비자 중심 접근과 강점 관점이 재강조되면서 클라이언트를 문제 중심이 아니라 강점중심으로 보는 권한부여모델 Empowerment model의 활용이 증가하고 있는 추세이다.

| 표 6-1 | **다양한 통합적 방법 모델**

모델명	대표학자	주요내용
4체계 모델	핀커스와 미나한(1973)	• 변화매개체계, 클라이언트체계, 표적체계, 행동체계가 서로 어떻게 상호작용하는지 관심
단일화 모델	골드스타인	• 사회체계, 사회학습, 과정모델에 기반, 사회복지사가 자원을 확보하고 활용하는 능력으로 사회가 변할 수 있음을 강조
문제해결모델	펄만(1957)	• 인간의 삶 자체를 문제해결 과정으로 보며, 4P(problem, person, place, process)를 활용한 문제해결 과정 강조
생활모델	저메인과 기터만	• 클라이언트와 환경 사이의 공유영역에 초점을 맞추는 생태학적 관점, 고통스러운 문제는 인간 환경 간의 상호작용의 결과

Chapter 07

사회복지실천의 관계

1. 인간관계의 중요성과 인상형성
2. 사회복지실천에서 관계의 의미와 전문적 원조관계의 특징
3. 사회복지실천 관계의 원칙
4. 원조관계 확립의 장애

Chapter

07 사회복지실천의 관계

1 인간관계의 중요성과 인상형성

1) 인간관계의 중요성

인간은 사회적 동물-관계적 존재-이기 때문에 홀로 살아갈 수 없다. 에릭 프롬 Erich Fromn 은 인간이 인간관계 속에서 살 수밖에 없는 이유를 행동 동기의 발생적 측면에서 설명하고 있다. 즉, 인간은 태아기에 어머니 뱃속에 있을 때는 자연적인 일체감의 상태에 있었다. 그런데 분만이라는 모체와의 분리 · 격리되는 과정에서 그 자연적 일체감은 파괴되고 분리감을 체험하게 되며, 이러한 분리감의 체험은 인간으로 하여금 고독감과 심각한 불안을 갖게 한다. 그래서 그러한 고독감과 불안으로부터 벗어나기 위해서 재결합하려는 강한 욕구가 생성되는데 이 결합하려는 욕구를 "인간관계의 욕구"라고 했다. 따라서 인간은 출생 시부터 평생 동안 그 격리감과 고독감과 불안으로부터 벗어나기 위해서 재결합을 목표로 하는 인간관계의 욕구충족을 끊임없이 추구하고 있다고 한다(오기봉, 2013).

아름답고 바람직한 인간관계는 개인의 잠재능력의 발휘와 함께 그가 속해 있는 공동체 자체의 성장과 목표달성에도 기여한다. 즉, 어떤 사람은 자기가 속한 집단 속에서의 바람직한 인간관계를 통하여 자신의 잠재능력을 발휘하여 성취감과 삶의 보람도 느끼고 그와 동시에 그가 속한 집단 자체도 성장 발달시켜 나가게 하는 반면, 어떤 사람은 잠재능력도 뛰어나고 그가 속한 집단의 자원도 풍부하지만 원만한 인간관계를 유지하지 못하여 결국 그 집단이 침체되거나 해체되는 결과를 만들어 내기도 한다. 따라서 바람직한 인간관계는 개인이 잠재능력을 발휘하고 성취감을 느낄 수 있도록 함과 동시에 그가 속한 집단의 성장과 발전을 위해서도 반드시 필요함을 알 수 있다(유수현 · 오수희 · 길귀숙 · 이재령 · 이재호, 2009).

그리고 인간관계는 삶의 질을 결정하는 데도 큰 영향을 미친다. 원만한 인간관계는 삶을 풍요롭고 즐겁게 하는 반면, 인간관계의 실패는 곧 좌절을 가져온다. 주변사람들과의 친밀하고 생산적인 관계는 우리에게 행복을 주는 반면에 원만한 인간관계를 맺지 못하는 사람들은 갈등과 긴장을 경험하고 불안 · 우울 · 소외감 · 수줍음 · 무력감 등을 호소한다(임혜경 · 김송이 · 이금진 · 이현, 2012). 티베트의 정신적 지도자 달라이 라마는 삶의 진정한 목적은 행복이며, 행복을 위한 기본적인 조건은 바람직한 인간관계의 형성과 유지라고 이야기(송명자, 2009)했는데, 이는 영국의 한 행복연구소에서 '행복의 가장 중요한 조건이 원만한 인간관계'라고 발표한 조사결과와도 일치하는 것이다(강우식, 2004).

또한 인간관계는 인간의 삶에 대한 보람뿐 아니라 고난과 어려움을 이겨 내는 힘의 원천이 되기도 한다. 참기 어려운 곤경에 처한 사람들로 하여금 삶을 포기하지 않고 살아남게 하는 힘의 원천도 사랑하는 사람들의 존재이며 그리고 깊은 좌절에 빠져 한때 인생의 실패자라고 스스로 생각했던 사람들이 위기와 고난을 딛고 일어서서 고난과 위기 이전보다도 더 훌륭한 인물로 성장할 수 있도록 하는 힘도 역시 자기를 사랑하고 지지해 주는 주변사람들과의 진정한 인간관계로부터 나오는 것이다.

한편 인간관계는 노동현장에서 생산의 효율성에도 큰 영향을 미치는 것으로 나타났다. 인간관계론의 선조로 불리는 메이요Mayo는 미국의 벨식 전화기 제조회사인 호손 공장에서 근로자들을 대상으로 작업의 능률성과 인간관계에 관한 연구인, 호손실험을 실시하였다. 그 결과 근로자들의 생산능률은 작업시간, 작업방법, 임금, 작업장의 환경 등 작업의 물리적 환경에 영향을 받기보다는 그가 속한 집단 내의 인간관계와 밀접한 관계가 있다는 사실이 밝혀졌으며, 이러한 연구결과를 바탕으로 인간관계이론을 형성하였다(김혜숙 외, 2012).

또한 심리학자들은 인간관계의 중요성을 인간의 욕구와 연결지어 설명하고 있다. 매슬로우Maslow는 욕구계층이론에서 생존적 경향성에 속하는 기본적인 욕구(생리적 욕구-안전욕구-소속과 사랑의 욕구-자존감의 욕구)는 생존을 위해 필요한 욕구로서 결핍이 되면 병이 생기고, 충족되면 병이 낫는다고 하였다. 그런데 이러한 모든 욕구들의 충족은 혼자의 힘으로는 불가능하고 타인들의 도움이나 타인과의 관계를 통해서 이루어질 수 있는 것을 알 수 있다. 즉, 인간은 태어나면서부터 생존을 위해 의식주를 해결하고 안전을 유지해야 하는데 이를 충족하기 위해서는 반드시 타인이 필요하다. 다른 사람에게 의지하고 보호받으려는 욕구는 어릴 때뿐만 아니라 어른이 되어서도 자신에게 중요한 타인들로부터 사랑과 인정, 보살핌을 받고 싶어 하는 성향으로 나타난다(Sullivan, 1953). 그리고 프롬(1964)은 인간은 관계의 욕구를 가지고 있어서 다른 사람과 의미 있는 관계를 맺으려 하며 이러한 욕구를 통하여 사랑이나 지배 또는 유대와 안정에 대한 욕구를 충족시킬 뿐만 아니라 독립성과 일체감도 느낄 수 있게 해 준다고 하는 등 많은 학자들이 인간관계를 인간의 기본적인 욕구의 하나로 주장하면서 인간의 삶에서 빠져서는 안 될 요인으로 강조하고 있다(임혜경 외, 2012).

이상의 내용들을 종합해 볼 때 인간관계는 인간의 기본적인 욕구임과 동시에 삶의 질을 결정하고, 행복의 중요한 조건이면서, 인간의 삶에 대한 보람뿐 아니라 고난과 어려움을 이겨 내는 힘의 원천이 되기도 한다는 것을 알 수 있다. 또한 긍정적인 인간관계는 개인이 잠재능력을 발휘하고 성취감을 느낄 수 있도록 하여 근로현장에서는 노동의 생산성과 효율성에도 영향을 미쳐서 그 개인의 성장발달뿐 아니라 그가 속한 집단의 성장과 발전에도 중요한 영향을 미치는 것을 알 수 있다. 따라서 인간관계는 인간의 삶에서 모든 것의 시작과 끝이라고도 할 수 있을 만큼 매우 중요하다고 할 수 있을 것 같다.

2) 인상형성과 타인지각

우리는 일상생활에서 사람을 만나게 되면 먼저 서로 상대방에 대한 인상을 형성하게 된다. 생전 처음 만나는 사람에 대한 첫인상도 경우에 따라서는 몇 초에 불과한 아주 짧은 시간 동안에 지각된 제한된 정보들을 토대로 형성되기도 한다. 예컨대, "따뜻해 보인다", "차갑게 보인다", 혹은 "두 번 다시 보고 싶지 않은 사람이다" 등등의 순간적인 느낌에 의한 판단을 토대로 하여 첫인상을 형성하게 된다. 이렇게 형성된 첫인상이 어떤 때는 상대방에 대한 호감 여부와 관계의 지속여부, 보다 친밀한 관계로의 발전여부에 결정적으로 영향을 미친다.

고든 올포트 Golden Allport 는 "아주 짧은 30초 동안에 시각을 통하여 지각이라는 복잡한 두뇌작용이 일어나서 처음 본 사람의 성별, 나이, 체격, 국적, 직업, 사회계층이 판단되며, 성격, 우월성, 깔끔함, 신뢰감, 성실성까지도 평가된다"고 하였다(오미라, 2008). 그런데 이렇게 형성되는 인상이 정확하지 않아 오해로 문제를 일으킬 수도 있다. 그러므로 우리가 타인지각에 관여되는 요인들은 무엇이며, 타인지각의 오류에 영향을 미치는 요인들이 무엇인가를 살펴보는 것은 인간관계의 이해와 개선을 위해서 반드시 필요한 작업이라 할 수 있을 것이다. 인상형성에 관여되는 주요 요인들로는, ① 신체적 외모,

② 언행, ③ 비언어적 메시지, ④ 평판 그리고 ⑤ 관계상황 등을 들 수 있다(이성태, 2011).

(1) 인상형성에 영향을 미치는 주요 요인

① 신체적 외모

키, 체중, 성별, 얼굴 특징 그리고 의상 등을 포함하는 신체적 외모는 특히 우리의 감각과 느낌에 강한 인상을 남긴다. 신체적 외모가 매력적이면 더 긍정적으로 평가받는 경향이 있다. 얼굴 생김새에 따라서 그 개인의 지능이나 성격과 같은 내면적 특성에 대한 인상을 형성하기도 하고, 신체적 외모에 근거해서 그 사람의 성격을 추정하기도 한다.

② 언행

우리가 다른 사람과 만나거나 대화할 때, 그 사람이 하는 말이나 행동이 우리가 상대방을 판단하는 데 결정적인 영향을 미친다. '우리가 그 사람에게 기대하거나 혹은 예상했던 것과 같은 모습의 언행을 보이는가?' 지금 그의 언행이 '과거에 비슷한 상황에서 보였던 그의 말이나 행동과 일치하는가?' 하는 것 등이 그 사람에 대한 우리의 인상형성에 있어서 긍정적으로 혹은 부정적으로 중요하게 영향을 미칠 수 있다. 또한 우리는 상대방이 자신을 표현하는 태도에 대해서도 많은 관심을 가진다. 즉, 자신감이 없어 보이고 불분명한 태도를 보이는 사람들보다 자신감이 있어 보이고 세련되어 보이는 사람들에게 더 호감을 가지는 경향이 있다.

③ 비언어적 메시지

타인에 대한 인상형성은 상대방의 언행을 통해서 전해지는 다양한 비언어적인 메시지들에 담긴 정보들에 의해서 크게 영향을 받는다. 자세, 얼굴표정, 목소리, 제스처 등은 분명히 그 사람에 대한 인상형성에 중요하게 영향을 미친다.

일반적으로 우리는 미소를 띠고 있는 사람들에 대해서는 호감을 갖게 되며, 부드럽게 눈을 마주치며 대화하는 사람들에 대해서도 신뢰가 되고, 호감을 가지게 된다. 대화과정에서 고의적으로 눈 접촉을 피하는 것은 자신을 숨기고자 하는 인상을 줄 수 있다. 밝은 미소와 부드러운 시선은 우호성과 개방성을 나타내는 메시지로 작용함으로써 친밀감을 갖게 한다. 이처럼 비언어적 단서들은 상대방의 정서 상태나 성향 및 성격의 특성들을 반영한다.

④ 평판

어떤 사람에 대한 소문이나 평판이 그 사람의 인상형성에 긍정적으로 혹은 부정적으로 영향을 미칠 수 있다. 우리는 직접적으로 자주 만나거나 잘 알지 못하는 사람임에도 그 사람에 대한 다른 사람의 비난이나 칭찬과 같은 평판을 많이 듣게 되면 그 사람에 대한 부정적 혹은 긍정적 인상이 자신도 모르게 자기 마음속에 형성되어 있음을 종종 경험한다. 이것은 바람직하고 좋은 인간관계의 형성과 발전 혹은 개선을 위해서는 소문이나 평판에 대한 객관적인 재평가가 필요하다는 것을 말해 주고 있는 것이다.

⑤ 관계상황

우리는 똑같은 말의 내용이나 표현방식 또는 행동도 관계 상황에 따라서 상대방에게 다르게 받아들여지고 평가되는 것을 경험한다. 예를 들면, 수업시간-쉬는 시간-상갓집-잔칫집 등에 따라 그리고 어떤 사람들과 함께 있느냐 등의 각각의 상황에 따라 적절한 말의 내용과 방식, 행동의 유형이 다를 수 있다. 그러므로 관계 상황에 따라 상대방의 언행에 대한 해석과 평가도 달라진다. 그 상황과 언행이 부합될 때는 긍정적인 인상을 형성하게 될 것이고, 그렇지 못할 경우에는 부정적인 인상이 형성될 가능성이 높다.

(2) 타인지각 오류의 원천

우리는 사람들을 만나면 상대방에 대하여 지각하게 된 정보들을 토대로 서로 대화하고 의사소통을 하게 된다. 이렇게 진행되는 의사소통의 성질에 따라 그 두 사람 간의 인간관계의 질이나 수준이 결정된다. 여기서 인간관계의 질이나 수준이라 함은 솔직하고 친밀한 관계와 그 정도를 말한다. 이러한 바람직한 관계형성을 위해서는 잘못된 지각에 의한 오해를 예방하는 것이 주요 과제이다.

그런데 우리들의 타인지각이 부정확할 가능성이 매우 높다는 것이 큰 문제이다. 한 연구에 의하면(Kremers, 1960), 피험자의 14% 정도만 타인지각의 정확성을 보였다고 한다. 이것은 일반적으로, 타인지각에 있어서 오류를 범할 가능성이 높다는 것을 시사하며, 또한 이것은 우리가 잘못된 지각 정보들을 토대로 의사소통(언어적이든 혹은 비언어적이든)을 하게 됨으로써 인간관계에서 오해와 그에 따른 많은 문제들이 발생할 수 있음을 암시하고 있다. 그러므로 인간관계의 문제를 해결하기 위해서는 우선, 타인지각에서 일어날 수 있는 오류의 원천을 알고 대처함으로서 상대방에 대한 지각의 정확성을 향상시킬 필요가 있다(이성태, 2011).

① 첫인상의 효과

첫인상은 상대방에 대한 호감여부와 관계지속여부 등에 영향을 미치기 때문에 매우 중요하다. 예를 들면, 어떤 한 사람을 두 집단의 사람들 앞에서 각각 소개하면서 한 집단에는 그 사람의 특성들을 긍정적인 것으로부터 부정적인 것의 순서(똑똑하다 → 근면하다 → 즉흥적이다 → 비판적이다 → 고집이 세다 → 시기심이 많다)로, 다른 한 집단의 사람들에게는 똑같은 내용의 특성들을 앞의 집단에 제시한 특성들과는 반대 순서(시기심이 많다 → … 똑똑하다)로 각각 소개, 설명한 후 소개한 사람의 인상을 쓰게 했다(Asch, 1946; 이민규, 2001). 그 결과 긍정적인 특성을 먼저 소개받은 집단이 부정적인 특성들을 먼저 소개받은 집단보다 소개받은 인물을 사회적으로 더 원만하고, 더 성공적인 사람으로 평가했다. 이것은 먼저 접한 정보가 나중에 접한 정보보다 인상형성에 보다 강력한 영향을 미친다는 것을 시사하고 있다. 이와 같은 현상을 초두효과primacy effect라 한다. 초두효과는 바로 첫인상의 효과를 설명해 주고 있다. 즉, 이것은 첫인상이 앞으로 그 사람을 보는 지각의 틀로 계속 사용하게 될 가능성이 크다는 것을 말해 주고 있는 것이다(이성태, 2011). 이러한 초두효과가 나타나는 이유는 사람들이 먼저 접하는 정보에 근거하여 일단 인상을 형성하게 되면 나중에 접하는 정보는 그 인상에 일치하도록 받아들여지기 때문이다. 또 나중에 들어오는 정보에 비해 처음 제시되는 정보에 대해서는 더 많은 주의를 기울이기 때문이다. 그래서 이전의 인상과 일치하지 않은 정보가 들어오면 일관성을 유지하기 위해 정보를 바꾸거나 제거한다. 쉽게 변하지 않는 것이 인상이므로 낯선 자리에 처음 가게 되면 좋은 인상을 주도록 노력해야 할 것이다(임혜경 외, 2012).

그런데 간혹 초두효과와는 반대로 시간적으로 나중에 제시된 정보가 잘 기억되어 인상형성에 더 큰 영향을 미칠 수도 있는데, 이를 신근성 효과recency effect라고 한다. 가령 초기 정보가 너무 일찍 제시되어 이미 망각된 상태이거나 혹은 최근의 정보가 아주 현저하게 부각될 경우에는 신근성 효과가 나타날 수 있다. 그러나 긍정적인 첫인상은 부정적인 첫인상보다 더 쉽게 변하나, 부정적인 첫인상은 쉽게 바뀌지 않는 특징(Meller, Richard, & Bimbaum, 1992)이 있으므로 모든 인간관계에서 가급적 부정적인 첫인상을 만들지 않도록 노력해야 할 것이다.

② 신체적 외모에 대한 지나친 집중

우리는 사람들의 신체적 외모를 보고 그들의 성격과 행동에 대해서 추론한다. 이러한 추론의 결과들은 대체로 과학적인 근거가 없는 경우가 많다.

연구보고들(Dion et al., 1972)에 따르면 외모가 매력적인 사람은 그렇지 않은 사람에 비하여 보다 감수성이 높고, 보다 지적이고, 보다 더 상냥하고, 재능도 더 있다고 평가되는 경향이 있음을 시사하고 있다. 사회심리학자들은 '아름다운 것이 좋은 것 What is-beautiful-is-good'이라는 용어를 만들어 냈다(Berscheid, 1972). 이것은 아름다운 사람은 항상 좀 더 사회적으로 능력 있고, 자기표현을 잘하고, 지적으로 유능할 것으로 보인다는 것이다. 그러나 이와는 반대로 매력적인 신체적 외모를 지닌 사람들에 대해 부정적으로 평가하는 경향도 있다. 즉, 미인박명이라든가, 미인은 비교적 허영심이 많고, 이기적인 사람으로 보는 경우들이다(Demer & Thiel, 1975).

그리고 옷차림은 타인지각의 결정적인 요인으로 작용하는 것으로 알려져 있다. 장식에 신경을 쓴 옷차림을 좋아하는 여성들은 비교적 사교적이고, 순응적이며, 비지성적인 사람으로 지각되는 경향이 있다(Aiken, 1963). 헐록(Hurlock, 1974)도 사람들이 독특한 옷차림을 통해서 자신의 독립감, 성숙함 그리고 성공감 등을 나타내고, 어떤 집단과의 동일시를 표시한다고 한다. 이처럼 옷차림은 개인 정보의 원천이 되고 있다. 그러나 옷차림을 통해 나타내고자 하는 바를 해석, 추론할 때 지나치게 일반화시키는 것은 아닌지 생각해 볼 필요가 있다.

③ 고정관념

정확한 타인지각을 방해하는 요인으로 가장 잘 알려져 있는 것이 고정관념이다. 우리는 거의 사실적인 근거 없이 지나치게 일반화된 고정관념 때문에 사람들을 잘못 판단하는 경우가 적지 않다. 고정관념 stereotypes 이란 특정 집단에 속한다는 이유만으로, 사실적인 근거 없이 그 무리에 속한 사람들은 모두 같은 특성들을 가지고 있는 것으로 과잉 일반화하여 단정하는 지나치게 단순화된 신념이라 할 수 있다. 특정 집단들로는 직종, 성별, 연령, 계층, 인종 또는 민족, 신체적 외모 혹은 그 밖의 특징들 등을 들 수 있다.

고정관념은 집단 내의 개인차를 전혀 고려하지 않고 그 집단이 혹은 그 집단 구성원 개개인이 모두 동일한 특성을 지닌 것으로 믿고 있는 잘못된 신념이라 할 수 있다.

고정관념은 타인을 불공평하게 취급하게 한다. 고정관념이 이렇게 부정확한 지각의 원인이 됨에도 불구하고 계속 유지되는 것은, 사람들이 단순화 혹은 공식화하기를 좋아하기 때문이다. 왜냐하면, 우리가 처음 사람들을 만나게 되면, 그 사람에 대해서 충분히 알 수 있을 때까지 기다리기보다는 한 개인이나 집단의 고정관념을 활용하면, 사람들을 보다 쉽게 파악할 수 있고, 그 사람들에게 맞는 행동 지침을 쉽게 선택, 사용할 수 있게 해 주기 때문이다. 이러한 과정은 거의 무의식적으로 자동적으로 진행되는 것 같다.

④ 정서상태

개인의 정서상태는 그 순간의 지각에 영향을 미치며, 이것은 타인지각에서도 마찬가지이다. 예컨대, 기분이 나쁜 상태에서는 상대방을 부정적으로 지각하기 쉽다. 그러므로 다른 사람에 대한 지각이 긍정적이냐 혹은 부정적이냐를 단정해서 행동으로 나타내기 전에 그 사람에 대한 나의 감정이 그러한 지각에 어떻게 영향을 미치고 있는가를 점검해 보는 것이 필요하다.

⑤ 가정된 유사성

우리는 모든 사람들은 모두 비슷하다고 가정하는 경향이 있다. 다른 사람들도 내가 행동하는 것처럼 행동할 것이라고 믿고 있는 이 신념을, 가정된 유사성assumed similarity 이라 한다. 사람들은 다른 사람들이 자신과 닮았다고 가정하면 그 사람들을 판단하기가 쉽기 때문에, 다른 사람의 성격들이 자신의 성격과 유사하다고 지각하는 경향이 있다.

⑥ 기본적 귀인오류

사람들에게는 자신이나 타인의 행동 혹은 사건들에 대한 원인을 추론하고자 하는 경향이 있다. 심리학에서 행동이나 사건의 원인을 추론, 도출해 내는 것을 귀인attribution이라 한다. 그런데 기본적 귀인오류는 행동 관찰자가 추론의 근거를 당장 눈에 보이는 개인의 행동에만 초점을 맞추기 때문에, 실제적으로 있을 수 있는 다른 외적인 상황요인들은 무시 혹은 과소평가하여 그 때문에 잘못된 판단을 하게 되어 타인지각에 있어서 오류를 하게 되는 것이다.

⑦ 방어적 귀인오류

우리는 다른 사람들에게 닥친 재난과 불행의 원인을 설명할 때 재난이나 불행을 당하게 된 당사자에게 그 원인이 있는 것으로 추론하는 경향이 있다. 이처럼 어떤 사건에서 피해를 입은 희생자의 불행에 대해서 객관적인 근거 없이 그 희생자에게 원인을 돌리는 추론적 판단을 방어적 귀인defensive attribution이라 한다. '방어적'이란 말은 재난이나 불행의 원인을 관련 당사자들에게 돌림으로써 추론하는 자신들에게는 그러한 불행이나 재난을 만날 이유가 없다는 위안과 방어를 확보하고자 하는 무의식적인 심리적 전략에 의한 것으로 해석해서 붙여진 것이다. 이러한 방어적 귀인을 하는 사람은 자신만 재난이나 불행의 원인을 제공하지 않으면 괜찮을 것이라는 자위를 얻을 수는 있지만 이러한 방어기제의 특징이 바로 무의식적이고, 현실을 왜곡시키는 것이므로 타인지각에 있어서 오류의 원인이 될 수 있다.

⑧ 후광효과

어떤 사람에 대해서 '좋은 사람' 또는 '매력 있는 사람'이라는 인상이 형성되면, 그 사람은 능력도 뛰어나고 사회성도 좋은 긍정적인 특징을 모두 지니고 있을 것으로 생각하는 것이다. 즉, '하나가 좋으면 모두가 좋아 보인다'라는 속담처럼 타인을 내적으로 일관되게 평가하려는 경향을 후광효과halo effect라고 한다. 타인에 대한 좋은 인상과 그 사람의 능력과 사회성은 어떤 논리적인 관계는 없지만, 보통 긍정적인 특성은 긍정적인 특성끼리, 부정적인 특성은 부정적인 특성끼리 함께 지니고 있을 것이라는 추론을 하는 경향이 많다(임혜경 외, 2012).

⑨ 편견

편견prejudice이란 특정 집단 성원들에 대한 고정 관념화된 부정적인 태도를 말한다고 정의할 수 있다. 우리는 인종, 종족, 성, 종교, 나이 혹은 세대, 직업 및 사회적 지위 그리고 상류계층 집단 혹은 하류계층 집단 등에 속하는 사람들을 대하는 태도에서 단정적인 고정 관념화된 편견을 가지고 있음을 새삼 발견할 때가 있다. 이런 편견은 특정 집단에 속해 있다 하더라도 그 한 개인만이 가질 수 있는 특성들을 객관적으로 볼 수 없게 하는 타인지각 오류의 원인으로 작용한다.

2 사회복지실천에서 관계의 의미와 전문적 원조관계의 특징

사회복지실천에서의 관계는 사회복지사와 클라이언트의 관계에 한정된 개념으로서, 본질적으로 도움을 요청하고 도움을 제공하는 통제적 관계라 할 수 있다. 펄만(1968)은 좋은 관계의 발전은 원조에 있어서 필수적인 요소라고 하였으며, 관계란 문제를 해결하고 도움을 활용함에 있어서 사람들의 에너지를 방출케 하고 동기를 유발시키며, 지지와 양육에 활력소를 불어넣는 촉매자라고 하였다.

실제적으로 원조관계의 질은 클라이언트가 매순간 개입의 영향력을 받아들이는 정도를 결정짓는 중요한 요소이다. 그리고 자기존중감과 온화함 등을 클라이언트들에게 제공하는 원조관계는 그 자체로서 일종의 긍정적 변화를 이끌어 내는 원천이 된다. 보살핌이 결여된 인생경험을 가진 클라이언트들에게 있어 원조관계는 이전의 정서적 결핍을 채워 주는 교정적인 정서체험을 제공해 주기도 한다. 카시우스(Kasius, 1950)는 사회복지실천에서의 관계의 중요성을 강조했다. 즉, 사회복지사와 클라이언트 간의 전문적 관계는 원조과정의 일차적 도구라고 하였다.

사회복지실천관계는 전문적 관계인 동시에 원조관계라는 속성을 지니고 있다. 전문적 관계는 클라이언트의 문제해결 및 적응이라는 분명한 목적을 가지고 그 목적 달성을 위해 제한된 시간 동안 이루어지는 특수한 관계이다. 따라서 전문적 원조관계는 언제나 클라이언트의 입장에서 출발해야 하며 사회복지사는 관계의 전반적인 과정에 전문적 책임을 지게 된다. 전문적 원조관계의 특징에 대하여 여러 문헌들에서 논의되는 내용들을 정리하면 다음과 같다(Johnson & Yanca, 2001; Brown, 1992; 김기태, 2008).

1) 타인에 대한 관심과 원조의지

타인에 대한 관심은 클라이언트에게 일어난 일에 대해 진심 어린 관심을 가지며, 이들의 감정에 대해 교류할 수 있어야 함을 의미한다. 관심이란 책임감, 배려, 존중, 타인에 대한 이해 및 클라이언트의 더 나은 삶에 대한 바람을 포함하고 있으며, 클라이언트의 삶과 욕구에 대한 조건 없는 긍정적 수용을 의미하는 것이다.

원조의지란 원조관계의 전문가에게 가장 필수적인 자질이라 할 수 있다. 클라이언트로 하여금 자신의 삶을 스스로 선택하고 통제하는 능력을 향상시키도록 도우려는 깊은 열망으로서, 사회복지사의 헌신적인 자세를 의미한다.

2) 헌신과 의무

헌신과 의무commitment & obligation는 원조 상황에서의 책임감을 의미하는 것으로서 일관성을 포함하는 개념이다. 상호작용을 함에 있어 책임감을 갖지 않고서는 타인과 의미 있는 관계를 맺을 수 없다. 따라서 원조관계에서 관계의 목적을 이루기 위해서는 사회복지사뿐 아니라 클라이언트 역시 헌신과 의무로 묶여져야 한다. 사회복지사와 클라이언트가 함께 관계의 목적과 조건을 위해 그리고 상호의존적인 관계교류를 위해 헌신을 다할 때 클라이언트는 안전하다는 느낌을 갖게 된다.

원조관계에서 대개 헌신적인 자세는 일정한 의무도 함께 요구하고 있다. 클라이언트에게 기대되는 일반적인 의무는 그들이 지닌 문제와 상황, 문제에 대처하는 자신들의 태도에 대해 정직하고도 개방적으로 제시할 것과 원조관계에서 최소한의 절차상의 조건에 따르는 것을 말한다. 사회복지사의 헌신과 의무로는, 클라이언트와의 면접을 위해 특정 시간에 특정 장소에 정확하게 오는 것도 기본적인 헌신의 자세로 볼 수 있다. 사회복지사의 의무는 관계를 맺을 때 필수적인 절차성의 조건을 최대한 지켜 나가야 함을 의미한다. 사회복지사에게는 미리 예약된 시간과 장소를 지킬 것과 클라이언트의 문제에 대해 활동의 초점을 유지할 것, 성장과 변화를 가져오는 관계를 제공할 것 등이 요구된다. 만약 이러한 의무가 정당한 이유나 설명 없이 지켜지지 않는다면 클라이언트는 사회복지사에 대한 신뢰를 잃게 될 것이며 자신을 중요하게 생각하지 않는다는 의미로 받아들여 관계를 형성하기 어렵게 된다.

3) 권위와 힘

권위authority는 클라이언트와 기관에 의해 사회복지사에게 위임된 힘power이다. 사회복지사는 일정한 지식과 경험을 보유함으로써 또한 일정한 지위에 있음으로써 사회복지실천 전반에 영향력을 미칠 수 있는 힘을 가지고 있다. 원조관계에서 권위는 두 가지 측면에서 생각할 수 있다. 하나는 사회복지기관 내에서 사회복지사의 위치와 기능으로부터 나오는 제도적인 측면이며, 다른 하나는 클라이언트가 사회복지사에게 필요한 정보와 전문적인 조언을 구하는 등 권위를 부여하는 심리적인 측면이다. 도움을 구하는 사람은 지식과 기술면에서 권위를 가진 사람을 찾게 된다. 사회복지사가 클라이언트에게 그러한 권위를 가진 사람으로 받아들여짐으로써 성립된 관계는 클라이언트에게 안전과 보호의 느낌을 주게 된다.

그러나 클라이언트가 잘못 사용된 전문가의 권위와 힘으로 인해 피해를 당한 경험이 있거나, 전문가의 개입목적을 오해하는 경우 클라이언트는 종종 사회복지사에 대해 반감과 불신을 나타내기 마련이며 이로 인해 관계 자체에 저항을 표출하게 되고 결국 관계형성을 못하게 된다. 이러한 상황에 처해 있는 사회복지사는 그들이 지닌 권위와 힘은 무엇이며, 이를 어떠한 범위 내에서 어떻게 사용할지에 대해 클라이언트에게 거듭해서 분명하게 설명해야 한다.

4) 진실성과 일치성

진실성은 클라이언트와의 관계에서 실제적이고 순수해질 수 있는 능력으로서, 담보할 수 없는 약속을 하지 않으며 최대한 진실해지는 것이다. 일치성은 사회복지사가 클라이언트와 관계를 맺을 때 일관성 있고 정직한 개방성을 유지하고, 대화의 내용과 행동이 항상 일치하면서도 전문가로서의 자아와 가치체계에 부합해야 함을 의미한다.

5) 감정이입

감정이입 empathy 은 사회복지사가 원조과정 중 자신의 관점을 유지하면서 클라이언트의 느낌과 경험에 몰입할 수 있는 능력을 말한다. 이는 사회복지사가 클라이언트의 입장에서 보고 느낄 수 있는 능력으로 서술되기도 한다. 감정이입은 사회복지사로 하여금 깊이 있는 감정을 느낄 수 있는 능력과 함께, 지식의 사용을 위해 충분한 거리를 유지할 수 있는 능력도 요구되기 때문이다. 사회복지사는 클라이언트와 감정이입을 하면서도 문제 자체와 그 해결 가능성을 객관적으로 분석하고 이성적으로 처신하는 일이 요구되는데, 이는 클라이언트 역시 사회복지사에게 자신의 감정이 공유되기만을 바라지는 않으며 자신의 문제에 대한 합리적인 판단과 원조를 바라기 때문이다. 감정이입은 적극적인 경청을 통해서 클라이언트에 대해 계속적인 주의를 기울임으로써 그리고 클라이언트가 어떻게 느끼는지를 가리키는 비언어적인 단서들에 대해 민감성을 갖고 관찰함으로써 도달할 수 있다.

6) 수용

수용은 사회복지사의 비심판적이고 무비판적인 태도뿐만 아니라 클라이언트의 감정에 대한 존중 및 클라이언트에 대한 현실적인 믿음을 의미한다. 클라이언트를 수용한다는 것은 클라이언트를 드러내 보이는 대로 받아들인다는 것을 의미한다. 이때 클라이언트의 능력과 가치를 존중하고, 클라이언트가 성장, 성숙할 수 있는 능력이 있다고 믿으며, 이들의 행동에 대해 생존과 대처를 위한 시도로서 이해하려는 인식이 뒤따라야 한다. 수용은 단순히 비심판적 태도라기보다는 적극적으로 이해하려는 태도를 말한다. 클라이언트를 수용하기 위해서는 먼저 클라이언트의 상황과 감정을 이해하려고 노력하는 자세가 필요하다. 대개 사람들의 행동은 목적을 가지고 있으므로 이러한 행동의 목적을 이해할 수 있다면 옳은지 혹은 그른지에 관한 판단보다는 이해하는 쪽으로 나아갈 수 있게 될 것이다.

7) 목적

원조관계는 사회복지사와 클라이언트 양자에 의해 수용되고 알고 있는 목적을 가지고 있다. 콩튼과 갤러웨이는 이것이 모든 특성 가운데 가장 중요한 것이라고 했다. 목적은 개입과정의 방향을 제시해 줌으로써 개입단계 동안 방황하지 않고 진행할 수 있도록 해 준다.

8) 존경심과 신뢰

사회복지사는 클라이언트에 대한 존경심과 그리고 클라이언트가 자신의 문제 내지 자신의 인생을 스스로 개선하고 개척할 능력이 있다는 것에 대한 신뢰를 표현해 주는 것이 필요하다.

9) 통제적 관계

사회복지사는 객관성을 유지하고 자기 자신의 감정, 반응, 충동을 자각하고 그 책임을 진다는 의미에서 통제적 관계이다.

3 사회복지실천 관계의 원칙

비에스텍(Biestek, 1957)은 개인과의 사회복지실천에서 사회복지사와 클라이언트 간의 관계가 매우 중요하다는 인식을 가지고 있었으며, 사회복지사와 클라이언트의 관계가 성공적인 사회복지실천에 지대한 영향을 미치는 것으로 보았다. 그에 의하면 사회복지사의 도움을 받으러 사회복지 기관에 오는 클라이언트들은 일곱 가지의 기본적인 욕구를 가지고 있으며 그러한 욕구는 사회복지사에 의해서 사회복지실천과정에서 충족되기를 바라고 있다는 것이다. 클라이언트가 가지고 있는 이와 같은 기본적인 욕구는 사회복지실천에서 모든 클라이언트가 가지고 있는 것으로서 사회복지사와의 일대일의 관계에서 이들 욕구가 충족되어지기를 강력하게 희망하고 있는 것으로 생각된다. 비에스텍은 이 일곱 가지의 기본적인 욕구에 사회복지사가 어떻게 대응하는가에 따라 바람직한 전문적인 관계의 형성이 결정될 것으로 생각하였다. 따라서 비에스텍은 클라이언트의 일곱 가지의 욕구에 근거하여 관계형성의 원칙을 체계적으로 정리를 하고 있다. 이것을 비에스텍의 관계형성의 7대 원칙이라고 부른다. 클라이언트의 7가지 기본적 욕구에 근거한 관계의 원칙은 〈표 7-1〉과 같다.

| 표 7-1 | 클라이언트의 욕구와 관계의 원칙

클라이언트의 욕구	관계의 원칙
클라이언트는 자신과 자신이 가지고 있는 문제를 어떤 사례나 유형 또는 하나의 범주로 취급되기보다는 자신만의 독특한 개인으로 처우되기를 바라는 욕구를 가지고 있다.	개별화
클라이언트는 자신이 가지고 있는 감정을 표현하고자 하는 욕구를 가지고 있다. 그 감정은 긍정적인 것은 물론이고 부정적인 감정도 표현하기를 원하고 있다.	의도적 감정표현
클라이언트는 자기가 겉으로 표현한 감정에 대하여 사회복지사로부터 공감적인 이해와 반응을 얻으려는 욕구를 가지고 있다.	통제적 · 정서적 관여
클라이언트는 자신의 의존적인 상태, 약점, 실패에도 불구하고 자신은 가치 있는 사람이며 존엄성을 가진 사람으로 사회복지사에게 받아들여지기를 바라는 욕구가 있다.	수용
클라이언트는 자신이 처한 어려움이나 문제적 상황에 대하여 사회복지사로부터 심판이나 비난을 받고 싶지 않은 욕구를 가지고 있다.	비심판적 태도
클라이언트는 자신의 삶과 생활에 관한 선택과 결정을 스스로 하고 싶어 하는 욕구가 있다.	클라이언트의 자기결정권
클라이언트는 자신에 관한 비밀스런 내용이나 정보가 가능한 한 다른 사람에게 알려지지 않기를 바라고 있으며 혼자서 오랫동안 간직하려는 욕구를 가지고 있다.	비밀 보장

비에스텍이 제시하고 있는 케이스 워크 관계의 일곱 가지 원칙은 사회복지사와 클라이언트의 관계에서 사회복지사의 책임성을 규제하는 데 중요한 참고 사항이 될 수 있으며, 구체적으로 살펴보면 다음과 같다.

1) 개별화

개별화Individualization란 클라이언트의 독특한 자질을 인정하고 이해하는 것이다. 개별화란 인간은 개별적이며, 일반적인 한 사람이 아니라 개인적인 차별성을 가진 특정한 인간으로 처우되어야 하는 인간의 권리에 기초를 두고 있다. 따라서 개별화는 각 클라이언트의 특수한 성질을 인정하고 이해하고 개별 클라이언트를 원조하는 내용과 방법에서도 개별적으로 다루어져야 한다. 개별화는 개인의 권리이며 욕구다.

사회복지사는 클라이언트와의 관계에서 클라이언트를 어떤 계층 혹은 유형의 한 사람으로서 이해하기보다는 독특한 개체로 인식하고 반응하여야 한다. 즉, 클라이언트를 대하는 데 클라이언트를 하나의 보편적인 인간 존재로서가 아니라 자신의 개인적인 독특한 차이점을 지니고 있는 인간으로 보는 것이다(Biestek, 1957). 클라이언트는 특정한 개인으로서 인정받고 있다고 느끼며, 자신의 문제가 이해되고 있다고 느낄 때에만 원조관계에 적극적으로 참여할 수 있다. 그러므로 관계의 성공은 각 클라이언트의 개별화에 달려 있다(김기태, 2008).

사회복지실천에서 클라이언트를 개별화하기 위한 사회복지사의 역할은 다음과 같다(김만두 역, 1992).

① 편견과 선입관이 없어야 한다.

편견이나 선입관이란 스테레오 타입화streotyping된 고정 관념 등에 영향을 받아 클라이언트를 정확하게 판단하지 못함을 뜻한다. 때때로 사회복지사는 제한된 정보를 기초로 하여 한 클라이언트를 특정집단에 귀속시키고, 일반적으로 그 집단들에게 속한 태도, 감정, 행동을 클라이언트의 것으로 생각해 버리는 경우가 있다. 또한 사회복지사는 클라이언트와의 관계에 중대한 영향을 미칠지도 모르는 사회복지사 자신이 가지고 있던 태도를 투입하는 경우가 있는데, 사회복지사의 경험에 의한 판단은 클라이언트의 상황과 문제에 대해 중대한 오해를 가져올 수 있다.

② 인간 행동에 관한 지식이 있어야 한다.

인간행동과 발달에 관한 전문지식은 사회복지사가 클라이언트에 관한 중요한 사실을 파악하고 정확한 실태를 발견하여 개별화를 가능하게 할 수 있도록 안내 역할을 수행하게 되는 것이다. 인간행동에 대한 지식은 대개 개인을 이해하고 원조하기 위한 분석 틀을 마련하는 데 필요한 것이다. 이 밖에도 사회복지사가 클라이언트를 개별화하기 위해서는 의학, 심리학, 정신의학, 사회학 그리고 철학과 같은 과학적인 지식과 통찰에 의해서 보완되고 활용되어져야 한다. 따라서 사회복지사는 인간행동에 관한 전문지식과 경험을 많이 습득하고 활용할 수 있어야 한다.

③ 경청하고 관찰하는 능력이 있어야 한다.

사회복지사는 귀담아 듣는 것만으로도 필요한 자료를 얻을 수 있으며 무언의 정서표현을 관찰함으로써 많은 자료를 수집할 수 있다. 따라서 사회복지사는 클라이언트의 언어나 태도의 표현에서 그가 무엇을 호소하려는지, 무엇을 말하려는지를 민감하게 포착하여야 한다.

④ 클라이언트의 보조에 맞추어서 움직이는 능력이 있어야 한다.

사회복지사가 클라이언트의 능력이나 감정 등에 보조를 맞추는 일은 개별화 전략을 수행하기 위한 기초가 되며, 이것은 클라이언트가 위화감, 심판받는 느낌, 강제성 등의 감정을 갖지 않고 조사, 사정 및 개입과정에 충분히 참여할 수 있도록 돕기 위함이다.

⑤ 사람들의 감정을 헤아릴 수 있는 능력이 있어야 한다.

사회복지사는 클라이언트의 감정에 대해 민감하게 잘 파악할 수 있어야 한다.

⑥ 개개의 관련성을 인식한 다음에 사물을 전체적으로 파악하는 능력이 있어야 한다.

사회복지사는 클라이언트가 속한 환경을 포함한 클라이언트의 전체 상황을 이해하고 관여할 수 있어야 한다. 사회복지실천과정에서 클라이언트의 개별화에 치중하다 보면, 클라이언트가 속해 있는 환경과 같은 전체적인 관점을 소홀히 하는 경우가 있다.

사회복지사는 클라이언트의 개인적 요소와 환경적 요소들의 각각에 대한 이해와 이들 요소들의 관련성을 인식한 다음에 사물을 전체적으로 파악하는 능력이 있어야 한다. 즉, 클라이언트의 진정한 개별화는 클라이언트의 사회적, 신체적, 지적인 요소들을 이해함은 물론 이들 요소들 간의 상호작용의 영향력과 파급성 그리고 미래에 전개될 일들을 조망하는 일까지도 포함시켜야 한다.

클라이언트를 개별화하기 위해서는 개별화 수단과 방법이 있는데, 다음과 같이 제시할 수 있다.

① 클라이언트에 대한 세심한 배려

세심한 배려란 사회복지사가 클라이언트에게 개별적으로 집중적인 서비스를 제공할 수 있는 기회를 제공하는 수단으로 중요하다. 예를 들면, 면접시간을 정하는 데 클라이언트의 상황에 맞춰 적절한 시간에 약속하는 것 등도 개별화의 표시이다.

② 면접에서의 비밀보장

조용한 상담실 등은 클라이언트에게 자신의 비밀이 존중되고 있다는 안도감과 신뢰감을 주어 자신이 존중되고 있음을 느끼게 해 준다.

③ 약속시간을 지키는 것에 유의하는 것

사회복지사가 약속한 면담시간을 잘 지키면 클라이언트는 사회복지사가 자신을 기다리고 있고, 자신을 존중한다고 느끼며 만족해한다. 만약 사회복지사가 늦은 경우에는 정중하게 이해시켜야 한다.

④ 면접을 위한 준비

클라이언트를 개별화하기 위해 중요시해야 할 준비사항 가운데 하나는 면접 전에 클라이언트의 사례기록을 찾아 자세한 것까지 기억을 하여 면접에 임하고 또한 자료나 사회적 자원 등도 사전에 파악하는 것이다.

2) 의도적 감정표현

의도적 감정표현 purposeful expression of feelings 은 클라이언트가 자신의 감정, 특히 부정적인 감정을 자유롭게 표현하려는 그의 욕구에 대한 인식이다. 사회복지사는 의도적으로 경청하고 이러한 감정표현을 저해하거나 비난하지 말아야 하며, 때로는 사회복지실천서비스의 일부로서 치료상 유용할 경우에는 적극적으로 자극을 주고 격려한다.

사회복지실천 과정에서 클라이언트의 감정이나 표현되는 감정 속에는 어떤 목적이 포함되어 있다. 그러므로 클라이언트의 목적 있는 감정표현은 목적달성에 성공적으로 이바지할 수 있다. 감정표현의 목적은, 첫째, 클라이언트의 내부에 있는 압력이나 긴장을 완화시켜 주는 것이다. 클라이언트의 감정표현은 클라이언트가 자신의 문제를 보다 분명하게 객관적으로 볼 수 있도록 도와준다. 감정표현은 클라이언트의 울분을 내뿜게 할 뿐 아니라 적극적이며 건설적인 행동을 하도록 도와준다.

둘째, 클라이언트의 감정표현의 내용을 기초로 하여 클라이언트 문제와 욕구, 이러한 문제와 욕구가 클라이언트에게 의미하는 바, 클라이언트의 약점과 단점, 클라이언트의 장점 등을 이해하게 해 준다. 따라서 보다 더 정확한 조사, 진단, 치료가 이루어질 수 있다.

셋째, 클라이언트의 감정표현을 경청하는 그 자체가 심리적 지지이다. 클라이언트는 사회복지사와 함께 자신의 문제를 나누고 느끼므로 클라이언트 자신의 책임감 또는 괴로움이 감소된다. 이러한 심리적 지지는 클라이언트에 대해 치료적 가치가 있다.

넷째, 경우에 따라서는 클라이언트의 부정적 감정이 진정한 문제가 될 수 있다. 따라서 클라이언트의 부정적 감정이 표현됨으로써 이에 대한 처리방법, 대처방법 등을 강구할 수 있고 그리고 클라이언트가 자신의 감정을 개방함으로써 클라이언트와 사회복지사 간의 관계를 심화시킬 수 있다.

사회복지사는 클라이언트가 자신의 감정을 잘 표현하도록 분위기를 조성해 주는 것이 매우 중요하다. 따라서 사회복지사는 다음과 같은 역할 수행에 주의해야 한다.

첫째, 사회복지사는 클라이언트가 편하게 긴장을 풀고 마음의 안정을 얻을 수 있게끔 여유 있는 태도를 가져야 한다. 예를 들면, 클라이언트의 면접 시 사회복지사는 면접에 대한 준비를 하루나 이틀 전에 미리 함으로써 시간적·정신적 여유를 가지고 클라이언트를 대할 수 있고 그렇게 되면 클라이언트 역시 마음의 여유와 안정을 느낄 수 있게 된다. 그리고 환경적으로는 독방 상담실, 편안한 의자, 사회복지사의 책상 위치 등에 신경을 써서 편안하고 안정적인 환경을 만드는 것이 필요하다.

둘째, 사회복지사는 클라이언트가 자신의 감정을 자유롭게 표현하도록 격려하고, 허용적 태도permissive attitude를 가지는 것이 중요하다. 모든 인간은 자기에게 중요한 사람이나 사물에 대하여 어떤 갈등적인 감정을 가질 수 있는데 사회복지사는 이러한 감정을 표현해도 좋다는 것을 클라이언트에게 직접적으로 알려 주는 것이 필요하다.

셋째, 클라이언트의 움직임에 민감해야 한다. 클라이언트의 속도에 대한 민감성이 없으면 사회복지사는 자기도 모르게 클라이언트의 감정표현을 너무 지연시킬 수도 있고 너무 빨리 촉진시킬 수도 있는데 이것은 사회복지사와 클라이언트의 관계형성에 방해가 될 수도 있다.

넷째, 비현실적 보장과 성급하고 많은 해석은 금물이다. 비현실적 보장, 너무 빠른 초기의 해석, 너무 많은 해석 등은 클라이언트의 감정적 표현을 가로막을 수가 있다.

다섯째, 자유로운 감정표현을 위하여 클라이언트에게 정서적 지지를 제공해야 한다. 정서적 지지는 초기저항을 감소시킬 수 있으며, 또한 클라이언트와 사회복지사의 관계를 편안하게 만들어 주는 장점이 있다. 사회복지실천의 초기단계에서 클라이언트가 느끼는 두려움은 자신의 사생활의 침해, 자신의 무능이 드러날 수 있는 가능성, 자기존중의 상실, 다른 구성원들에 대한 비난, 자신의 독특한 개성을 상실하는 것에 대한 두려움, 다른 사람에 의한 거부, 타인에게 자신의 부정적인 면이 알려지는 것에 대한 두려움 등이 있다. 따라서 클라이언트는 이러한 심리적 두려움이나 위협을 최소화하기 위해 자기방어기제를 사용하여 상황에 대처하고자 노력함과 동시에 사회복지사로부터의 정서적 지지를 기대하게 된다. 사람을 정서적으로 지지한다는 것은 심리적으로 격려하고 안정을 유지시키는 것이며, 용기를 주고, 믿음과 확신을 가질 수 있도록 자신감을 심어 주는 것을 의미한다.

3) 통제된 정서적 관여

통제된 정서적 관여 controlled emotional involvement 란 클라이언트의 감정에 대한 사회복지사의 민감성과 클라이언트 감정에 대한 사회복지사의 이해 및 적절한 반응이다. 사회복지사는 클라이언트의 감정에 정서적으로 관여하되 원조 목적에 맞게 통제되고 조절되어야 한다.

통제된 정서적 관여를 위한 사회복지사의 역할은 다음과 같다.

첫째, 민감성 sensitivity 이다. 민감성이란 사회복지사가 클라이언트의 감정을 관찰하고 경청하여 파악하는 것을 의미한다. 특히 많은 경우 클라이언트들은 자신의 감정을 표현하지도 못하지만 표현하지 않으려는 측면도 있다. 하지만 사회복지사는 그러한 부분까지도 느끼고 엿볼 수 있어야 한다. 말의 속도라든지, 어조나 용어의 선택은 물론이고 말하는 자세나 안색과 몸의 움직임, 나아가서는 클라이언트의 복장까지도 주목의 대상이 될 수 있다.

둘째, 감정이입적 이해empathetic understanding이다. 감정이입적 이해란 클라이언트의 문제에 대해 클라이언트 자신이 갖는 감정의 의미를 사회복지사가 이해하는 것을 뜻한다. 이해는 계속적인 과정이며 각 면접과정을 통해 클라이언트에 대한 이해의 폭과 깊이는 넓어지고 성장하게 되는 것이다. 클라이언트의 감정의 의미를 이해한다는 것은 대단히 중요하다. 왜냐하면 감정적인 부분이 문제의 본질이거나 문제를 해결하는 중요한 단서가 될 수 있기 때문이다. 사회복지사가 클라이언트를 이해하기 위해서는 인간행동에 대한 지식을 습득해야 된다. 인간행동에 대한 지식은 감정의 의미를 이해하는 데 필수적인 것이다.

셋째, 반응response이다. 반응은 클라이언트의 행동과 표현에 대하여 사회복지사가 적절하게 자신을 드러내 보이는 것을 말한다. 그래서 이 반응은 사회복지실천에 있어서 대단히 중요하고 어려운 부분이다. 사회복지사의 반응은 반드시 구체적인 말이나 행동으로 표현되는 것은 아니다. 때로는 묵시적인 동의가 반응으로 이해되기도 하며 표정이나 미소까지도 유의미한 반응으로 받아들여지게 된다. 이때 사회복지사는 클라이언트를 개별화시켜서 반응해야 하고 클라이언트의 변화와 흐름에 맞게 반응해야 한다. 그리고 무엇보다도 사회복지사의 감정반응은 사회복지의 원조help와 관련된 전문적 목적의식, 전문가의 판단, 전문성에 의하여 끊임없이 조절 · 조정 · 통제된 것이어야 한다. 이와 같은 것들에 입각해서 사회복지사는 전문가로서 통제된 감정표현, 즉 통제된 정서적 관여를 해야 한다.

4) 수용

수용acceptance이란 사회복지사가 클라이언트의 장점과 단점, 바람직한 성질과 바람직하지 못한 성질, 긍정적 감정과 부정적 감정, 건설적 및 파괴적 태도와 행동을 포함하여 있는 그대로를 지각하고 다루어 나가는 하나의 원칙이다. 이는 인간의 존엄성과 가치 그리고 인간에 대한 사랑에서 비롯된 것이다. 클라이언트가 불평을 하고 부당한 요청을 하는 등, 자기 자신을 어떠한 모양으로 표현하든 그것을 비판하지 않는 것이다. 사회복지실천에 있어서 수용적인 태도는 클라이언트와 사회복지사 간에 긍정적인 관계를 수립하고 유지하는 데 도움이 된다. 사회복지사는 자신의 가치관이나 규범과 상관없이 클라이언트의 행동에 대하여 존중과 관심을 가짐으로써 수용을 표현할 수 있다.

수용이란 여러 약점을 가진 개인을 존재하는 그대로 편견 없이 받아들이는 것을 뜻한다. 수용은 사회복지사가 클라이언트의 견해, 가치관, 현실 인식 등에 대해 동의하거나 인정한다는 의미가 아니다. 수용은 클라이언트의 언어로 클라이언트의 사고체계로 클라이언트의 말과 행동을 해석하는 것을 의미한다. 뿐만 아니라 수용이란 클라이언트가 면접자에게 불쾌할지라도, 또한 호감을 주지 못한다 할지라도 혹은 공격적인 행동, 적대적인 행동, 의존적인 행동 등 어떠한 행동을 취한다 할지라도, 또한 자신의 행위나 생각들을 감추고 솔직하게 이야기하지 않는다 할지라도 그 사람을 존재하는 그대로 받아들이는 것이다. 수용의 대상은 좋은 것the good이 아니라 있는 그대로의 것the real이다. 사회복지사가 현재 존재하는 그대로의 클라이언트를 이해함으로써 클라이언트의 문제해결에 도움이 되고, 결국 개입을 담당하는 사회복지사에게도 긍정적으로 영향을 미치는 것이다. 사회복지사가 클라이언트를 수용함으로써 클라이언트는 현재 존재하는 그대로 자기 자신을 표현하고 안정감을 느낄 수 있게 된다. 이처럼 수용의 목적은 클라이언트로 하여금 자신의 문제와 자기 자신을 더욱 현실적인 방법으로 대처해 갈 수 있도록 돕고 바람직하지 못한 방어로부터 자신을 자유롭게 만들 수 있도록 원조하는 것에 있다.

사회복지실천의 관계에 있어 효과적인 수용을 위한 사회복지사의 역할은 다음과 같다(엄명용 외, 2007).

첫째, 클라이언트를 수용하기 위해 사회복지사가 갖추어야 할 기본적인 태도는 클라이언트에 대한 완전한 이해다. 클라이언트에 대한 완전한 이해란 존재하는 그대로 받아들이는 것을 의미하고 클라이언트를 수용하기 위해서는 클라이언트의 진정한 잠재적인 힘과 새로운 성장의 가능성을 신뢰하는 것에서부터 출발하여 클라이언트 존재 전부를 수용해야 한다.

둘째, 클라이언트를 수용하기 위해서 사회복지사는 클라이언트와의 가치관의 차이를 극복해야 하며, 클라이언트를 수용하는 일에 사회복지사의 가치관이 작용해서는 안 된다. 클라이언트의 현재 존재 상태 그대로의 모습을 수용하는 것이란 클라이언트에게 아무런 변화도 기대하지 않는다고 하는 것이 아니라, 오히려 실제로 존재하는 그대로의 일의 목적에 따른 개입과 잠재력을 수용하는 것과 마찬가지로 그들의 약점을 어떻게 받아들이는가에 달려 있음을 의미한다.

셋째, 수용acceptance이라는 개념 속에 포함되어 있는 '받아들인다'는 것은 허용permission도 승인approval도 아니다. 용서forgiveness하는 것이다. 진정한 수용은 사랑에 기초하고 있다. 그래서 누군가에 의해 자기가 수용되고 있다고 느낄 때 그는 자신의 실수나 못난 점을 용서받고 사랑받고 있음을 느낀다. 수용은 상대방의 장·단점이나 결함 혹은 실수를 분명히 알고도 소중한 존재로 여기고 받아들이는 것이다. 그러나 수용은 "네 맘대로 해라"는 허용과 "그렇게 해도 괜찮다"라는 승인과는 다르다는 점에 유의해야 한다(이성태, 2011). 즉, 무조건적인 수용과 무차별적인 동의는 사회복지실천 관계의 진정한 수용을 의미하지 않는다. 수용은 자신이 타인과 다를 수 있다는 권리를 허용한다. 일반적인 사회규범이나 가치관으로부터 어느 정도 벗어난 클라이언트의 행동을 수용하고 지지하는 것은 클라이언트로 하여금 사회복지사의 진실성이나 능력을 의심하게 할 수도 있다. 이는 클라이언트에게 문제가 되고 있는 행동을 용서하고 허용하여 줌으로써 도움이 되기보다는 오히려 부작용을 낳을 수도 있다. 따라서 인간과 그의 사고, 그의 감정을 수용하는 것과 클라이언트의 사회적 문제를 발생, 유지하도록 하는 행동에 반응하는 것 사이에는 명확한 구별이 있어야 한다.

넷째, 수용과 비심판적인 태도는 기본적으로 같지만 각기 다른 특징을 나타낸다. 펄만(1979)은 수용이라는 용어가 의미하는 태도는 '무비판', '비검열'로 표현하는 것이 바람직하다고 제안하였다. 사회복지사는 클라이언트와 함께 이루고자 하는 어떤 변화에 대해 평가와 판단을 하도록 되어 있기 때문에 사회복지사는 클라이언트의 생각이나 행동에 대해 '비심판적'일 수 없다. 그러나 그러한 클라이언트와 함께 변화를 이루기 위해서 클라이언트의 생각과 행동에 대한 평가는 이루어져야 하며, 이때의 '심판'은 '비난'이 섞이지 않는 것이어야 한다.

사회복지사가 클라이언트를 수용하는 데 여러 가지 저해요인이 있는데 이러한 저해요인을 살펴보면 다음과 같다.

① 만약 사회복지사가 인간의 행동과 성장발달에 관한 지식이 충분하지 못한 경우 클라이언트를 바르게 수용하기 어렵다. 예를 들면, 사회복지사가 스트레스 상태 속에 있는 인간의 행동 패턴, 사회, 경제적 문제에 대해 나타나는 공통적인 정서적 반응이나 일반적인 방어기제 등과 관련된 심리학적, 정신의학적 지식을 충분히 인식하지 못할 때 클라이언트를 제대로 수용할 수 없다.

② 사회복지사의 가치관이 개입되어 클라이언트를 수용할 수 없는 경우이다. 예를 들어, 클라이언트의 상황 속에 있는 부정적이고 바람직하지 못한 여러 가지 조건들이 사회복지사의 개인적인 가치관과 일치할 경우에는 사회복지사는 어느 정도 클라이언트를 이해하고 수용할 수 있다. 그러나 만일 사회복지사가 자신의 개인

적인 가치관에 비추어 허락되지 않은 자기 자신의 상황이나 문제로 인해 갈등이나 억압을 느끼고 있을 때, 혹은 클라이언트가 사회복지사 자신과 같은 문제에 직면해 있는 것을 보게 되면 클라이언트를 바르게 수용하는 일이 곤란하게 된다.

③ 사회복지사가 자신에 대한 인식을 정확하게 할 수 있는 능력이 결여된 경우에는 클라이언트를 수용할 수 없다. 사회복지사의 자아인식은 자기 자신을 개인적인 반응과 독특한 특징을 가진 개인으로 조명하는 데 도움이 된다. 수용의 여러 가지 요소 가운데 가장 큰 장애물은 사회복지사의 자아인식의 결여에서 비롯된 것으로서, 사회복지사가 관련된 현실을 인식하고 존재하는 그대로의 클라이언트를 수용하는 데 심각한 장애가 되고 있다.

④ 사회복지사의 편견이나 선입관은 클라이언트를 수용하는 데 크게 걸림돌이 된다. 따라서 전문적인 사회복지사에게는 클라이언트와 사회복지사 간의 신념, 문화, 가치관, 경제적 지위 등의 차이로 발생되는 편견과 선입관의 경향을 의도적으로 자각하고, 이러한 편견과 선입관으로부터 탈피하여 자유로워지려는 노력이 요구된다.

⑤ 사회복지사가 클라이언트에게 말로 하는 재보증 reassurance 은 클라이언트가 당시 그 곤란한 현실을 충분히 견디어 낼 수 있는 힘이 없다고 판단될 때 그 현실과의 대결을 일시적으로 연기할 수 있도록 돕는 심리적인 지원의 한 형태이다. 그러나 구체적인 대안 마련과 같은 후속적인 조치가 없이 말로만 하는 재보증은 사회복지사 편에서 클라이언트의 현실에 대처함을 거부하는 것과 마찬가지가 되는 것이기 때문에 반드시 피해야 할 것이다.

⑥ 수용과 시인을 혼돈해서는 안 된다. 사회복지사가 클라이언트의 모든 것을 시인하고 인정해야 한다고 생각하는 것은 어리석은 일이다. 그럼에도 불구하고, 사회복지사는 클라이언트의 원조과정에서 클라이언트의 모든 것을 수용하지 않으면 안 된다. 다시 말해 사회복지사는 현재의 클라이언트의 상황이 동의할 수 없는

상황이라 할지라도 수용하지 않으면 안 되는 것이다. 따라서 사회복지사는 클라이언트의 생각이나 행동 등에 대하여 수용하여야 할 것과 시인하여야 할 것의 차이를 분명히 하여야 한다.

⑦ 사회복지실천의 관계의 원칙에 따르면, 클라이언트가 어떠한 현실적인 문제에 처해 있더라도 사회복지사는 인간에 대한 존엄성과 가치를 존중해야 하며, 클라이언트를 수용하는 문제에 있어서도 다른 원칙이 적용될 수는 없다. 그럼에도 불구하고, 사회복지실천 과정에서 클라이언트는 반복적으로 약점과 실패감, 무능과 열등감을 보이는 경우가 있다. 특히 비윤리적이고 도덕적인 문제인 경우에는 사회복지사가 클라이언트를 더 이상 존경할 수 없게 되고 클라이언트를 수용하는 일도 불가능하게 된다.

5) 비심판적 태도

사회복지실천의 비심판적 태도non-judgemental attitude란 클라이언트를 돕는 과정에서, 클라이언트가 겪고 있는 문제의 원인이 클라이언트의 퍼스낼리티와 같은 개인 내적인 요소에 의한 것이든 클라이언트의 외부 환경에 의한 것이든 그 문제의 책임이 클라이언트에게 있다는 것을 언어 혹은 비언어적인 것으로 표현하지 않는다는 것을 의미한다. 사회복지사의 클라이언트에 대한 비심판적 태도는 클라이언트의 의견과 태도를 경청하고, 클라이언트의 약점이나 실패의 원인을 파악함으로써 클라이언트를 좀 더 정확하게 이해하고 필요한 원조를 제공하는 데 도움을 주기 위한 것으로서 치료적 관계의 성립에 도움이 된다. 따라서 클라이언트는 방어 없이 편안하게 자신의 문제와 욕구에 대해 논의할 수 있게 되어 문제 해결도 원활해진다. 클라이언트는 대체로 사회복지사의 비판적 판단을 두려워한다. 특히 죄책감, 열등감, 고독감이 있는 클라이언트는 극도로 민감하므로 사회복지사의 심판적 태도는 관계수립에 장애가 된다.

비심판적 태도를 전달하는 데 장애요인은 다음과 같다(김기태 외, 2008).

① 편견은 사회복지사가 비심판적 태도를 가지며 이를 전달하는 데 장애가 될 수 있다.

② 시간적으로 지나치게 빨리 결론에 이르려고 하는 것은 장애가 된다.

③ 유사한 문제를 가진 다른 사람과 비교하거나 일정한 유형으로 분류하려는 것은 비심판적 태도를 전달하는 데 장애가 될 수 있다.

④ 사회복지사에 대한 적의 등과 같은 클라이언트의 부정적 감정의 표현이다.

6) 클라이언트의 자기결정권

인간은 누구나 자신의 문제를 스스로 결정하고자 하는 욕구가 있고 그리고 간혹 예외적인 경우(지적 한계 등)를 제외하고는 누구나 자기결정 self-determination 의 능력을 가지고 있다. 사회복지실천 과정에서 클라이언트의 자기결정원칙이란, 클라이언트가 자신과 관련된 모든 의사결정 과정에 참여하여 스스로 선택하고 결정하는 자유를 누리는 것을 뜻한다. 오늘날 사회복지 전문직의 가장 확고한 신념 중의 하나는 인간은 누구나 스스로 결정할 수 있는 능력을 가지고 있기 때문에, 어떠한 경우에도 클라이언트의 자기결정에 관한 권리를 클라이언트 자신이 아닌 타인이 대신 행사할 수 없다는 것이다. 사회복지실천에서 클라이언트 주도의 자기결정권 행사는 매우 중요하지만 다음 같은 한계를 지니고 있기도 하다(Biestek, 1957).

① 사회복지사는 클라이언트의 신체적인 능력, 정신적 능력을 넘어서 자기결정을 클라이언트에게 요구하거나 기대할 수 없다.

② 클라이언트 자기결정은 도덕률의 제한을 받는다. 클라이언트에게 자기결정의 권리가 있다고 하더라도 도덕률에 위반해서는 허용될 수 없다.
③ 클라이언트 자기결정의 한계는 법률에서 오는 한계이다. 법률을 어겨 가면서까지 자기결정이 허용될 수는 없다.
④ 클라이언트의 자기결정은 사회기관의 기능의 범위 내에서 이루어진다. 클라이언트가 어떤 기관의 원조를 받을 경우, 그 기관의 규정에 따라야 할 것이다.

클라이언트가 자기결정을 할 수 있도록 돕는 사회복지사의 역할은 다음과 같다.

① 사회복지사는 클라이언트로 하여금 자신의 문제와 욕구를 전체적인 관점에서 관찰하고 이해할 수 있도록 돕는다.
② 사회복지사는 클라이언트에게 지역사회 내 인적 자원을 포함한 활용 가능한 자원들이 존재하고 있음을 알려 주는 역할을 한다. 만일 이용 가능한 여러 자원들 가운데에서 어느 한 가지를 선택해야 할 경우, 사회복지사는 각기 다른 선택 가능한 대안들의 특성과 중요성, 대안들 각각의 장점과 단점 등 필요한 정보를 구체적이고 상세하게 제안하여 주는 것이 필요하다.
③ 클라이언트가 자신의 잠재적인 자원을 적극적으로 개발하고 활용할 수 있도록 자극을 주는 것이다.
④ 클라이언트가 자기 문제를 스스로 해결하도록 하며 인격적 성장을 할 수 있는 분위기를 만들어 준다.
⑤ 정보나 조언을 줄 수는 있지만 최종 결정은 클라이언트가 하도록 한다.

클라이언트의 자기결정을 위해 사회복지사가 피해야 할 사항은 다음과 같다.

① 사회복지사가 문제해결을 위한 중요한 책임을 지고 클라이언트에게는 부차적인 역할만 하도록 해서는 안 된다.
② 클라이언트가 요구하는 서비스는 도외시하고 클라이언트의 사회적 · 정서적 생활의 세세한 부분까지 관여하려는 태도를 지녀서는 안 된다.
③ 직접 · 간접으로 조종하거나 강제적으로 설득해서는 안 된다.

7) 비밀보장

비밀보장confidentiality의 원칙은 클라이언트가 전문적 관계에서 노출한 정보를 사회복지사가 전문적 치료 목적 외에 타인에게 알려서는 안 된다는 원칙으로서 사회복지실천의 가장 기본원칙이며, 사회복지사의 윤리적 의무이다. 비밀보장이 잘 지켜질 경우, 클라이언트는 원조 관계 과정에 대해 신뢰감을 갖게 되어 적극적으로 참여하게 된다. 그리고 클라이언트가 방어기제를 사용하여 자신을 왜곡하는 현상을 줄일 수 있으며, 사회복지사와 클라이언트 간 상호작용이 촉진된다. 클라이언트의 비밀은 종종 그 기관 내에서나 다른 기관의 전문 직원과 공유하게 되는데 이 경우도 역시 모든 직원은 비밀을 보장할 의무가 있다.

사회복지실천과정에서 알게 되는 클라이언트의 비밀은 대부분 굉장히 엄청나게 비밀스러운 내용들이 아니며, 일반적으로 흔히 있을 수 있는 작은 생활 사건들인 경우가 많다. 그럼에도 불구하고 사회복지실천관계에서는 소중히 다루어야 할 비밀정보들이다.

비밀정보의 종류에는 자연적인 비밀, 약속에 의한 비밀, 신뢰에 의한 비밀이 있다.

첫째, 자연적인 비밀이란, 만일 비밀이 타인에게 알려지면 클라이언트의 명예와 신용을 손상시키거나 상처를 주거나 혹은 클라이언트가 부당하게 슬픔을 당하게 되는 정보들이다. 자연적인 비밀은 친척이나 친구, 낯선 사람 때로는 전문적인 사람으로부터 알게 되는 경우가 많다. 예를 들면, 클라이언트의 전과 사실, 알코올중독, 동성애에 의한 후천성면역결핍증 감염 등에 관한 정보들이다. 사회복지사는 물론 사회복지실천과 관련된 사람들 모두가 클라이언트에 관한 정보에 대해서 비밀보장을 유지하도록 힘써야 한다.

둘째, 약속에 의한 비밀이란, 비밀정보를 안 후 그 비밀은 다른 사람에게 알려지지 않을 것을 확인하고 약속을 하는 일종의 계약이다. 예를 들면, 알코올중독 치료 중인 클라이언트의 경우, 그 사실이 클라이언트의 직장에 알려지게 되면 직장 내에서 불이익을 당할지도 모른다. 이러한 경우에는 사회복지사와 클라이언트 간에 이러한 비밀이 절대로 직장에 알려지지 않도록 할 것에 대한 약속을 하게 된다.

셋째, 신뢰에 의한 비밀이란, 그 비밀이 절대로 다른 사람에게 알려지지 않을 것임을 사전에 언어적 혹은 비언어적인 의사교환을 통해 클라이언트에게 전달하고 이해하도록 함으로써 전적으로 비밀보장에 대해 신뢰하게 하는 것이다. 신뢰에 의한 비밀은 비밀을 들은 사람이 비밀을 지키도록 클라이언트와 사회복지사 간에 맺은 계약적 합의에 의한 것 이상의 비밀보장의 의무와 책임을 동반하는 것을 의미한다. 예를 들면, 클라이언트의 범법사실, 마약중독 경험, 부정적인 방법으로 병역을 기피한 사실 등 클라이언트의 비밀이 타인에게 알려지는 경우 클라이언트의 도덕성에 치명적인 영향을 미칠 수 있는 경우, 이런 비밀을 지키는 것은 사회복지사와 클라이언트 간에 신뢰에 의해 이루어진다.

사회복지실천과정에서 클라이언트는 자신이 원하는 도움이나 원조의 필요성 때문에 자신의 사적인 정보까지도 사회복지사에게 털어 놓게 되는데 대부분의 클라이언트는 자신의 정보가 자신의 담당 사회복지사 이외에 다른 사람에게까지 알려질 것이라 생각하지 않는다. 그리고 클라이언트는 사회복지사로부터 도움을 받는 대신에 자신의 비밀이 교환되는 것을 원치 않을 것이다. 따라서 이와 같은 이유로 인하여 사회복지실천에서는 적어도 개별 클라이언트의 정보는 비밀로서 보장될 것이라는 약속이 반드시 지켜져야 한다(엄명용 외, 2007).

그러나 비밀보장의 원칙은 절대적인 것이 아니고 예외적인 상황이 있다. 즉, 다음과 같은 상황에서는 비밀보장에 한계가 있다.

① 클라이언트 자신의 내적 갈등

클라이언트의 비밀보장의 권리와 다른 권리 및 의무와의 모순·충돌이다. 즉, 클라이언트가 그의 비밀을 보존함으로써 그의 다른 권리와 의무를 실현할 수 없는 경우에 갈등이 생긴다.

② 타인의 권리와의 충돌

클라이언트의 비밀을 지킴으로써 타인의 권리를 침해하게 될 때, 그의 비밀을 지킬 것인지 아니면 비밀 보장을 포기하고 다른 사람의 권리를 보호할 것인지에 대한 갈등을 초래하게 된다. 이때는 양쪽의 권리를 비교하여 중요한 권리를 택해야 한다.

③ 사회복지사의 권리와의 충돌

클라이언트의 비밀을 보호하려면 사회복지사 자신의 권리가 박탈될 경우가 생길 수 있다. 이러한 경우에도 양쪽 권리를 비교하여 중대한 편을 선택해야 한다.

④ 사회기관의 권리와의 충돌

클라이언트의 비밀을 지킴으로써 기관은 그 자체의 목적과 권리 및 의무에 반대되는 행동을 하도록 강요될 경우 비밀을 보장하는 것과 기관의 권리 행사 간에 갈등이 생기게 된다.

⑤ 사회의 권리와의 충돌

사익과 공익, 개인의 권리와 공공복지 간에 충돌이 있을 수 있다. 클라이언트의 비밀을 지키는 것이 사회 전체에 좋지 못한 영향을 미치게 될 경우 개인의 비밀을 지키는 데 갈등이 따른다.

이상과 같이 클라이언트의 비밀을 보장하려고 할 때 초래되는 갈등의 해결은 다른 권리가 얼마나 중요한가에 달려 있다. 즉, 클라이언트의 비밀을 보장받을 권리는, 비밀을 지킴으로써 앞에서 말한 다른 다섯 가지의 권리가 침해된다는 증거가 명백해질 때까지 우선되어야 한다.

4 원조관계 확립의 장애

사회복지사와 클라이언트의 관계를 건설적으로 확립해 나가야 하지만 이러한 관계 확립에는 장애요인들이 있다. 인종, 성별, 연령, 권위의 쟁점, 자기 민족 중심주의, 전이와 역전이 현상 등은 관계에 영향을 미치는 요소들로서, 치료적 관계의 확립에 방해가 되어 사회복지사와 클라이언트 간의 거리감 및 갈등을 자아낼 수 있다. 원조관계에서 잠재적 및 실제적인 장애를 처리함에 있어 사회복지사는 장벽의 존재를 의식해야 하며 이 장벽을 건설적인 방법으로 처리하도록 시도해야 한다. 이를 위해서는 사회복지사의 자기인식 self-awareness 이 중요하다(Biestek, 1957).

헵워스와 라슨(1993) 그리고 헵워스 등(2006)은 사회복지실천에서 사회복지사가 관계를 확립하는 것 못지않게 유지하는 면에서도 기술적이 될 것을 강조하면서, 관계형성에 방해가 될 수 있는 사안들을 다음과 같이 열거하고 있다. 즉, 지금-여기 반응, 지나친 관여나 부족한 관여, 클라이언트와의 관계에서 사회복지사의 병리적 혹은 부적절한 태도, 인종적, 문화적 차이와 장애, 신뢰확립에서의 어려움, 전이반응, 역전이 반응, 실천가의 현실적인 반응, 클라이언트에 대한 성적 이끌림 등이다. 이들 가운데 지금-여기 반응, 전이반응, 역전이 반응을 구체적으로 설명하면 다음과 같다(김기태 외, 2008).

1) 지금-여기 반응 here-and-now reactions

클라이언트들은 원조관계상의 일시적 불화를 야기하는 정서적 반응들을 종종 경험하며, 사회복지사가 이에 기술적으로 대응하지 못할 경우, 이러한 반응들은 원조과정에서의 주요 장애로 발전된다. 다음은 전형적으로 클라이언트의 부정적 감정들을 야기하는 실천가들의 행동의 예들이다.

① 클라이언트가 가지는 중요한 감정들을 알아채는 데 실패함
② 클라이언트가 비판이나 격하 등으로 해석할 여지가 있는 메시지의 표출
③ 클라이언트에게 무심함
④ 클라이언트가 성취한 상당한 정도의 성장을 인정하는 데 실패함
⑤ 시기 혹은 내용 면에서 부적절한 직면기술의 사용
⑥ 이전에 이미 클라이언트가 밝힌 중요 정보에 대한 기억을 하지 못함
⑦ 약속 시간에 늦거나 약속의 취소
⑧ 성토 혹은 과도한 충고를 함
⑨ 졸음 혹은 조바심을 보임
⑩ 클라이언트가 계획한 일련의 행위를 용인하지 않음

⑪ 클라이언트와 대립되는 쪽의 편을 드는 것 같은 인상을 줌

⑫ 논의를 장악하거나 클라이언트의 말을 자주 중단시킴

⑬ 클라이언트가 생각하기에 해낼 수 없을 충고 혹은 과제를 줌

이상의 경우들은 사회복지사의 실수로 인한 경우도 있고, 어떤 때는 클라이언트의 오해로 빚어지는 경우도 있다. 이 모든 경우, 클라이언트가 느끼고 생각한 것을 인식하고 이에 대한 논의를 함으로써, 부정적 반응들이 더 이상 악화되지 않도록 함이 중요하다. 그런데 클라이언트가 자신의 부정적 반응들에 대해 이야기를 먼저 꺼내는 경우는 그리 흔하지 않다. 그러므로 클라이언트의 비언어적 표현들에 사회복지사는 민감해야 하며, 클라이언트의 생각이나 감정들이 혹시 현실적이지 않더라도 이에 관심을 기울이며 수용하는 자세가 필요하다. 이것은 바로 관계상의 위협을 줄이는 방안이 된다.

2) 전이반응

전이반응transference reactions은 클라이언트가 이전 경험을 토대로 현재 경험을 과도하게 일반화해서 왜곡된 인식을 갖게 하며, 이는 대인관계상의 어려움을 자아낸다. 이러한 전이반응은 관계상의 장애가 됨과 동시에, 치료적 관계에서 성장을 위한 하나의 기회를 나타내기도 한다. 즉, 치료관계는 클라이언트의 대인관계적 행동 및 정서 유형이 나타나는 일종의 사회축소판이라고 할 수 있기 때문에, 이러한 전후관계에서 클라이언트가 재창조하는 '지금 - 여기 반응'은 실제 다른 관계에서 발생하는 형태와 대동소이한 것으로 간주될 수 있다. 다음은 전이반응을 다룰 때 필요한 지침들이다.

① 클라이언트의 반응이 전혀 비현실적인 것이 아니라 사회복지사 자신의 행동에 의해서도 양산될 수 있다는 가능성을 배제하지 않는다.

② 과거에 중요한 타인이 자신에게 했던 식의 반치료적 방식으로 사회복지사가 응해 주기를 클라이언트가 기대할 때, 사회복지사는 다른 방식으로 대응함으로써 그러한 기대감이 부적절함을 보여 주는 것이 중요하다.

③ 클라이언트로 하여금 그러한 감정들이 언제 어떠한 방식으로 나타나는지를 탐색하게 함으로써 왜곡된 인식의 원천을 즉시 규정하도록 돕는다.

④ 클라이언트가 감정의 비현실성 및 왜곡을 인식한 후, 사회복지사의 실질적 감정들을 공유함이 도움이 된다. 이러한 것은 과거에 상처받고, 거부당했다고 느낀 클라이언트들에게 재보증의 한 근원이 된다.

⑤ 사회복지사는 문제의 소지가 있는 감정들을 검토한 뒤, 클라이언트들이 다른 관계에서도 이와 유사한 반응들을 경험한 적이 있는지를 알아보도록 돕는다. 이는 클라이언트들이 다른 관계들에서도 어려움을 야기했던 왜곡의 양상을 식별하도록 한다.

3) 역전이 반응

사회복지사 또한 효과적으로 인식 및 대처하지 못할 경우 원조관계에 해를 미칠 수 있는 관계상의 부정적 반응을 경험하기도 한다. 클라이언트의 경우와 마찬가지로, 이러한 감정은 현실적 혹은 비현실적일 수 있다. 후자에 속하는 것이 역전이 반응 countertransference reactions 이다. 클라이언트 혹은 클라이언트의 반응에 대한 사회복지사 자신의 비현실적 감정이 인식되고 난 즉시 적절한 교정적 수단이 강구되어야 한다. 그렇지 않을 경우, 역전이 반응은 사회복지사의 잠재적 유용성을 제한할 것이며, 클라이언트의 역기능에 일조를 할 수도 있다. 또한 원조관계의 효과성에 손상을 미치기도 한다. 대개 역전이를 해결하는 첫 단계는 자기성찰을 시도이다. 이는 감정, 반응, 인지 및 행동 등의 근원에 대해 자기 자신과의 분석적 대화를 시도하는 것이다. 다음은 자기성찰을 위한 몇 가지의 핵심적 질문의 예들이다.

- 나는 이 클라이언트와는 왜 불편할까? 내가 좀 더 자유롭게 그와 관계를 하지 못하는 데는 내 속의 그 무엇 때문일까?
- 내가 그와 같은 반응을 할 때 내가 느끼는 것은 무엇인가? 나는 클라이언트의 욕구에 부응하는가? 아니면 나 자신의 욕구에 부응하는가?
- 나의 행위나 메시지는 클라이언트의 이익을 위한 것인가?
- 나는 왜 이 클라이언트가 싫은가? 이러한 나의 감정은 합리적인 것인가? 혹은 그 클라이언트가 나로 하여금 과거의 어느 누구를 연상시키기 때문인가?
- 이 클라이언트의 특정 문제에 부딪히기가 싫은 것은 내 속에 무슨 일이 일어나고 있기 때문인가? 나는 클라이언트 측의 부정적인 반응을 두려워하고 있는가?
- 어떤 목적에서 나는 이 클라이언트와 언쟁을 하고 있는가? 내가 방어적 혹은 위협받고 있다고 느꼈는가?
- 왜 나는 그토록 말을 많이 하고 충고를 많이 했는가? 내가 클라이언트에게 뭔가를 주어야 할 필요를 가졌는가?
- 이 클라이언트에 대해 환상을 가지고 있는 내 속에서는 무슨 일이 벌어지고 있나?

자기성찰은 사회복지사들이 클라이언트와의 관계에서 현실적 관점을 갖도록 해 준다. 만약 자기성찰이 문제성 반응을 해결하는 데 실패했다면, 이 상황을 동료 혹은 다른 전문가와 논의해 보면서 새로운 생각을 가져 봄이 유용할 것이다.

관계는 원조 혹은 행동체계의 최종 목적이 아니다. 오히려 이것은 행동체계를 접합시키는 아교의 역할을 하며, 행동체계가 잘 기능하도록 함에 필요한 필수요인이라고 할 수 있다(Johnson & Yanca, 2001).

사회복지실천에서 관계의 궁극적 목적은 클라이언트의 욕구를 충족시키거나 혹은 문제를 해결하는 데 필요한 과업들의 성취라고 할 수 있다.

Chapter 08

사회복지실천의 면접

1. 사회복지실천 면접의 이해
2. 면접의 기술
3. 면접의 기록

Chapter

08 사회복지실천의 면접

1 사회복지실천 면접의 이해

사회복지실천의 구체적 방법은 면접이다. 면접은 사회복지사가 클라이언트의 욕구를 이해하고 개입방법을 의논하고 실행과정을 모니터하며 기술을 전달하는 수단이다. 면접을 잘하려면 의사소통에 대한 지식과 관찰, 경청, 질문, 해석과 같은 면접기술을 갖추어야 한다.

1) 면접의 개념과 목적

사회복지면접은 면접자와 피면접자 두 사람 사이의 대화로 이루어진다는 점에서는 다른 면접과 큰 차이가 없지만 특별한 목적을 가지고 인간의 행동과 반응에 대한 전문적 지식과 정교한 인간관계술을 갖춘 사회복지사에 의해 전문적 · 의도적으로 이루어지는 대화라는 점이 큰 특징이라 할 수 있다.

칸과 커넬(Khan & Connell, 1957; 장인협, 1989 재인용)은 사회복지면접의 특징으로 네 가지를 들고 있다. 첫째, 전후관계 context 나 장 setting 이 있는 점이다. 이는 면접이 이루어지는 특정한 기관과 상황적 특성을 말하는 것으로 특정 클라이언트에게 규정된 기관(세팅, 장)에서 면접이 이루진다는 것이다. 또한 클라이언트의 욕구와 문제해결에 초점을 두기 때문에 면접의 내용은 특정 상황(맥락)에 한정되어 있고 여기서 벗어나는 요인들은 면접의 내용에서 제거된다. 그렇기 때문에 클라이언트와의 면접이 의사소통에 기반을 두고 있다고는 하지만 우리는 면접을 마트나 공사장과 같은 곳에서 하지는 않으며 면접에서 많은 정보를 얻는 것도 중요하지만 맥락 없이 잡다한 농담을 주고받지는 않는다. 둘째, 면접은 목적 지향적인 특성을 갖는다. 즉, 사회복지실천에서 면접은 뚜렷한 방향과 목적지향적인 활동으로 의사소통은 개입목적에 관련된 내용들로 제한된다. 셋째, 면접은 한정적이며 계약적이다. 사회복지사와 클라이언트는 목적 달성을 위해 함께 활동하며, 상호 합의된 약속시간과 스케줄 안에서 면접을 하게 된다. 이는 구두 혹은 서면으로 남기게 되는데 이를 계약 contract 이라고 한다. 넷째, 특수한 역할관계를 수반한다는 점 등을 들고 있다. 면접에서 사회복지사와 클라이언트가 면접자와 피면접자로서, 서로 다른 역할을 수행한다는 점을 나타내는 것이다.

그 외 사회복지실천에서 면접은 매우 공식적인 활동으로 개인적이거나 사적인 차원에서 이루어지는 것이 아니라 공식적이며 의도적인 활동이라는 특징이 있다.

사회복지실천에서 면접의 목적은 사회복지실천의 기능에 따라 결정된다. 사회복지면접의 목적은 전문적 지식과 가치를 바탕으로 클라이언트와 그 상황을 충분히 이해함으로써 그 문제를 효과적으로 해결하는 데 있다(Garrett, 1972). 또한 브라운(Brown, 1992)은 면담의 목적을 자료의 수집, 치료관계의 확립과 유지, 클라이언트에게 정보제공, 원조과정에서 장애를 파악하고 제거하는 것, 목표달성을 위한 활동을 파악하고 이행하는 것, 원조과정을 촉진하는 것 등을 제시하고 있다.

또한 헵워스와 라슨(1993)은 면접의 궁극적 목적을 삶의 질적인 향상과 성장을 목적으로, 문제를 해결하고 이에 필요한 전략이나 행동을 모색하기 위해 정보를 주고받는 것이라고 하였다. 사회복지면접은 대개 문제상황에 처한 클라이언트의 정보를 수집하고 도움을 제공하는 것이 목적이다.

한 사례에 대한 사회복지면접(예를 들어, 총 12회)에는 궁극적인 목적이 있고, 각 회기의 단위면접(예를 들어, 첫 번째 면접과 두 번째 또는 세 번째 면접)마다 구별되는 목적이 있게 된다. 초기에는 무엇보다도 서로 신뢰관계를 성립하는 일이 가장 큰 목적일 것이고, 조사 · 사정 단계에서의 면접은 더 많은 유용한 정보를 얻어 내는 것이 일차적인 목적이 될 수 있으며, 개입실행 단계에서는 면접을 통한 문제해결과 억눌린 감정의 환기를 통한 치료적 효과가 목적이 될 수 있다. 그러므로 사회복지사는 면접진행과정에서의 궁극적인 목적과 함께 매 회기마다의 세부적인 면접목표를 정해야 한다.

면접의 목적과 관련해서 사회복지사가 주의를 기울여야 할 점은 도우려는 마음만으로는 부족하다는 것이다. 문제 상황에 대한 충분한 이해 없이 개입하려고 하면 효과적으로 문제를 해결할 수 없는 것은 물론 클라이언트의 실망과 분노를 초래하게 된다. 면접자는 서두르지 말고 클라이언트의 욕구와 상황 그리고 클라이언트 개인에 대한 정보를 수집하는 작업을 우선해야 한다. 또 자기 기관의 특수한 기능과 활동의 범위를 명확히 인식하고 이 범위 내에서 일하되, 클라이언트의 욕구가 소속기관의 서비스 범위를 넘어설 때에는 다른 적합한 기관에 의뢰하는 것이 효과적이다.

2) 효과적인 면접을 위한 구조적 요인

전문적 면접에는 면접이 이루어지는 장소, 면접 시간, 면접 기록과 같은 구조적 요인들이 필요하다. 정신과 의사가 환자를 면담할 때, 변호사가 의뢰인을 면담할 때, 상담

교사가 학생을 면담할 때 아무 데서나 하지는 않는다. 시간적 한계도 분명하고 면담의 내용은 어떤 형식으로든 자료로서 기록된다. 사회복지면접도 마찬가지다. 아무리 면접 목적이 분명하고 면접자가 숙련된 기술을 갖추고 있다 하더라도 복잡한 사무실이나 길거리에서는 효과적인 면접이 이루어질 수는 없다. 사회복지면접은 시간과 공간이라는 물리적 환경, 보존을 위한 기록, 비밀보장과 같은 구체적 요건을 필요로 한다.

(1) 장소

면접장소는 성공적인 면접이 이루어지는 데 가장 큰 영향을 미치는 요소라 해도 과언이 아닐 것이다. 사회복지현장에서 면접을 요하는 모든 클라이언트는 자신의 이야기가 사회복지사에게 잘 전달되기를 원하며 전문가인 사회복지사 역시 클라이언트의 면접 내용을 성실히 파악하고 싶은 강한 욕구가 있다. 이를 위해서는 대화에 집중이 될 수 있는 조용한 공간과 클라이언트의 사적인 내용이 잘 보장받을 수 있는 독립된 장소 혹은 파티션 등으로 기관의 다른 업무공간들과 분리되어 서로가 집중할 수 있는 분위를 조성해야 한다.

사회복지사를 만나러 온 클라이언트는 유쾌한 감정과 긍정적인 심상을 가지고 오는 경우보다는 부정적이거나 수동적인 자세를 취하는 경우가 더욱 많다. 이런 경우 기관과 사회복지사는 클라이언트의 이런 무드를 이해하고 면접이 이루어지는 장소가 최대한 클라이언트에게 포용적이며 안락하고 마음의 여유를 느낄 수 있게 구성하는 것이 좋다. 면접 공간의 크기에도 관심을 기울여야 하는데 지나치게 큰 공간에 사회복지사와 클라이언트 단둘이 앉아 있게 되면 불안감이 들게 되며 너무 협소한 공간에서 면접이 이루어진다면 협소한 나머지 사회복지사의 일거수일투족에 클라이언트는 크게 마음이 쓰여 자신의 이야기에 몰입하기 쉽지 않다. 또한 공간의 가구배치, 벽지의 색깔, 조명 등도 클라이언트의 긴장된 정서를 완화시킬 수 있는 요소들이기 때문에 공간의 크기와 함께 깊이 고려해야 할 요소이다.

면접장소로서의 클라이언트의 가정은 클라이언트와 그의 상황에 관한 진단적 이해를 하는 데 도움을 준다. 가정은 클라이언트가 일상생활을 영위하는 장소이므로 실제상의 생활과 가족 상호작용을 관찰할 수 있다. 가정방문은 사회복지사가 참여자로서 클라이언트의 실생활에 실제로 파고 들어가는 기회가 된다.

또한 병원이나 시설, 기타 장소에서도 면접을 할 수가 있다. 이와 같은 생활공간 면접은 이들 사건이 일어나는 장소이므로 생활사건에 관한 임상적 탐구를 할 수 있다. 이런 방문들이 클라이언트들에게 그들의 명예를 손상시키는 것이 되거나 수치스러운 일이라고 느끼게 되면 사회복지사를 만나는 것을 주저할 것이고, 불안해할 수 있다는 점을 사회복지사는 반드시 기억해야 한다(Kadushin, 1990).

(2) 시간

면접할 날짜와 시간은 미리 사전에 클라이언트와 약속해 두는 것이다. 이러한 시간 약속의 장점은 면접 중 방해를 받을 염려가 없어 시간을 유효하게 사용할 수 있으며 클라이언트나 워커가 서로 주어진 시간에 자기들의 목적하는 바를 이루려고 하는 적극적인 공동참여와 노력을 집중시킬 수 있다. 특히 이때 유의할 것은 전문가의 일정에만 의한 예약이어서는 안 되며 클라이언트와의 충분한 토의를 거쳐 이루어져야 한다는 것이다(장인협, 1989).

면접을 하기 위해 클라이언트가 많이 기다려야 한다면 클라이언트는 자기가 무시당하고 있다고 생각하기 쉽다. 면접은 약속에 의해 시간이 정해지고, 그 시간은 예기치 못한 급한 사정이 없는 한 반드시 지켜져야 할 것이다. 사회복지사와 클라이언트가 사전에 면접 일정을 잡고, 사회복지사가 하루 전에 이를 확인하는 절차는 번거롭게 느껴질 수 있으나 클라이언트로서는 자기와 자기 시간이 존중받는다고 느껴 보다 우호적으로 반응하게 되고, 똑같이 사회복지사의 시간을 존중하려 할 것이다. 또 면접 중에 사회복지사는 가능하면 전화나 다른 사람과의 접촉을 피하고 온전히 클라이언트에게 몰두해 주는 것이 좋다.

면접시간은 얼마나 되어야 좋을까? 물론 면접의 목적에 따라 다르기 때문에 최적의 시간을 제시하기는 어렵다. 정신과적 면접은 빈도도 잦고 시간도 길지만 주민자치센터에서 국민기초생활보장수급자의 자격을 확인하는 면접은 상대적으로 짧은 시간에 이루어진다. 사회복지면접도 상황과 목적에 따라 다양하지만 일반적으로 1회 면접에 40~50분이 보통이다. 물론 이런 원칙도 클라이언트의 주의집중능력, 의사소통능력에 따라 조정되어야 한다. 시간제한을 두는 것은 클라이언트로 하여금 자기가 하고 싶은 이야기를 사전에 한 번쯤 생각하고 정리하도록 동기를 부여할 수 있다.

(3) 기록도구

사회복지면접은 실천을 위한 정보수집의 도구이며 때로는 그 자체가 치료적 효과를 갖기도 한다. 따라서 면접에서 진행된 내용을 기록으로 남기는 것은 정보수집, 개입방법의 점검과 확인, 면접과정을 이용한 교육 등 다양한 목적을 위해 매우 중요하다. 과정 전체나 중요 사항을 메모하기도 하고, 경우에 따라서는 면접 자체에 더 열중하기 위해 녹음기를 사용하거나 비디오로 녹화를 하기도 한다. 물론 이런 경우 클라이언트의 동의를 얻는 것이 필요하다.

(4) 클라이언트 정보에 대한 면접자의 비밀유지

끝으로 사회복지면접에서 사회복지사가 반드시 지켜야 하고 클라이언트에게도 확인시켜 주어야 하는 것은 비밀보장의 책임이다. 의사와 환자, 변호사와 의뢰인, 사제와 신도 사이에서처럼 사회복지사와 클라이언트 사이에서 오간 내용과 정보는 클라이언트의 동의 없이는 제3자에게 누설되지 않을 것이라는 점을 분명히 해 두어야 한다. 이는 클라이언트가 자기와 관련된 정보가 외부에 노출되거나 최소한 악용되지는 않을 것이라는 점을 확신해야 자기의 속마음을 솔직히 밝힐 것이기 때문이다. 사회복지실천에서 비밀보장의 책임은 담당 사회복지사에게 한정되는 것이 아니라 기관에 속한 모든 사회복지사에게 확대·적용된다. 비밀보장은 대부분의 전문직에서 강조하는 직업윤리이기도 한다.

3) 목적에 따른 사회복지실천의 면접

재스트로(1995)는 사회복지면접의 종류를 그 목적에 따라 정보수집 면접, 사정 면접, 치료적 면접이라는 세 형태로 나누었다.

(1) 정보수집 면접

정보수집을 목적으로 하는 면접을 일반적으로 사회조사social study라 하기도 한다. 여기서는 클라이언트의 개인적, 사회적 문제와 관련된 인구사회학적 배경과 개인성장 발달사에 관한 정보를 수집한다. 이렇게 정보를 수집하는 이유는 클라이언트에 관한 모든 것을 하나도 빠짐없이 알기 위해서가 아니라 클라이언트 배경을 앎으로써 문제를 좀 더 잘 이해하기 위해서이다(양옥경 외, 1993).

정보를 얻기 위한 면접에서는 클라이언트에 관한 객관적 사실과 그의 주관적 감정 그리고 태도를 파악해야 한다. 또한 클라이언트 외에 부모, 친구, 친척, 고용인, 이전에 클라이언트가 이용한 기관과의 접촉이나 면접이 필요하다.

면접상황에 포함되는 내용은 다음과 같다(Zastrow, 1995).

① 일반적 사항

나이, 성별, 학력, 결혼상태, 주소 등

② 현재의 문제

현재 문제상황, 과거력(과거에 유사한 문제가 있었는지, 치료형태, 치료기관 등)

③ 가족력

클라이언트의 가족과의 관계, 부모형제관계, 핵가족 중심의 부부관계, 자녀관계 등

④ 개인력

아동기의 성장과정, 발달단계상의 문제, 학교생활, 교우관계, 직장생활, 결혼생활 등

⑤ 사회적 · 직업적 기능

클라이언트가 가지고 있는 사회적 · 직업적 기능 정도 등

(2) 사정을 위한 면접

사정은 자료를 해석하고 의미를 부여하여 실천방향을 결정하는 일이므로, 사정을 위한 면접은 구체적인 서비스에 대한 의사결정을 하기 위한 면접이다. 따라서 사정을 위한 면접은 정보를 수집하기 위한 면접보다 더 목적 지향적으로 필요한 결정을 내리는 데 도움이 될만한 정보를 얻는 것이다.

예를 들어, 아동복지기관에 소속한 사회복지사는 위탁보호 신청자나 입양신청자와 함께 기관이 그에게 아동을 위탁해도 좋은지 그렇지 않은지를 결정하기 위해 사정을 위한 면접을 하며, 가정폭력이 있는 가정의 경우 어떤 가족에게 어떤 치료를 하고 어떤

서비스를 줄 것인지를 결정하기 위해 사정 면접을 한다.

(3) 치료를 위한 면접

치료를 위한 면접의 목적은 클라이언트를 변화시키거나 클라이언트의 사회적 환경을 효과적으로 변화시키기 위한 것이다. 이때 클라이언트를 효과적으로 변화시키기 위한 방법에는 클라이언트의 자신감과 자기 효율성을 강화시키고, 클라이언트에게 필요한 기술을 훈련시키며, 그리고 클라이언트의 문제해결 능력을 향상시키는 것 등이 있을 것이다.

클라이언트의 사회적 환경을 효과적으로 변화시키기 위해서는 클라이언트에게 미치는 사회적 압력을 개선하거나 감소하도록 해야 한다. 이때 환경변화를 목적으로 하는 면접은 클라이언트와 관련이 있는 중요한 사람들 혹은 클라이언트의 권리와 이익을 옹호하고 대변하기 위해 사회복지기관, 지역사회나 공공기관, 또는 관련 공무원 등이 면접의 대상이 될 수 있다.

4) 면접의 유형

면접을 진행하는 방식은 크게 구조화된 면접방식, 반구조화된 면접방식, 비구조화된 면접방식으로 나뉜다.

(1) 구조화된 면접

조사대상의 수가 많은 경우 사전에 구조화된 조사표, 대개는 질문지를 가지고 면접조사를 실시하게 된다. 많은 응답자가 똑같은 질문을 받게 된다는 뜻에서 표준화 면접이라 하며, 사전에 준비한 똑같은 순서나 동일한 내용으로 질문하므로 구조화 면접이라고도 한다. 구조화된 면접은 면접 시 행해지는 질문이나 내용이 매우 구체적으로 짜여 있으며, 이 흐름에 따라 알아보고자 이미 작성된 내용들에 관해 구조화된 질문을 하게 된다. 구조화된 면접이 적절한 경우는 수집한 자료를 비교하는 것이 중요할 때, 한 명 이상의 면접자가 면접을 수행할 때, 면접자의 면접 경험이 부족할 때 사용된다.

구조화된 면접의 단점으로는 논리적인 반응을 하게 되는 경향이 있어 정서적인 내용이 거의 없으며, 피면접자에 따라 특정한 질문이 해당되지 않거나 부적절할 수 있어 면접시간을 낭비할 수 있다는 한계가 있다.

(2) 반구조화된 면접

반구조화된 면접은 표준화와 비표준화의 중간형태로서 개략적인 조사표를 가지고 융통성 있게 면접내용을 조정하는 경우를 말하며 반표준화 면접 또는 준구조화 면접이라고도 한다. 지침이 있는 면접으로 미리 결정된 질문이나 주요 단어가 있으나 구조화된 면접과는 달리 특정 관점에서 질문할 수 있고, 피면접자의 반응에 따라 적절한 시점에서 개방형 방식으로 질문할 수 있다. 비구조화된 면접이나 구조화된 면접 양자의 장점을 취하는 특징이 있다.

(3) 비구조화된 면접

만약 조사하고자 하는 대상이나 사례가 특수하여 미리 구조화된 조사표를 작성하기 어려운 경우가 있다면, 숙련된 조사원은 최소한의 방향만 제시하는 지침을 가지고 면접 당사자 간의 상황에 따라 말이나 문답의 순서에 구애 없이 자유로운 상태에서 면접이 진행된다. 이러한 면접을 비표준화 면접 또는 비구조화 면접이라고 한다. 비구조화된 면접은 면접 시 질문이나 알아보고자 하는 내용이 미리 짜여 있다기보다는 말 그대로 구조화되지 않은 채 면접의 목적에 따라 개방적으로 진행되는 면접형식으로 피면접자의 세계에 대해 심층적이며 자세한 묘사와 이해를 얻고자 할 때 사용한다.

2 면접의 기술

앞에서 면접이란 대화의 방식을 사용한 두 사람 간의 의사소통이며, 의사소통을 잘하기 위해서는 언어적 · 비언어적 의사소통 기법들을 숙지할 필요가 있음을 지적했다. 그러나 의사소통 기법들에 능숙하다고 해서 노련하고 효과적인 면접을 할 수 있는 것은 아니다. 면접을 잘하려면 인간의 상호교류에 대한 분석과 이해도 필요하지만 궁극적으로는 클라이언트를 이해하고 그를 도우려는 진정한 마음을 전달하는 것이 무엇보다 중요하다고 하겠다.

클라이언트를 이해하고 돕기 위해 면접자는 우선 자신의 잣대를 버려야 한다. 사람은 누구나 지금의 위치에 이르기까지 자기만의 독특한 사회화 경험을 갖고 있고, 인간과 세상을 이해하는 자기 나름의 준거 틀을 가지고 있다. 그래서 사회복지사는 때로 자신의 개인적 · 전문적 준거 틀에 맞추어 클라이언트의 행동과 경험의 의미를 파악하기 쉽다. 앤더슨과 굴리쉬안(Anderson & Goolishian, 1992)은 클라이언트를 이해하기 위해서는 자기의 준거 틀을 버리고 클라이언트의 견해와 인식을 통해 알고자 하는 태도를 가져야 한다고 하였다. 즉, 사회복지사의 눈으로 보는 선입견적인 견해와 예상을 버리고 항상 클라이언트로부터 설명을 듣고자 하는 자세를 취해야 한다는 것이다.

사회복지실천의 주요한 도구인 면접에서는 사회복지실천의 다양한 면접기술이 활용된다. 클라이언트와 면접할 때 주로 활용되어지는 면접기술로는 관찰, 경청, 질문하기와 답하기, 그리고 요약하기, 반영하기, 직면하기, 해석, 명료화, 초점화 등을 들 수 있다.

1) 관찰

클라이언트는 몸짓이나 표정과 같이 비언어적인 방법으로 정보나 감정을 전달하기도 한다. 또 언어를 통한 의사소통에서도 주제를 바꾸거나 불일치하는 내용을 전달하기도 한다. 유능한 사회복지사는 클라이언트의 잦은 헛기침이나 눈을 맞추지 않는 등의 몸짓을 통해 정보의 부정확성을 눈치챌 수 있고, 잦은 화제 변경에서 민감한 주제에 대한 신호를 알아차릴 수도 있다. 따라서 관찰기술은 경청과 더불어 사회복지면접의 매우 중요한 기술이다. 사회복지사가 관찰해야 할 내용은 클라이언트의 신체언어, 시작하는 말과 종결하는 말의 내용, 주제의 이동이나 반복 그리고 내용의 불일치 등이다.

클라이언트의 앉은 자세가 편안한지 아니면 의자 끝에 불안하게 앉아 있는지, 얼굴색은 어떠한지, 땀을 흘리는지, 음성의 고저는 어떠한지 등 신체언어는 언어적 표현에 비해 진실에 가까운 누설적 성격을 가지고 있다. 또 클라이언트가 처음 꺼내는 말과 종결하는 말은 클라이언트가 생각하는 우선순위나, 자기 자신이나 환경에 대한 생각 그리고 사회복지사에게 원하는 바를 담고 있을 가능성이 크다. 클라이언트가 특정 주제가 나올 때마다 화제를 바꾸려고 한다면 이는 그 주제가 클라이언트에게는 민감한 것으로 이야기하기 싫거나 어렵다는 의미이므로 나중에라도 그 이유를 알아볼 필요가 있다. 또 한 가지 주제를 반복적으로 제시하는 것은 매우 중요한 문제라는 뜻일 것이다. 경우에 따라 클라이언트의 진술이 일관되지 않고 앞뒤 내용이 엇갈릴 경우도 있는데 이는 클라이언트가 사실을 공개하고 싶어 하지 않는다는 것을 의미한다.

2) 경청

경청기술은 면담에서 가장 중요한 기술이다. 클라이언트가 무엇을 말하는지, 면담자의 질문에 어떻게 반응하는지를 듣는 것이다. 이때 경청은 클라이언트의 어려움에 공감하고 그에 필요한 반응을 해 가면서 적극적으로 잘 듣는 것이다. 초보 사회복지사가 하기 쉬운 실수는 클라이언트에게 도움을 주고자 하는 급한 마음에 여러 가지 충고와 제안을 하거나 클라이언트의 말이 끝나기도 전에 다른 주제로 바꾸어 질문하는 것이다. 이러한 태도는 전문적 관계형성을 방해할 뿐 아니라 클라이언트로 하여금 사회복사를 신뢰할 수 없게 한다(양옥경 외, 1993).

또한 경청이란 단순한 듣기 hearing 가 아니라 상대방의 사고와 감정을 이해하기 위한 적극적인 청취활동 active listening 으로 주의 깊고 정중한 경청은 상대를 이해하기 위한 가장 중요한 기술이다. 클라이언트는 사회복지사가 자기 말을 얼마나 성의 있게 열심히 경청하는가를 평가하면서 그 정도에 따라 마음을 열게 된다. 사회복지사는 경청을 통해 클라이언트가 가지고 있는 준거 틀을 이해할 수 있고 클라이언트에 대해 성급한 판단이나 평가를 예방하고 심도 있게 접근할 수 있다. 또한 사람들은 일단 하고 싶은 말을 잘 들어주는 사람에게 다 말하고 나면 감정적 정화를 통해 치유를 경험하기도 한다.

경청에서 주의해야 할 것은 침묵을 다루는 방법이다. 면접이 서툰 사람일수록 면접 중의 침묵을 부담스러워한다. 클라이언트가 말을 멈추고 침묵하면 자기의 면접기술이 서투르기 때문에 클라이언트가 말을 하지 않는 것으로 오해하여 말을 재촉하거나 자기 편에서 말을 서두르는 실수를 할 수도 있다. 그러나 면접에서 침묵은 몇 가지 의미가 있다. 한 가지는 클라이언트가 자기 생각을 정리하여 표현하기 위하여 침묵하는 것이고, 다른 한 가지는 말을 하는 도중 감정이 격해져서 이를 다스리기 위해 잠시 침묵하는 것이며, 경우에 따라서는 정말 할 말이 없어 침묵할 수도 있다. 각각의 경우에 따라 사회복지사의 반응이 달라야 한다는 것은 말할 필요도 없다. 이를 분별하기 위해서는 침착하고 개방적인 마음으로 클라이언트의 말을 주의 깊게 경청해야 한다.

3) 질문하기와 답하기

질문은 클라이언트의 의사소통을 격려하기 위하여 가장 많이 적용되는 기술이다. 또한 질문은 정보를 습득하고 클라이언트로 하여금 충분히 의사소통을 하도록 한다. 그리고 좋은 질문은 클라이언트로 하여금 그가 발표하는 것을 조직하도록 돕는다. 질문은 클라이언트에 대한 이해와 문제해결에 필요한 정보를 효과적으로 얻을 수 있다는 장점이 있다. 질문하기는 클라이언트를 돕고, 필요한 정보를 얻고, 어긋난 대화의 초점을 바로잡기 위해 필요한 기법으로, 너무 많은 질문은 클라이언트를 혼란스럽게 하고, 너무 적은 질문은 클라이언트로 하여금 면접에 부담을 느끼게 하므로, 사회복지사는 클라이언트의 속도에 맞추어 적절한 시점에 질문을 해야 한다. 질문의 내용과 의도는 그 순간의 클라이언트의 정서적인 면을 반영하는 것이어야 한다. 만약 클라이언트가 우울하면 그 질문은 지지적인 이해를 하는 것이어야 하고, 그가 불안해하면 안도를 시키는 것이어야 하며, 그가 적개심을 가졌으면 수용하는 것이 되어야 한다. 책망이나 비난을 하듯이 또 의심을 하는 듯이 질문을 하는 사회복지사는 클라이언트에게 공포와 의심만을 야기하며 협조를 받지 못한다(Garrett, 1972).

질문은 다음과 같이 여러 가지 유형으로 분류할 수 있다.

(1) 개방적 질문

클라이언트가 자신의 방법으로 이야기할 수 있도록 하며 좀 더 광범위한 영역에 걸쳐 논의되도록 질문을 하는 것이다. 즉, 응답자가 원하는 방식대로 응답할 여지가 있는 질문형식을 말한다. 예를 들어, "그때 당신의 기분은 참 불편하셨겠군요?"보다는 "그때 당신의 기분은 어떠했습니까?", "오늘 왜 오게 되셨나요?"보다는 "어떤 일로 오늘 여기에 오게 되었습니까?"라고 질문하는 것을 말한다. 클라이언트가 중요하다고 생각하는 것은 무엇이든 말할 수 있게 하며 다양하게 대답할 수 있는 장점이 있다.

(2) 폐쇄적 질문

폐쇄적 질문이란 클라이언트의 초점을 제한하고 확실한 사실에 대해서만 묻는 방식을 말한다. 폐쇄적 질문은 필요한 구체적 정보에 대한 질문을 하는 것이며, 응답의 선택이 한정되는 질문이다. 즉, 일반적으로 '예', '아니요' 대답만 요구한다. 예를 들어, "오늘 우리 기관에 처음 왔습니까?", "자녀가 있습니까?"라고 질문을 한다. 이 질문은 호구조사적인 내용을 얻기 위해서나 상세한 내용을 부각시키기 위해 사용하기에는 유익하나 클라이언트의 다양한 생각을 구하기엔 한계가 있다.

(3) 면접에서 피해야 할 질문

'왜'로 시작되는 질문은 듣는 이에게 비난하는 것 같은 느낌과 위협을 주는 경향이 있고, 클라이언트가 자기행동을 정당화시키려고 방어적 태도를 취하게 하기 때문에 가급적 피해야 한다.

유도형 질문은 클라이언트가 바람직한 결과를 이끌어 나가기를 바라는 마음에서 사회복지사의 감정이나 견해를 해결책의 형태로 간접적으로 나타내는 것으로 사회복지사가 클라이언트의 응답을 특정 방향으로 이끌어 나가려는 태도를 취하기 때문에 가급적 피해야 한다.

중첩형 질문은 한꺼번에 너무 많은 질문을 던지는 유형으로 이런 유형의 질문은 폭

탄형적 질문이라고도 표현되며, 이러한 질문은 질문의 초점을 흐려 클라이언트의 대답이 피상적으로 되거나 혹은 중요한 정보를 빠뜨리기 쉬워 의사소통이 비생산적이 되기도 하므로 피해야 한다.

사회복지사는 종종 클라이언트에게 사적인 질문을 받아 당황스러울 수가 있다. 대체로 사적인 질문은 다음과 같은 동기에 기인한다(Schubert, 1971).

① 단순한 호기심
② 사회복지사의 자격을 알아보려고
③ 사회복지사와 개인적인 친구관계를 만들려고
④ 사회복지사에 대한 감정의 표현
⑤ 클라이언트 자신에 대한 감정의 표현

이때 그 질문들의 숨은 의미를 파악하고 대처한다면 좋은 답을 찾을 수 있다. 어떤 질문은 사회복지사의 사적인 것이 궁금하여 묻는 것이 아니라 클라이언트 자신이 말하고 싶은 주제를 끄집어내기 위한 클라이언트의 방법이기도 하다. 대부분의 경우 사적인 질문에 대한 대답은 솔직하고 정직하게 해야 하며 단순한 것이 좋다. 그리고 이 대답을 통해 클라이언트의 주의를 클라이언트 자신에게로 돌리도록 해야 한다(Garrett, 1972). 간혹 사적인 질문에 사회복지사가 당황하여 클라이언트가 알고 싶은 것 이상으로 이야기해 주게 되는 위험성이 있으므로 주의를 기울일 필요가 있다(김기태, 2012).

4) 기타 면접 기술

(1) 요약

요약은 내담자가 말하는 내용의 초점을 압축해서 명확하게 하도록 하는 것을 말한다. 즉, 클라이언트의 생각, 행동, 감정들을 사회복지사가 언어로 정리하는 것이다. 사회복지사는 지금까지 행한 면접 내용이나 지난번 면접 내용을 요약하며, 토의를 해 온 것과 면접의 방향을 제시한 것을 간략히 반복한다. 요약은 토의해 온 항목의 주제를 명확히 해 주게 되며 또 사회복지사가 계속된 토의의 내용을 알고 주의 깊게 들었다는 것을 의미하는 것이 된다.

(2) 반영

반영이란 클라이언트에 의해서 표현된 기본적인 태도, 주요 감정을 새로운 용어로 정리해 주는 것을 말한다. 반영의 주요 목적은 워커가 클라이언트의 경험을 이해하려고 애쓰는 것을 클라이언트에게 전달하려는 것이다. 반영에는 내용반영과 감정반영이 있는데, 내용반영은 클라이언트가 말하는 내용에 대한 이해를 전달하기 위한 기술이다. 이것은 워커가 클라이언트의 이야기를 정확히 이해하였는지를 점검하는 기회가 되고, 그리고 클라이언트에게는 자신의 생각을 구체화시켜 볼 수 있는 기회를 제공한다. 이때 클라이언트의 말을 앵무새처럼 따라 하지는 않는 것이 좋다. 감정반영은 말하고 있는 클라이언트의 감정을 분명하게 파악하여 그것을 다시 클라이언트에게 전달하는 것인데, 말 속에 내포되어 있는 클라이언트의 감정과 태도를 표면으로 이끌어 냄으로써 클라이언트가 자신의 내면을 보게 하는 것이다. 이것은 사회복지사가 느끼는 감정이 아니라 클라이언트가 느끼는 감정을 사회복지사가 이해하는 형태로 다시 말해주는 것을 말한다(양정빈 외, 2020). 예를 들어, 면접 도중 과거의 일을 구술하던 클라이언트가 한숨을 쉬거나 침묵을 보일 때, 사회복지사가 '그때 일들을 다시 생각하니 너무 속상하고 생각의 정리가 안 되시는군요'라는 감정반영이 있을 수 있다.

(3) 직면하기

직면하기란 클라이언트가 잘못하고 있거나 무엇인가 불일치하거나 모순점이 있을 때 클라이언트가 의식할 수 있고 살필 수 있는 것을 지적해 주고 그것이 내담자 자신의 문제와 어떻게 관련되는지를 생각해 보도록 하는 작업이다. 직면하기는 어떠한 형태로 나타나든 상대방의 언행에서의 불일치나 모순점 또는 잘못되었거나 개선해야 할 점들을 지적해 주는 것으로, 맞닥뜨림이라고도 부른다. 이는 상대방에게 반응하고 영향을 미치는 그래서 행동변화를 일으킬 수 있는 강력한 힘을 가진 기술 중의 하나이다. 그래서 상대방이 이 기술에 대해 잘 반응을 하고 호응을 해 주면 대단히 효과적이지만 그렇지 못하고 오히려 반발을 보이거나 심한 경우에는 클라이언트에게 심리적인 위협과 상처를 줄 수도 있는 강력한 것이다. 따라서 직면기술을 사용하는 데 있어서 클라이언트가 그것을 받아들일 준비가 되어있는지를 면밀히 고려해야 하며 충분한 신뢰관계가 형성되기 전까지는 이 방법을 가능하면 피해야 할 것이다. 그렇지만 문제의 근원이 클라이언트에게 있거나 그 자신의 잘못에 있다면 그것을 그냥 이해하고 넘어가서는 문제해결이 어려우므로 이 경우에는 그것을 적절히 지적하여 변화를 할 수 있도록 도와줄 필요가 있다.

(4) 해석

해석은 내담자가 겉으로 나타내는 문제가 내부적 정신작용에 관련되어 있는데도 이를 의식하지 못하거나 깨닫지 못할 때 그 관련성을 설명해서 이해시키는 방식이다. 해석은 클라이언트의 여러 언행들 간의 관계 및 의미에 대한 가설을 제시하는 것으로 클라이언트로 하여금 과거의 생각과는 다른 각도에서 자기의 행동과 내면세계를 파악하게 하는 것이다. 해석의 목표는 클라이언트로 하여금 그들의 생활 속의 사건들을 스스로가 해석하도록 가르치는 데 있다. 해석은 반영과도 밀접한 관련이 있는데, 클라이언트의 감정을 반영하여 명료화하는 것은 해석적인 반응과 별개로 볼 수 없고 모두가 하나의 연속체에 속한다고 보아야 한다.

(5) 명료화

명료화는 클라이언트의 진술에 일관성이 없거나 모호한 경우에 좀 더 분명히 대답을 요구하는 방법이다. 이것은 클라이언트가 자신의 처지에 대해 좀 더 분명하고 객관적인 인식을 갖도록 도와주며, 클라이언트가 이야기하는 내용의 의미를 분명하게 해 준다. 명료화는 주로 질문의 형식으로 이루어지는데 예를 들면, 어떤 상황을 설명하면서 클라이언트가 "그때 기분이 좀 그런 것 같았어요"라고 표현을 하면 "좀 그런 것 같다니 구체적으로 어떠하셨다는 것인지요? 좀 더 구체적으로 말씀해 주시겠습니까?"와 같은 형식의 질문을 통해, 클라이언트가 심오한 자기이해에 도달할 수 있도록 돕는 것이다 (김봉순 외, 2010).

(6) 초점화

초점화는 클라이언트가 두서없이 장황하게 말을 길게 하거나, 혹은 어떤 주제를 회피하고자 할 때 관련 있는 주제로 면담의 방향을 되돌려 다시 초점을 맞추는 기법이다. 초점화는 제한된 시간 내에 최대의 효과를 추구해야 하는 전문적 관계에서 불필요한 방황과 시간 낭비를 막아 준다.

3 면접의 기록

1) 기록의 목적과 활용도

사회복지실천의 기록은 사회복지사가 개입한 사례를 첫 단계부터 종결과 사후지도까지의 전 과정을 합당한 형식을 갖춘 틀에 따라 객관적으로 서술하는 일이다. 면접은 일정한 시간과 공간에서 일회성으로 일어나는 일이어서 그 내용을 기록하지 않으면 정보를 잃게 된다. 사회복지사는 서비스 내용을 기록을 통해 보여 줌으로써 클라이언트와 기관 및 지역사회에 대한 자기 책임성을 다해야 한다.

사회복지실천 기록은 다양한 용도를 가지고 있다. 정보를 보존하고 기관 내외의 전문가들과의 사례에 대한 의사소통과 연구를 가능하게 하며 슈퍼바이저가 적절한 교육과 지도감독을 할 수 있도록 해 주어 궁극적으로 서비스의 질을 높일 수 있게 해 준다. 구체적으로는 기관에서 쓰이는 기록의 활용도는 다음과 같다.

(1) 클라이언트의 욕구확인

클라이언트와의 면접을 통해 구술되거나 수집된 정보, 사회복지사가 알게 된 클라이언트의 다양한 정보들을 명확하고 세부적인 기록을 통해 욕구를 확인한다. 이런 작업을 통해 기관에서는 클라이언트의 욕구 충족을 위해 제공할 수 있는 서비스들을 설계할 수 있다.

(2) 서비스 내용의 보고

클라이언트가 기관에 접수된 이후부터 진행되는 서비스 제공 상황과 과정에 대한 면밀한 기록은 기관 내에서 적절한 것인지를 검토할 수 있는 중요한 자료로 활용된다.

(3) 사례 유지

클라이언트를 담당했던 사회복지사의 휴가, 전근 등의 교체로 다른 사회복지사가 케이스를 맡게 되거나 클라이언트가 다른 기관으로 의뢰되는 경우 등을 대비하여 기록은 매우 중요하다. 혹은 시간이 경과한 후 이 클라이언트가 다시 기관을 방문하였을 경우 전 기록은 현재의 욕구를 파악하고 이해할 수 있는 중요한 단서로 활용된다.

(4) 전문가 간 의사소통의 원활화

한 기관에는 다양한 분야의 전문가들이 각자의 영역에서 클라이언트의 욕구와 문제를 해결하려고 노력한다. 특히 최근 다학문적 접근을 통해 융합적 해결책을 찾으려는 시도들로, 사례회의나 토론과 더불어 기록은 사례에 대한 의사소통의 도구로써 활용되어 집단적 의사결정을 도울 수 있다.

(5) 클라이언트와 정보 공유

클라이언트의 욕구와 정보들을 기록한 것(클라이언트와의 면담, 다양한 사정표 등)을 클라이언트와 가족 등 유의미한 타자들에게 보여 줌으로써 함께 토론하고 객관적인 시선으로 판단할 수 있는 자료가 된다.

(6) 슈퍼비전, 자문, 동료 검토의 활성화

기관에서 사회복지사들은 동료 사회복지사들과 혹은 상급자들과 수평, 수직 등의 다양한 형식으로 서로 간의 업무에 대한 지도감독을 실시하고 때로는 다른 직종의 전문가들로부터 자문을 구하기도 한다. 이때에 기록은 서로의 전문성을 높이고 학습을 강화할 수 있는 도구로 활용된다.

(7) 서비스 과정과 효과 모니터링

클라이언트의 욕구 해결을 위해 기관에서 제공하는 서비스 과정이 유용하게 진행되고 있는지 정했던 목표를 달성하고 있는지 평가하고 점검하기 위한 증명자료가 기록이다.

(8) 학생과 다른 전문가들의 교육자료 제공

기관에서 일정기간 실습을 하는 실습생, 인턴들에게 컨퍼런스, 전문교육 등에 있어 사례를 깊이 다루고 서로 토론할 수 있는 교육자료로 활용하게 되는데, 이때는 클라이언트의 사생활 보호를 위해 가명을 사용해야 하며 혹 기관에서 누구인지를 인지하더라도 기관 내 비밀보장을 지켜야 한다.

(9) 행정 개선 자료 제공

서비스 증진을 위한 효율적인 자원 분배, 서비스의 유형, 직원의 업무수행 및 직무관리, 클라이언트의 욕구 분석 등 행정적 결정을 위한 자료로 제공하기 위해 기록이 활용된다.

(10) 조사를 위한 자료제공

기관의 서비스활용에 대한 빈도조사, 클라이언트의 서비스 활용 유형, 서비스 개선을 위한 클라이언트의 인구사회학적인 특징 등에 대한 기록은 거시적인 측면에서 기관의 정책 등을 정하는 조사자료로 활용된다.

2) 기록 내용

기록 내용은 어떤 유형을 선택하든 간에 대부분 다음을 포함하게 된다.

첫째, 활동일시와 장소, 둘째, 활동목표, 셋째, 프로그램의 내용과 목표달성전략, 넷째, 활동 내용(참석자, 클라이언트의 과제수행 여부의 점검과 결과 기록, 프로그램 실시 내용, 면접 종결 시의 피드백, 다음 세션의 활동내용, 과제부여, 준비사항), 다섯째, 평가, 여섯째, 다음의 활동계획이 그것이다.

때로 클라이언트는 비밀보장에 대한 염려 때문에 면담이 기록된다는 사실을 부담스러워할 수 있다. 사회복지사는 자기 사례는 반드시 자기가 기록하도록 하고 공개되지 않을 것이라는 점과 불가피할 경우에는 클라이언트의 허락을 얻게 된다는 사실을 설명해 주어야 한다. 이 외에도 기록이 쓸모 있으려면 객관성과 논리성의 유지가 필수적이다. 또 면접 기록은 즉시 이루어져야 한다. 면접 기록을 미루면 재구성 시 정확도와 신뢰도가 떨어지기 때문이다.

기록의 방법은 녹음기나 비디오카메라를 통하며 전 과정을 녹화한 다음 이를 재검토하면서 풀어쓰는 방법이 있다. 이렇게 하면 세세한 부분까지 반복적으로 정확하게 기록이 가능하지만 매우 번거롭고, 또 녹음이나 녹화사실에 대한 클라이언트의 동의가 필수적이다. 성학대 피해 아동이나 가정폭력 또는 성폭행 피해자의 경우 고통스러운 과정을 반복진술하지 않도록 하기 위해 면접 시 비디오카메라를 이용하는 것이 보편적이나 그 외 일반적인 경우에는 대개 면접 중 사회복지사가 간단한 메모로 중요한 사항을 정리하였다가 면접이 종료된 후 다시 기록하는 방법을 쓴다. 면접과정에서 사회복지사가 지나치게 기록에 몰두하면 클라이언트가 불편해하고, 면접의 진행에 방해가 된다.

3) 기록 유형

사회복지실천현장에서 사용되는 기록 유형은 요약기록, 과정기록, 문제중심기록 등이 있다.

(1) 요약기록

요약기록summary recording은 단순하고 경제적인 기록 양식으로 정보수집을 통해 얻어진 자료를 선택하여 핵심내용을 중심으로 요약하여 기록하는 것이다. 사례가 장기간 지속될 때 유용하다. 그런데 면담 내용이 지나치게 단순화되어 초점이 불분명할 수 있으며, 클라이언트의 표현이 사실적으로 정확하게 전달되지 않을 수도 있다는 단점이 있다.

(2) 과정기록

과정기록process recording은 사회복지사와 클라이언트의 상호작용을 있는 그대로 꼼꼼하게 기록하는 매우 구체적이고 자세한 형태의 기록이다. 초창기 사회복지사들은 클라이언트와 그가 처한 상황을 분석하기 위해 클라이언트의 말과 행동, 사회복지사의 말과 행동, 관찰, 신념 및 추측 등 기억할 수 있는 모든 것을 기록하였다.

과정기록의 장점으로는 정확한 피드백을 얻을 수 있어서 초보 사회복지사나 실습생들의 교육에서 사정기술 또는 면접기술 등을 훈련시킬 때 유용하게 활용할 수 있다. 그리고 어려운 사례를 다루거나 새로운 기술을 개발할 때도 유용하다. 그러나 시간이 많이 걸리고 번거롭다는 단점이 있어서, 면접의 전 과정이 기록되어야 할 경우에는 비디오 촬영을 활용할 수 있는데 이때에는 클라이언트의 동의를 얻어야 한다.

그리고 과정 기록의 유형으로는, 대화체를 그대로 기록하여 마치 드라마나 연극 대본과 같은 직접인용 과정기록(대화체 기록)과 그 대화를 풀어서 이야기체로 기록하는 간접인용 과정기록(이야기체 기록)이 있다.

(3) 문제중심기록

문제중심기록Problem-Oriented Record; POR 유형은 단순히 기록 차원을 넘어 문제해결 접근방법을 반영한다. 문제중심기록은 우선 문제를 파악하기 위한 자료수집, 둘째, 문제의 규정과 구체적 문제목록 작성, 셋째, 개입계획, 넷째, 개입의 수행 및 점검으로 영역이 나누어져 개입의 초점을 잘 보여 주며 효율성을 향상시킨다는 평가를 받고 있다. 문제 중심 기록이 많이 사용하는 기록 포맷은 SOAP이다.

- S: 주관적 정보(Subjective Information)
  클라이언트 입장에서 보는 상황에 대한 정보
- O: 객관적 정보(Objective Information)
  전문가의 관찰, 임상적 검사, 체계적 자료수집으로 이루어진 정보
- A: 사정(Assessment)
  주관적 및 객관적 정보를 검토하여 얻은 전문가의 해석이나 결론
- P: 계획(Plan)
  전문가의 문제해결 방안

문제중심기록은 계획이 완성되면 개입과 점검과정에서 추가적인 정보를 진행노트에 기록하고 각종 양적인 정보는 체크리스트나 표 또는 그래프로 구성된 진행도flow chart 에 기록하고 기록자의 코멘트를 첨가한다. 그러나 SOAP를 이용한 구조화된 기록은 클라이언트를 총체적으로 보지 못하고 간결한 정보 중심으로 구성되어 기계적이라는 단점도 지적되었다(엄명용 외, 2007).

Chapter 09

사회복지실천의 과정

1. 접수단계
2. 자료수집 및 사정단계
3. 계획수립단계
4. 개입단계
5. 평가와 종결

Chapter

09

사회복지실천의 과정

사회복지실천이란 도움이 필요한 개인과 가족 및 집단에 대해 전문적 지식과 기술을 갖춘 사회복지사가 계획된 원조를 단계적으로 제공하여 문제해결을 돕는 일련의 과정이다. 이때 사회복지실천 과정은 도움을 필요로 하는 사람을 처음 만나는 것을 시작으로, 그 사람이 가지고 있는 문제 혹은 필요로 하는 서비스를 파악 · 분류 · 사정하며 구체적 원조과정을 거쳐 서비스를 마무리하게 되고 경우에 따라서는 사후관리의 과정을 거치게 된다. 사회복지실천과정은 학자에 따라 3단계 혹은 4~6단계 등 다양하게 분류하고 있다. 그러나 사회복지실천 과정을 몇 단계로 나누든지 그 과정에 포함되어 있는 내용은 거의 유사하다. 이것은 사회복지실천의 진행과정은 어느 정도 구조화되어 있으며, 각 단계별로 달성해야 할 목표와 과업 그리고 이의 달성을 위해 사회복지사가 수행해야 할 과제 및 역할이 규정되어 있다는 것을 의미한다.

이 장에서는 사회복지실천과정을 접수단계-자료수집 및 사정단계-계획단계-개입단계-평가 및 종결단계의 다섯 단계로 나누어 구분하고, 각 단계별로 보다 구체적인 내용들을 살펴보기로 한다.

1 접수단계

접수intake란 문제를 가진 사람이 원조를 요청하러 사회복지기관을 찾아왔을 때 사회복지사가 그의 문제와 욕구를 확인하여 기관의 정책에 따라 서비스를 받을 자격요건을 갖추었는지의 여부를 결정하는 과정을 의미한다. 원조를 요청하러 기관에 온 사람이 클라이언트가 되는 것은 이 접수과정을 통해서이다. 이처럼 어떤 사람이 처음으로 사회복지사와 접촉을 하고 그 접촉 결과를 토대로 클라이언트의 적격성을 결정하기 때문에 접수업무는 전공에 대한 지식과 경험이 풍부한 사회복지사가 담당하는 것이 바람직하다. 그러나 현재 우리나라에서는 접수전담 사회복지사가 채용된 사회복지기관은 거의 없는 실정이다.

1) 접수단계의 과제

접수단계에서 사회복지사는 클라이언트의 문제를 확인하여 클라이언트의 적격성을 판정하는 중요한 일을 수행한다. 한편 접수단계에서 클라이언트는 기관과 사회복지사에 대한 첫인상을 형성하게 되고 이 첫인상은 클라이언트가 두 번째 면접 혹은 회합에 올 것인가의 여부를 결정하는 데 강력한 영향을 미친다. 펄만(1968)과 수(Sue, 1977)의 연구에 의하면 사회복지기관 또는 지역사회 정신건강센터에 첫 면접을 온 사람의 약 3분의 1 정도는 그 후 필요한 서비스를 더 이상 받지 않고 서비스를 종결한다고 한다. 베이클랜드와 룬드월(Baekeland & Lundwall, 1975)의 정신장애인 진료소에 관한 연구에서는 환자의 10% 내지 57%가 첫 면접 후에 다시 오지 않는 것으로 나타났다. 이처럼 첫 면접에서 클라이언트의 적격성이 결정되고, 또 다른 한편으로 다수의 클라이언트들은 사회복지사나 기관에 대한 첫 면접 시의 인상에 근거하여 지속적으로 원조관계에 참여할 것인지의 여부를 결정짓는 경우가 많기 때문에 접수단계에서는 특히 사회복지사의 풍부한 지식과 능력이 요구된다. 접수단계에서의 구체적인 과업은 문제의 확인, 의뢰 그리고 관계형성을 통한 클라이언트의 참여유도이다.

(1) 문제 확인

문제 확인이란 클라이언트가 놓여 있는 체계에 대한 심층적인 분석이 아니라 현재 명백하게 드러나는 문제를 확인하는 것이다. 여기서 문제란 클라이언트가 기관에 찾아와서 호소하는 어려움을 의미한다. 문제의 확인은 우선 잠재적 클라이언트가 지적하는 문제와 이와 관련해 그가 드러내는 감정에서부터 시작한다. 문제의 확인은 잠재적 클라이언트가 현재 문제로 호소하는 것에서 출발하게 되는데 클라이언트가 호소하는 문제가 때로는 근본적인 문제가 아닐 때도 있고 그리고 같은 문제에 대해서도 받아들이는 의미가 클라이언트마다 상이할 수도 있을 것이다. 따라서 접수단계에서는 잠재적 클라이언트의 실제 문제가 무엇인지를 정확하게 파악하고, 기관에서 서비스를 제공할 수 있는지를 평가한다.

(2) 의뢰

클라이언트의 문제와 욕구를 확인해 본 결과 그 기관에서 해결할 수 없을 때 다른 적합한 기관으로 클라이언트를 보내는 것을 의뢰라고 한다. 의뢰하게 되는 이유로는, ① 기관의 인력부족, ② 필요한 전문기술을 가진 인력의 부재, ③ 클라이언트의 문제가 기관의 목적과 기능에 부합하지 않을 때, ④ 그 기관보다 다른 기관이 클라이언트의 문제 해결에 더 적합하다고 판단될 때, ⑤ 클라이언트의 문제에 우선적 책임을 지는 기관이 있을 때 등이다(Epstein, 1980).

적절한 의뢰를 하기 위해 사회복지사는 자신의 기관뿐 아니라 다른 기관의 정책과 자원 그리고 지역사회의 여타 자원에 대한 상세한 정보를 가지고 있어야 한다. 이를 통해 사회복지사는 클라이언트에게 모든 가능한 서비스를 받을 수 있는 기회를 제공할 수 있을 것이다. 의뢰를 할 때는 클라이언트의 동의가 필요하므로 다른 기관에서 제공되는 서비스와 그 기관에 대한 충분한 토론이 있어야 하고 클라이언트가 거부감을 느끼지 않도록 정서적으로 지지해 주고 적절한 정보를 제공해야 한다. 클라이언트를 다른 기관으로 연결하는 것으로 의뢰가 완결되는 것이 아니라 그 기관의 서비스로 연결될 때 비로소 완결된다는 것을 명심해야 한다.

(3) 참여유도

① 관계형성

접수과정을 통해 그 기관의 클라이언트로 접수된 다음에 가장 중요한 과제는 워커와 클라이언트 간에 상호 긍정적인 친화관계, 즉 라포rapport를 형성하는 것이다. 라포형성을 위해서 사회복지사는 감정이입과 따뜻함 그리고 진실함을 가지고 클라이언트를 대하는 것이 필요하다. 라포가 형성되면 클라이언트와 사회복지사는 의사소통을 효과적으로 할 수 있다. 이때 클라이언트는 자기문제를 좀 더 편안하게 노출하게 되고, 또 개입과정에 적극적으로 참여하게 된다. 따라서 라포형성은 성공적인 개입의 필수조건이 된다.

② 동기화

원조활동의 성패는 변화에 대한 클라이언트의 동기에 달렸기 때문에 클라이언트를 변화과정에 적극적으로 참여시키기 위해서는 클라이언트의 문제해결에 대한 동기를 유발시키는 것이 초기 과정의 주요과제 중의 하나이다.

기관에 오는 대부분의 클라이언트들은 오랫동안 문제를 겪으면서 해결을 위해 여러 가지 노력을 시도했지만 이 모든 노력이 실패하면서 실망, 좌절을 경험했기 때문에 기관을 찾아올 때는 거의 희망을 잃은 상태이다. 의기소침하거나 냉담한 클라이언트를 동기화하기 위한 사회복지사의 기술 중 가장 기본적인 것은 용기를 불어넣어 주는 것이다. 특히 비자발적인 클라이언트는 그들이 원치 않는 면접에 강제로 참여하게 된 것에 대하여 분노하기 때문에 변화에 대한 노력을 기대하기가 어렵다. 따라서 비자발적인 클라이언트에게 변화에 대한 동기를 부여하는 것은 매우 어려운 과제이다. 비자발적인 클라이언트에 대한 사회복지사의 행동지침은 다음과 같다(Kirst-Ashman & Hull, Jr., 1993).

㉠ 비자발적인 클라이언트는 그들이 스스로 원해서 사회복지사를 찾아온 것이 아니라는 사실을 명심해야 한다. 즉, 그들이 원조관계를 긍정적으로 받아들이게 만들려고 무리하게 노력하기보다는 이 사실을 인정하고 관계를 시작하는 것이다.

㉡ 서비스에 대한 저항의 실체를 있는 그대로 이해한다.

㉢ 클라이언트의 부정적인 감정을 표출하도록 이끈다. 예를 들면, “지금 여기에 와 있다는 것 자체가 매우 화나고 싫군요. 왜 여기에 와 있다고 생각하시는지 그리고 지금 어떤 기분인지 말씀해 주실래요?”라고 요청하여 클라이언트가 현실을 직시하고 오해를 바로 잡으면서 자신의 불편한 느낌과 태도를 표현할 기회를 제공한다.

㉣ 비자발적인 클라이언트에게 절실한 구체적인 서비스를 해결해 줌으로써 관계형성의 실마리를 시작해 볼 수 있다.

㉤ 희망을 갖게 하고 용기를 북돋아 준다.

㉥ 점진적인 관계형성을 통해 클라이언트의 신뢰감이 형성되기를 기다려야 한다.

③ 저항감 해소와 양가감정 수용

초기단계에서 사회복지사가 주의를 기울여야 되는 것은 변화에 대한 클라이언트의 저항감이다. 사람들은 현재의 상태를 계속 유지하고 싶은 경향이 강하여 작은 변화에도 불편을 느끼는 경우가 대부분이다. 클라이언트는 원조과정 중에 경험하게 되는 변화를 나름대로의 균형을 와해시키는 위협으로 느껴질 수 있으며 이러한 두려움이 원조 자체에 대한 저항감으로 나타나게 되는 것이다. 이처럼 원조과정에 대한 클라이언트의 저항감은 변화에 대한 두려움과 변화에 대한 바람이 동시에 존재하는 양가감정에 기인하는 자연스러운 인간의 반응이다. 사회복지사는 클라이언트의 양가감정을 수용하고 자유롭게 표현하도록 하여 저항감을 해소해 주어야 한다.

2) 접수 시 파악해야 할 핵심적 내용

접수의 목적은 클라이언트의 문제가 무엇인지 그리고 그 문제를 기관에서 도와줄 수 있는지의 여부를 결정하는 것이다. 이러한 목적을 위해 초기 면접지에는 그 기관에서 원하는 정보에 관한 내용을 기재해야 한다. 초기 면접지는 각 기관마다 구체적인 내용이나 형식은 다르지만 거의 공통적으로 포함되는 내용은 다음과 같다.

① 기본 정보

이름, 성별, 나이, 주소, 전화번호, 직업, 결혼관계, 기본적인 가족관계 등

② 주요문제

도움을 요청하는 내용이나 충족되기를 바라는 욕구

③ 기관에 오게 된 동기

기관을 어떻게 알고 찾아오게 되었는지, 즉 누구로부터 소개를 받고 왔는지 광고를 보고 왔는지 타 기관의 의뢰인지 등

④ 의뢰 이유

가족이나 다른 기관으로부터 의뢰되어 온 경우에는 의뢰한 이유 등

⑤ 이전에 사회복지 서비스를 받은 경험 유무

이전에 현재의 이 문제나 혹은 다른 문제로 사회복지 서비스를 받은 경험이 있는지, 만약 있다면 어떤 기관으로부터 어떤 서비스를 받았는지 등

⑥ 접수담당 사회복지사의 의견

신청자의 문제와 욕구에 관한 의견 진술과 기관과 사회복지사의 기능, 원조 범주와의 일치성 여부에 대한 판단

초기 면접지 양식 Intake

사진	■ Ct 성명: ■ 접수자:	결재	담당	대리	팀장	관장

상담일자		피상담자		상담방법	(내방 / 가정방문 / 전화통화)

1. 일반사항

성명		성별	❑남 ❑여	주민번호	
연락처	집			주소	
	H.P				
의뢰경로				가구형태	❑모자 ❑부자 ❑독거 ❑부부 ❑부부 · 자녀 ❑조손 ❑기타 ( )
학력		종교		결혼상태	❑미혼 ❑기혼 ❑사별 ❑이혼 ❑기타
보호유형	❑일반 ❑일반수급 ❑조건부수급 ❑차상위 ❑저소득 ❑지역건강보험 ❑직장건강보험 ❑의료급여 1종 ❑의료급여 2종 ❑요양보호 (등급) ❑기타 ( )				

2. 가족사항

성명	관계	출생연도 (연령)	학력	직업	건강상태	동거 여부	비고
		(세)					
		(세)					
		(세)					

3. 주거사항

주거형태	❑단독주택 ❑아파트 ❑연립주택 (빌라) ❑다가구주택 ❑기타 ( )	난방 형태	❑가스 ❑기름 ❑연탄 ❑기타 ( )
소유형태	❑자가 ❑전세 ( ) ❑월세 (/) ❑영구임대 ❑기타 ( )	화장실	❑공용 ❑단독
기타 특이사항			

4. 경제사항			
소득원	❏근로 · 사업소득 ❏노령연금 ❏후원금 ❏기타 ( ) ❏가족보조 ❏기초생활급여 ❏연금 · 저축	월평균 소득	❏없음 ❏50만 원 미만 ❏50~100만 원 미만 ❏100~150만 원 미만 ❏150~200만 원 미만 ❏200~250만 원 미만 ❏250~300만 원 미만 ❏300만 원 이상
부채 유무	❏유 ( ) ❏무 *사유:	월평균 지출	만 원 / 주요 지출내역:

5. 건강사항			
질병	❏유 (질병명: / 발병 시기: 년) ❏무		
장애	❏유 (장애 급) ❏무		
치료사항		보조기	❏안경 ❏보청기 ❏틀니 ❏휠체어 ❏지팡이 ❏의족 / 의수 ❏기타 ( )

6. 가계도	7. 생태도

8. 주요문제(중복표시 가능)			
❏가족문제 ❏대인관계 ❏주거문제 ❏위생문제	❏경제문제 ❏취업문제 ❏법률문제 ❏이동 / 교통수단 문제	❏의료 · 질병문제 ❏정신건강 (우울, 분노 등) ❏알코올 (약물) 사용	❏일상생활활동 ❏식생활문제 ❏여가생활
※ 문제에 대한 보충설명			

9. 필요서비스(중복표시 가능)				
자립지원 및 결연	가사서비스	정서지원서비스	의료간병서비스	기타서비스
❏생활비보조 ❏생필품 지원 ❏취업알선	❏가사지원 ❏무료급식서비스 ❏도시락배달 ❏밑반찬배달 ❏심부름	❏말벗 ❏안부전화 ❏행사초대 ❏상담	❏방문간호 ❏병원동행 ❏물리치료 ❏무료진료 ❏보장구 대여	❏입소안내 ❏법률자문 ❏정보제공

10. 현재 서비스 이용 현황(중복표시 가능)	
❑자립지원 / 결연 ❑가사서비스 ❑정서지원서비스 ❑의료간병서비스 ❑기타서비스	
구체적 서비스 내용	
11. 주요 상담 내용	
개인력 / 가족력	
심리적 상황	
사회적 상황	
신체적 상황	
경제적 상황	
12. 서비스 판정	
❑단순형 ❑사례관리형 ❑서비스제공 부적절 ❑타 기관의뢰 → 의뢰기관 / 의뢰일 . . / 사유:	
13. 사회복지사 의견	
* 서비스 판정 및 서비스 제공 계획에 대한 의견 * 전체적인 사회복지사 의견	
작성일: 202○년 월 일 사회복지사: (서명)	

2 자료수집 및 사정단계

1) 자료수집

(1) 자료수집 과정

자료수집이란 정보를 모으는 일로, 클라이언트 개인과 그 환경에 대한 객관적 자료를 확보하려는 활동이다. 자료수집은 개입의 전 과정에 걸쳐서 이루어지지만 특히 이 단계에서 집중적으로 일어난다. 자료를 수집하는 기간과 자료의 양은 원조기간에 따라 다를 수 있다. 이는 또한 문제의 복잡성과 관련되고 이 복잡성을 취급하기 위한 사회복지사와 클라이언트의 노력의 정도와도 관련된다. 매우 간략한 접촉을 하기로 결정을 하였으면 1회 정도의 면접에서 자료수집을 끝낼 수밖에 없다. 그러나 장기간 원조에서의 조사는 4회 내지 6회의 면접이 소요된다.

자료수집은 클라이언트가 문제와 그 문제의 선행조건으로 보고 있는 것, 그 문제를 해결하기 위해 노력을 해 온 것 그리고 그것이 어떻게 해결될 수 있을까에 대하여 생각해 온 것 등으로 시작한다. 그리고 필요할 경우 현재의 딜레마에 영향을 미칠 수 있는 현재 및 과거의 요인들을 규명하는 것으로 자료수집을 진행한다.

사회복지사는 자료수집을 위한 면접을 할 때는 미리 자신의 머릿속에 클라이언트와 클라이언트가 처한 상황에 대하여 수집하기를 원하는 정보에 관한 명확한 밑그림을 가지고 있어야 한다.

(2) 자료수집의 내용

자료수집 과정에서 가장 중요한 것은 클라이언트의 참여이며, 사회복지사가 필요로 하는 자료영역은 사례에 따라 각기 다르지만 대략 다음과 같다.

① 접수 시 클라이언트에 대한 기본적인 정보

클라이언트의 이름, 연령, 학력, 종교, 직업, 소득, 가족관계 등을 포함한다.

② 문제에 대한 깊이 있는 정보

자료수집단계에서는 접수단계에서 보다 더 깊이 있게 클라이언트의 문제에 대한 정보를 수집한다. 접수할 때는 문제가 무엇인가에 초점을 두었다면, 자료수집에서는 문제에 영향을 미친 요인과 문제를 지속시키거나 악화시키는 요인 등에 대한 정보를 개인적, 환경적 측면에서 찾아내는 것이다.

③ 개인력 personal history

클라이언트가 살아온 역사로서 영유아기, 학령기, 청소년기, 성인기, 노년기 등 인간의 생활주기에 따른 인간관계, 생활사건, 클라이언트의 감정 등이 포함된다.

④ 가족력

원가족의 가족상황과 가족관계, 현재의 가족구성, 부모-자녀체계 간의 경계, 애착형성 과정, 친밀도, 의사소통 방법 등 가족 구성원 간의 상호작용 패턴 등이 포함된다.

⑤ 클라이언트의 기능

지적 · 정서적 · 신체적 · 행동적 기능, 대인관계, 업무능력, 문제해결 능력 등이 포함된다.

⑥ 클라이언트의 자원

클라이언트의 변화에 도움이 되는 활용 가능한 모든 자원을 파악해야 한다. 또한 현재 이용하고 있는 서비스, 교육, 훈련받은 기술 등도 포함된다.

⑦ 클라이언트의 장점과 한계

문제를 해결하고자 하는 클라이언트의 동기, 의지, 변화 목표 등 클라이언트의 장점과 그를 둘러싼 환경 속에 있는 한계 등에 대한 정보가 포함된다.

(3) 자료의 출처

자료수집을 위한 자료의 출처는 매우 다양하다. 자료의 일차적 출처들은 다음과 같다.

① 클라이언트 자신의 구두보고

클라이언트의 구두보고는 일차적 출처이면서 매우 유용한 출처가 된다. 클라이언트의 구두보고는 주요한 정보원이며 경우에 따라서는 유일한 것이기도 하다. 클라이언트의 문제, 그의 감정, 문제를 해결하기 위한 개인적 자원, 문제해결 노력, 문제의 역사, 원인 등에 대한 개인적 의견 등이다. 클라이언트의 진술은 주관적인 경향이 있어 본인의 편견이나 감정에 의한 왜곡이 있는지 주의해야 한다.

② 초기 면접지 자료

일정한 양식에 기재하도록 함으로써 가장 효과적으로 자료를 수집할 수 있다.

③ 부수적 자료원천

친구, 친척, 이웃, 의사, 교사, 고용주 등으로부터 수집한다. 부수적 자료원으로부터 정보를 수집할 경우 클라이언트의 동의를 얻는 것이 원칙이다. 관련인들로부터 얻은 정보가 일관성이 있는지에 주목할 필요가 있다.

④ 각종 검사

전문가에게서 받은 성격 및 지능검사 등에 대한 정보

⑤ 클라이언트의 비언어적 행동

대면적 의사소통의 약 90%는 비언어적이다. 어떤 연구자는 모든 메시지의 약 50%가 얼굴 표정 특히 눈을 통해서 전달되며 또한 30%는 목소리의 어조나 음조 등을 통해 표현된다고 했다. 비언어적 행동의 관찰은 클라이언트가 말하는 것이 그의 사고나 감정과 일치하는지 알려 준다.

⑥ 유의미한 타자와의 상호작용 및 가정방문

사회복지사는 클라이언트가 그의 삶에 중요한 타자들과 상호작용하는 것을 관찰함으로써 많은 정보를 얻을 수 있다. 가정방문은 클라이언트가 유의미한 타자와 상호작용을 어떻게 하고 있는가 하는 것뿐만 아니라 클라이언트에게 영향을 미치는 환경요인에 대한 정보를 제공한다.

⑦ 클라이언트와 직접적 상호작용한 사회복지사의 경험

클라이언트가 사회복지사와 상호작용하는 패턴은 그가 제3자와 상호작용하는 유형을 짐작할 수 있게 해 준다. 그리고 클라이언트가 사회복지사와 상호작용하는 양식에 대한 사회복지사 자신의 감정 자체도 다른 사람들이 이 클라이언트에 대해 어떠한 반응을 하는지를 이해하는 데 실마리를 제공해 줄 수 있다.

2) 사정

(1) 사정의 개념

자료수집이 끝나면 여기에 기초한 사정작업이 시작된다. 사정assessment이란 수집된 자료를 해석하고 의미를 부여함으로써 최종적으로 문제를 규정하여 실천의 방향을 결정하는 일이다. 자료수집이 클라이언트와 그의 문제를 이해하는 데 도움이 될 만한 많은 자료를 모으는 것이라면, 사정은 수집 정리된 자료를 분석하고 심사숙고하여 문제를 규정해 내는 작업이다. 문제들이 규정되면 문제의 중요성과 변화의 시급성을 기준으로 표적문제를 찾아내어 개입의 목표를 정하게 된다. 따라서 사정은 사회복지사의 지적인 활동으로서 그의 실무경험, 가치, 이론적 정향 등 전문적 지식기반에 근거하여 이루어진다. 다시 말해, 사정이란 클라이언트의 문제와 상황을 이해하여 이것을 개입을 위한 계획으로 연결시키는 것으로서 클라이언트의 문제가 무엇인지를 이해하고 문제의 원인을 규명하여 그것을 해결하거나 감소시킬 수 있는 방법에 대해 전문적인 판단을 하는 작업이다(Kirst-Ashman & Hull, Jr., 1993). 이러한 판단은 객관적 증거에 의해 지지되어야 하는데 자료수집이 바로 객관적 증거를 확보하는 활동인 것이다. 리치몬드(1917)는 자료 수집은 눈을 떠서 바라보는 것이고, 사정은 눈을 감고 생각하는 것이라고 정의를 내림으로써(Strean, 1978) 양자의 특성과 관계를 단적으로 드러내 주었다. 자료수집과 사정은 전후의 관계가 아니라 순환적으로 일어난다. 사정을 위해 자료수집을 하지만 사정을 하다가도 필요하면 자료수집단계로 다시 돌아갈 수 있다. 사정과 자료수집은 해당 단계에서 그치는 것이 아니라 개입의 전 과정 동안 지속된다.

사회복지실천 초기에는 사정 대신 진단이라는 용어를 사용하였다. 진단이라는 용어는 리치몬드 여사가 1917년 개별사회사업에서 처음 사용하였으나 의학적인 색채가 강하다는 비판을 받고 있는 가운데 1970년 바틀렛에 의해 사정이라는 용어를 사용하기 시작하였다(NASW, 1996). 그러나 사정은 진단과 다음과 같은 네 가지 점에서 다르다.

첫째, 사정은 클라이언트의 문제를 이해하기 위해 심리적 측면 외에 환경적 측면도 깊이 고려한다는 것이다.

둘째, 사정에서는 문제를 환경에서도 찾기 때문에 변화의 대상을 클라이언트로 국한하는 것이 아니라 환경적, 제도적 부분까지 확대된다.

셋째, 의료적 모델에서 클라이언트는 단순히 사회복지사의 치료를 받아들이는 변화의 대상에 불과했지만 사정이라고 할 때는 클라이언트의 참여가 중요시된다.

넷째, 클라이언트는 단순히 병적인 존재가 아니라 문제해결을 위한 능력을 가진 능동적인 존재로 평가된다. 즉, 사정에서는 클라이언트의 문제에만 초점을 두지 않고 강점을 강조한다(Kirst-Ashman & Hull, Jr., 1993).

(2) 사정의 특징

원조과정에 있어서 매우 중요한 의미를 지니는 사정은 다음과 같은 주요 특징들을 가지는 것으로 요약할 수 있다(Johnson & Yanca, 2001).

첫 번째, 사정은 지속적 과정이다. 즉, 사정은 원조과정 전반에 걸쳐 이루어진다. 초기 단계에서 사정이 핵심적인 사안이지만 단계가 진행되면서 새로운 정보를 접하게 되며 이로 인해 새로운 이해 또한 가능하게 한다. 이러한 점에서 지속적 사정이 필요하며 원조과정에서 클라이언트와 사회복지사의 협력이 사람과 상황에 대한 더 풍부한 이해로 이끌도록 돕는다.

두 번째, 사정은 상황 속의 클라이언트를 이해하는 동시에 개입계획과 행동을 위한 기초를 제공하는 이중적 초점dual focus을 갖는다. 이를 위해 클라이언트는 물론이고 관계 체계들의 욕구, 욕구 충족을 방해하는 것, 문제, 한계, 변화에 대한 동기 및 저항 등에 대해 정보들이 수집되어야 한다.

세 번째, 사정은 클라이언트와 사회복지사 양자가 참여하는 상호과정이다. 사정에서 다루어져야 할 내용의 핵심적 부분들은 면접 등에서 사회복지사-클라이언트 간의 상호작용으로부터 나온다. 사정을 통한 상호이해와 신뢰는 클라이언트로 하여금 문제 및 상황에 대한 이해와 개입 가능성, 한계들과의 관계에 대한 인식을 갖게 한다.

네 번째, 사정의 과정 내에도 일련의 과정이 있다. 클라이언트가 자신의 관점을 통해 얻은 상황에 대한 관찰내용들을 사회복지사에게 설명하면 사회복지사는 여기에 부가적인 관찰들을 추가하게 된다. 사회복지사와 클라이언트는 상황에 영향을 미치는 여러 중요한 부분들을 함께 확인하면서 상황 전체를 이해하기 위해 더 필요한 정보를 파악한다.

다섯 번째, 횡적 또는 종적 탐구 모두 중요하다. 초기 과정에서는 수평적 정보인 현재의 인간관계, 능력, 기능 등을 중심으로 클라이언트의 욕구를 발견하고, 원조과정이 진행됨에 따라 수직적 탐색으로 문제해결에 필요한 정보를 수집한다. 사회복지사는 상황과 필요에 따라 수평적·수직적 탐색을 적절히 사용하는 기술을 갖추고 있어야 한다.

여섯 번째, 클라이언트의 상황을 이해하기 위해서 전문적 지식을 이용해야 한다. 따라서 인간행동, 가족관계, 집단과 지역사회, 정책, 행정, 특정분야에 대한 지식(정신의학, 심리학 등)이 필요하다.

일곱 번째, 사정은 클라이언트의 생활상황 가운데서 욕구를 발견하고 문제를 정의하며 그 의미와 유형을 설명한다. 즉, 사정은 욕구를 발견하고 욕구만족을 방해하는 것이 무엇인지를 생활상황과 관련시켜 명확히 하는 것이다.

여덟 번째, 개입하는 동안 클라이언트의 강점들이 구축되도록 하기 위해 사정은 클라이언트 및 생태체계의 강점들을 확인한다. 개인의 성장은 그의 한계점이 아닌 강점으로부터 출발한다.

아홉 번째, 사정은 개별적으로 다루어진다. 사람들의 상황이란 똑같은 것이 있을 수 없으므로 사정 또한 각기 상이하며 각 클라이언트의 차별화된 상황을 다루게 된다.

열 번째, 판단은 사정에서 중요한 측면을 이룬다. 어떤 지식을 적용할 것인지, 어떤 가설을 세워야 하는지, 어떻게 문제를 정의할 것인지 등의 결정을 내려야 한다.

열한 번째, 이해 상황에는 한계가 있다. 어떠한 사정도 완벽할 수는 없다. 특정상황에 대한 완전한 이해를 얻는다는 것은 불가능하다. 사정은 클라이언트를 이해하는 보조적인 수단 또는 방법이다.

(3) 사정의 구성요소

사정과정에서 사회복지사는 클라이언트의 문제원인에 대해 이해하는 데 많은 노력을 하게 된다. 브라운(1992)은 사정과정에서 사회복지사가 고려해야 할 질문내용들을 열 가지로 유형화하고 있다. 이것은 사정의 구성요소로서 다음과 같이 요약할 수 있다(김기태 외, 2008).

① 클라이언트 상황의 본질은 무엇이며 그 자체는 어떻게 나타나는가? 클라이언트가 직면하고 있는 상황과 상황의 본질은 무엇이며 그러한 상황이 현실적으로 어떠한 형태로 나타나고 있는가를 알아야 한다.

② 문제에 대한 클라이언트의 태도는 어떠한가? 클라이언트는 자신의 문제를 어떻게 보고 있는가에 대한 충분한 이해가 있어야 한다.

③ 클라이언트는 동기가 있으며 문제해결에 대한 능력이 있는가? 클라이언트는 자신이 직면한 문제를 해결하고자 하는 동기를 어느 정도 가지고 있으며 그 문제를 해결할 수 있는 능력을 가지고 있는가를 파악하는 것이다.

④ 현재 문제가 실제적인 문제인가? 클라이언트는 자신이 의식하지 못하거나 또는 이 시점에서 직면하기를 싫어하는 어떤 문제가 있을 수 있다. 그리고 클라이언트

는 실제적인 문제의 한 증상으로서 어떤 다른 문제를 표출할 수 있다. 따라서 현재 제시되는 문제가 실제적인 문제가 아닐 수도 있다.

⑤ 클라이언트는 왜 이 시점에서 도움을 구하는가? 클라이언트는 사회복지사에게 도움을 요청하기 전에 다양한 형태로 해결 노력을 하게 되는데, 그러한 구도에서 볼 때 왜 지금의 시점에서 사회복지사에게 도움을 요청하게 되었는가를 파악하여야 한다.

⑥ 문제의 지속시간은 어느 정도인가? 대개의 경우 클라이언트는 사회복지사와 원조관계를 수립하기 전에 상당한 기간 동안 문제가 지속되어 오게 된다. 따라서 문제의 발생과 진행과정을 알아야 한다.

⑦ 클라이언트의 강점과 약점은 무엇인가? 클라이언트에 대한 문제점이나 약점은 물론이고 강점이나 장점도 파악하여야 한다.

⑧ 클라이언트가 과거에 효과적으로 적용한 문제해결기제는 무엇인가? 클라이언트가 행한 문제해결노력에서 어느 정도의 효과가 있었던 기제는 무엇인가에 대한 탐구이다.

⑨ 클라이언트의 목표와 기관에 대한 기대는 현실적인가? 모든 클라이언트는 사회복지기관과 사회복지사를 찾아올 때 기대감과 바람을 가지고 온다. 이때 클라이언트가 가지고 있는 구체적인 목표는 무엇이며 기관과 사회복지사에 대하여 어떠한 기대를 가지고 있는가? 그리고 그러한 기대는 얼마만큼 현실적인가를 알아야 한다.

⑩ 개입에 누구의 관여가 필요한가? 사회복지사가 클라이언트 문제에 개입할 때 도움을 받아야 하거나 함께 행동해야 할 사람이 있는가를 알아내는 것이다.

(4) 사정단계의 과업: 문제의 규정(문제형성)

사정단계에서 제일 중요한 작업은 문제를 규정하는 것이다. 이것은 접수 및 참여유도단계에서의 문제확인보다는 좀 더 심층적으로 문제의 성격과 원인을 이해하는 것이다. 접수 및 참여유도단계에서 문제확인은 주로 클라이언트 스스로가 말하는 문제에 기초한다면, 이 단계에서의 문제규정은 문제에 대한 사회복지사의 평가에 더 큰 비중이 실린다는 점에서 차이가 있다. 따라서 이 단계에서의 문제규정은 처음 클라이언트가 말하는 문제와는 다르게 평가될 수도 있다. 물론 이럴 경우에는 반드시 클라이언트의 동의가 수반되어야 한다.

존슨Johnson은 문제를 규정하는 데, 세 단계를 제시하였다(Kirst-Ashman & Hull, Jr., 1993). 첫째, 사회복지사는 해결되지 않은 클라이언트의 욕구가 무엇인지 확인해야 한다. 즉, 무엇이 부족해서 문제가 발생한 것인가를 생각해 보아야 한다. 둘째, 욕구를 충족시키는 데 장애가 되는 요인을 파악해야 한다. 즉, 클라이언트의 욕구충족을 방해하는 장애물을 클라이언트의 내부나 혹은 그를 둘러싼 상황에서 찾아보는 것이다. 셋째, 이에 기초하여 문제해결계획이나 개입방향이 드러나도록 문제를 규정하는 것이다. 예를 들어, 경제적으로 곤궁에 처한 클라이언트를 앞의 단계를 밟아서 문제를 규정해 보면, ① 이 클라이언트의 해결되지 않은 욕구는 돈이고 ② 이것의 충족을 방해하는 것은 그가 일자리를 얻지 못했기 때문이다. ③ 따라서 그의 문제는 실업으로 규정되며 이러한 문제규정은 바로 취업, 직업훈련 등의 문제해결 방향을 가리킨다.

(5) 사정도구

① 가계도

가계도는 그 가족의 2~3세대 이상의 가족관계를 도표로 작성하여 가족구조와 구성원에 대한 정보, 구성원 간의 관계를 기술하여 가족유형을 한눈에 볼 수 있게 해 주는 사정도구로서 사회복지사와 클라이언트가 함께 작성해야 한다.

가계도 안에는 결혼이나 별거, 이혼 등의 중요한 생활사건이나 인종, 민족, 종교, 직업 등 인구사회학적 특성이 표시되어 있다. 따라서 특정기간 동안의 클라이언트 가족의 역사와 그 과정에서의 주된 사건과 가족 내에 반복되는 정서적 · 행동적 패턴을 확인하고 이해할 수 있다. 가계도를 통해서 가족 내 역동이나 여러 세대에 걸쳐 발전된 가족역할, 유형, 관계 등을 알아볼 수 있다.

1. 가족구성원과 가족구조를 표시하는 기호

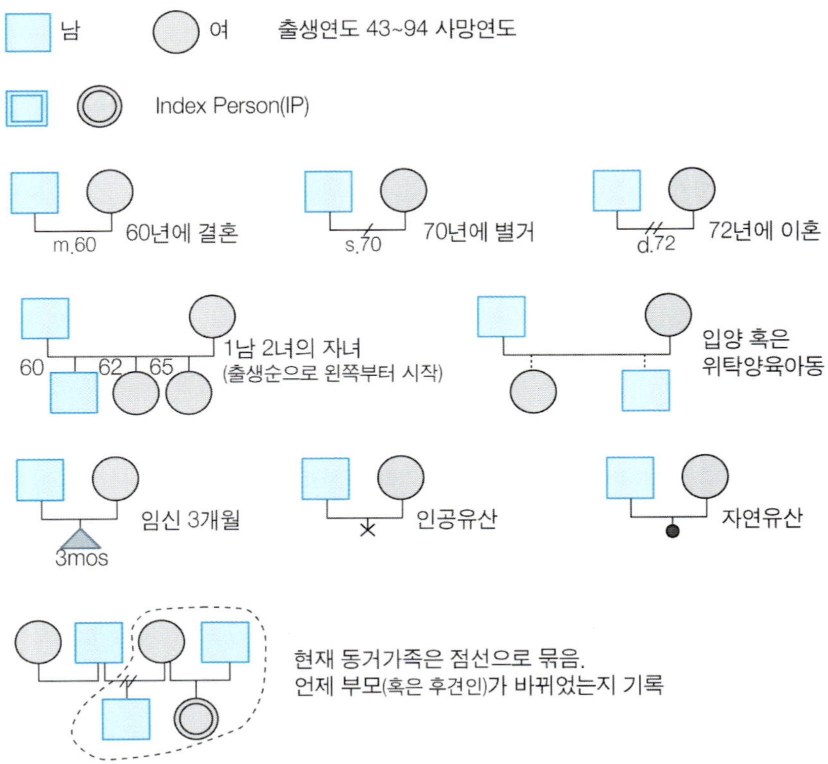

2. 가족 상호작용을 나타내는 기호. 이러한 기호들은 선택적으로 사용될 수 있으며, 별도의 용지에 기술할 수도 있다.

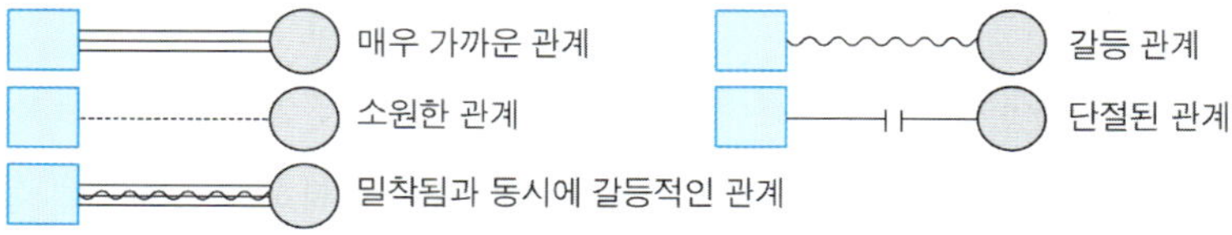

3. 가계도의 빈 여백에 다음과 같은 중요한 정보를 간결하게 기록한다.

(1) 만성적 질환 (2) 종교 (3) 교육 (4) 취업 혹은 실업 (5) 퇴직 (6) 범법행위
(7) 알코올리즘 혹은 마약 사용 외에 가족의 사망이나 이사 등 중요 정보를 기록한다.

| 그림 9-1 | **가계도 그림**

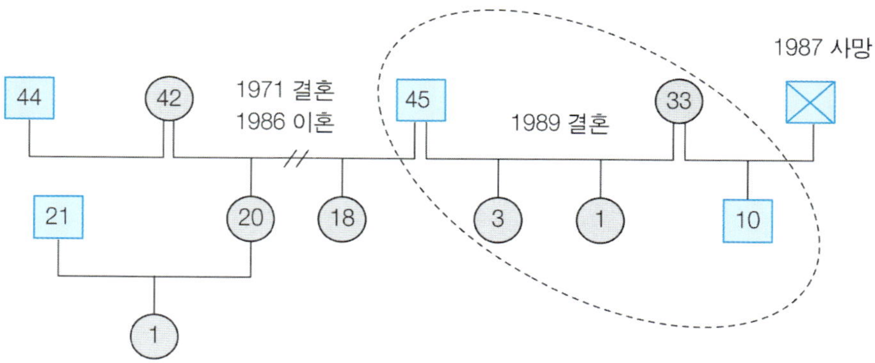

| 그림 9-2 | **재구성된 가족의 간단한 가계도**

② 생태도

생태도는 1975년 앤 하트만Ann Hartman에 의해 고안된 것으로서 체계적이고 생태학적인 관점에서 가족을 이해하는 데 도움이 된다. 생태도는 클라이언트를 둘러싼 각 체계와 가족성원 간 관계의 성격뿐만 아니라 체계 사이의 에너지의 흐름을 보여 줌으로써 가족에 대한 현재 지역사회 자원이나 체계들의 영향과 상호작용의 변화를 보여

준다. 생태도는 환경 속의 인간의 관점에 근거하여 클라이언트를 생태체계론적 관점에서 이해하는 데 도움이 된다. 즉, 가족이 지역사회에서 얼마나 많은 외부체계들과 관계를 맺고 있는지, 고립의 정도는 어떠한지, 관계의 질은 어떠한지를 보여 줌으로써 가족 내부에 대한 이해와 함께 외부와의 연결과 적응정도를 파악할 수 있게 해 준다. 연속생태도는 개입초기에 가족을 사정하기 위해 생태도를 작성하고 그 후 변화를 확인하기 위해 시차를 두고 반복 작성하는 것을 말한다.

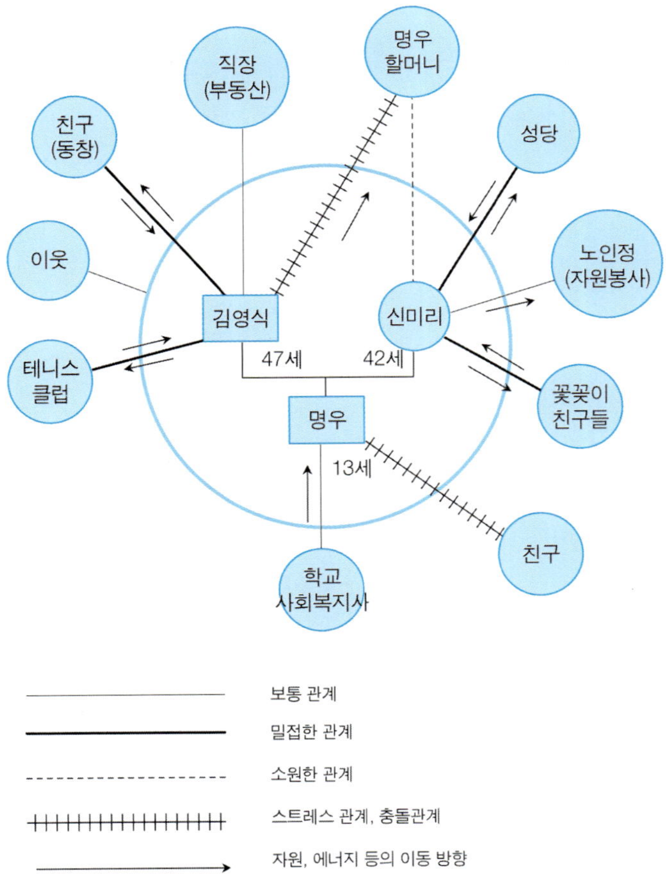

| 그림 9-3 | **생태도의 예**

③ 생활력 도표

생활력 도표는 클라이언트의 생애 동안 발생한 사건이나 문제의 발전과정을 사정하는 데 도움이 된다. 생활력 도표는 특히 아동과 청소년을 대상으로 한 활동에서 더 유용한데, 이것은 이들 집단이 성인 집단보다 성장과정에서의 사건에 의해 사회심리적 기능에 더 크게 영향을 받기 때문이다.

| 표 9-1 | 생활력 도표 보기

클라이언트: 김동국

년도	연령	소재지	가족	학교	건강	활동	문제
2011	생년월일 11-3-1	대연동 부산 남구	父 30 母 26		정상 출생		
2012	1						
2013	2		동생 출생 (김동명)				
2014	3			어린이집 입학	천식, 3일 입원		어린이집 가기 싫어함
2015	4						
2016	5			유치원 입학	천식, 3회 입원		
2017	6		부의 음주량 증가		교통사고, 다리 골절		
2018	7			초등학교 입학-1			학교에서 싸움을 많이 함
2019	8		父의 해고	2		스카우트 활동	
2020	9		母의 취직	3	천식 재발		母의 돈을 훔침
2021	10			4	맹장수술		가출
2022	11		부모 별거, 母의 이사	5	천식 재발, 입원		싸움으로 친구의 코를 부러뜨림

년도	연령	소재지	가족	학교	건강	활동	문제
2023	12			6 성적 부진		종이 돌리기	알코올과 싸움
2024	13		부모 이혼	중학교 입학-1			교사 폭행, 자살 시도
2025	14		父 교통사고 사망	2 무단결석		축구하기	흡연, 백화점에서 절도, 성적 부진

생활력 도표는 출생부터 개입시점까지 클라이언트 삶의 다양한 시기에 관련된 여러 특징들을 조사하여 다른 자료들과 종합함으로써 클라이언트의 현재 기능수행에 영향을 미치는 발달 단계상 특정시기의 생활경험을 이해하는 데 도움이 된다.

④ 사회적 관계망 지도와 사회적 관계망 도표

사회적 지지란 사회적으로 가까운 관계에 있는 사람들, 즉 친지, 친구, 이웃사람 등으로부터 제공받는 언어적, 비언어적 정보와 조언, 구체적인 원조와 행동으로서 심리, 사회적으로 도움이 되는 것을 의미한다. 고트립(Gottlieb, 1983)은 사회적 지지를 개인에게 친밀하다고 생각되는 사람들이 제공하는 언어적 · 비언어적 충고, 수혜자에게 정서적으로나 행동적으로 바람직한 효과를 제공하는 가시적인 유형의 원조나 행동으로서, 개인의 전체 생활주기와 관련하여 다양한 신체적 정서적 장애로부터 개인을 보호하는 것으로 보았다. 따라서 사회복지사는 클라이언트가 사회적 지지를 유효적절하게 활용하도록 하기 위해서 개발 가능한 사회적 지지를 찾아내고 사정하도록 클라이언트를 격려해야 한다. 이러한 목적을 위해 트레이시Tracy가 개발한 사회적 관계망 지도와 사회적 관계망 도표는 사용하기에 매우 간편하면서도 유용한 사정도구이다.

작성방법은 사회복지사가 클라이언트와 함께 작성하는데, 먼저 사회적 관계망 지도를 그리면서 클라이언트와 의미 있는 관계를 맺고 있는 사람들을 확인하고, 그 후 확인된 사회적 관계망 지도를 중심으로 구체적인 지지의 내용을 파악하는 사회적 관계망 도표를 작성하는 것이다.

㉠ 사회적 관계망 지도

[그림 9-4]는 사회적 관계망 지도이다. 사회복지사는 클라이언트에게 지난 한 달 동안 그에게 중요했던 사람들이 누구인지 생각해 보도록 권한다. 즉, 클라이언트를 기쁘게 하거나 마음 상하게 한 사람, 이 시기 동안 클라이언트의 의사결정에 영향을 미쳤던 사람 등; 어떤 형태로든지 클라이언트의 생활에 직·간접적으로 영향을 준 사람을 생각하도록 한다. 떠오른 사람들을 사회적 관계망 지도에 동거 가족, 확대 가족, 직장이나 학교 등의 분류에 맞추어 기록한다.

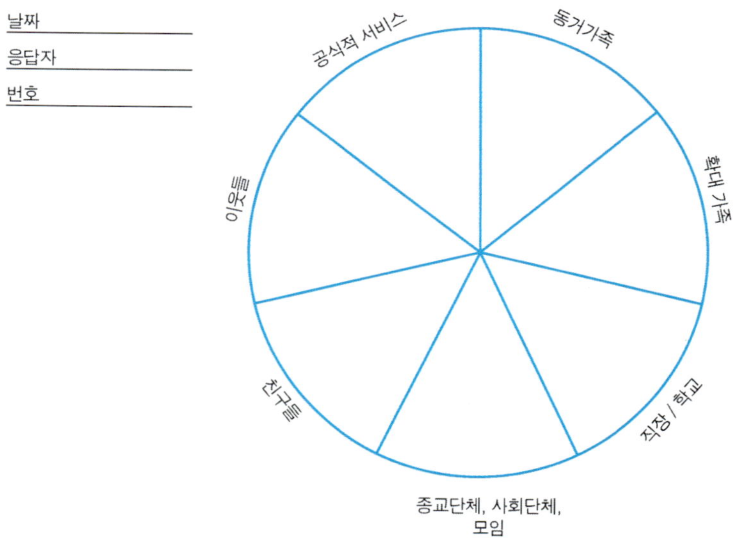

| 그림 9-4 | 사회적 관계망 지도

㉡ 사회적 관계망 표

만일 사회적 관계망 지도안에 15인 이상의 사람들이 있다면, 클라이언트에게 상위 15인을 선택하도록 하고 그 관계망 안에 속하는 사람들에 관해서만 질문을 하여 이들을 중심으로 사회적 관계망 표를 작성한다. 〈표 9-2〉는 사회적 관계망 표이다.

사회적 관계망 표의 첫 번째 칸은 사회적 관계망과 클라이언트와의 관계를 가리키는데, 이것은 사회적 관계망 지도에 드러난 것을 한 번 더 기록하는 것이다. 두 번째 칸부터는 각각의 사회적 망과의 관계내용에 관한 것이다. 물질적인 지원과 같이 구체적 지원, 심리적 지지와 같은 정서적 지원, 정보나 충고 그리고 비판적 태도의 제공 정도, 원조의 방향과 친밀성 정도, 만남의 빈도, 서로 알고 지낸 기간 등으로 구성되어 있다.

| 표 9-2 | **사회적 관계망 표**

번호: 응답자: 이름:		생활 영역 1. 동거 가족 2. 확대 가족 3. 직장/학교 4. 조직들 5. 다른 친구 6. 이웃 7. 전문가 8. 기타	구체적 지원 1. 거의 없음 2. 간혹 있음 3. 거의 항상 있음	정서적 지원 1. 거의 없음 2. 간혹 있음 3. 거의 항상 있음	정보/충고 1. 거의 없음 2. 간혹 있음 3. 거의 항상 있음	비판 1. 거의 없음 2. 간혹 있음 3. 거의 항상 있음	원조의 방향 1. 양방향 2. 당신이 그들에게 향함 3. 그들이 당신에게 향함	친밀성 1. 친밀성이 없음 2. 친밀한 정도 3. 매우 친밀	얼마나 자주 보는가 0. 보지 않음 1. 몇 회/년 2. 매달 3. 주별 4. 매일	얼마나 오래 알았는가 1. 1년 미만 2. 1년~5년 3. 5년 이상
	01									
	02									
	03									
	04									
	05									
	06									
	07									
	08									
	09									
	10									
	11									
	12									
	13									
	14									
	15									

출처: University of Washington, School. of Social Work and Behavioral Sciences Institute. James K. Whittaket, Principal Investigator, Elizabeth M. Project Coordinator. Reproduced with permission of Elizabeth M. Tracy.

이러한 사정은 클라이언트의 주관적 인식에 근거한 것이므로 객관성이 부족할 수 있다. 따라서 클라이언트에 의해 지지의 내용이 과장되거나 과소평가되기도 하며, 혹은 중요한 사람이 누락될 수도 있다는 것을 명심해야 한다.

사회적 관계망 지도와 사회적 관계망 도표가 완성되면 사회복지사는 이러한 사회적 지지의 활용방안에 대해 클라이언트와 논의해야 한다. 물론 클라이언트의 문제와 욕구에 따라 활용될 사회적 지지는 달라지며 무엇보다도 이것을 활용하려는 클라이언트의 의지가 중요한 결정요인이 된다.

⑤ **사회도**(소시오그램)

사회도는 모레노와 제닝스Moreno & Jennings가 개발한 것으로서 상징을 사용하여 집단 내 성원들 간의 상호작용을 표현한 그림이다. 성원들 간의 개인적 수용과 거부 및 집단 내의 대인관계를 평가하는 데 사용하는 기법으로서 주로 집단과 일하는 사회복지사가 집단 내의 소외자, 하위집단, 연합 등을 파악할 때 많이 이용한다. 개입과정에서 집단 구성원들의 상호작용의 변화를 측정할 때는 여러 번 그려서 비교해 봄으로써 집단의 특징적 상호작용과 대인관계 유형의 변화를 파악할 수 있다.

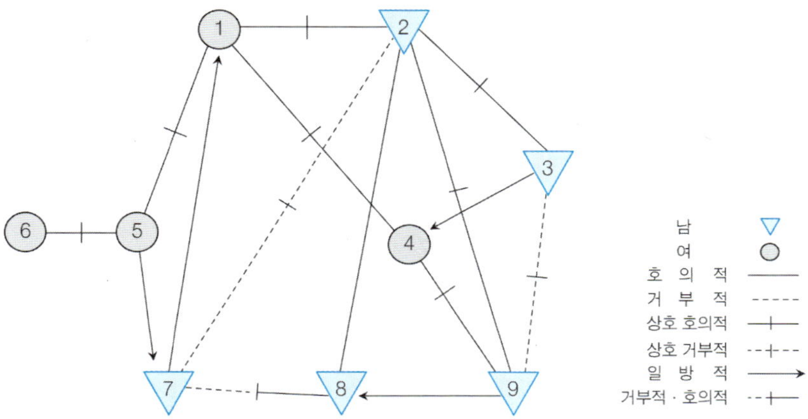

| 그림 9-5 | **소시오그램의 예**

3 계획수립단계

계획단계에서의 중요한 과업은 사회복지사와 클라이언트가 표적문제를 선정하고, 개입목표를 설정하며, 그 후 이를 달성하기 위해 서로의 의무와 과업, 구체적 실천 활동을 상호 약속하는 계약을 하는 것이다.

1) 표적문제 선정

목표를 설정하기 위해서는 우선 표적문제를 찾아내야 한다. 표적문제는 사정과정에서 드러난 복잡한 여러 가지 문제 중에서 가장 중요하고 시급히 해결해야 할 문제를 말한다. 표적문제를 선정할 때는 클라이언트가 중요하게 생각하고, 시급히 해결되기를 원하며, 문제 상황을 대표하며 그리고 해결가능성이 비교적 뚜렷한 문제로 선정해야 한다.

표적문제가 너무 많으면 계획된 시간 안에 모든 문제를 다 해결하기가 어렵기 때문에 표적문제는 2~3가지 정도만 선정하는 것이 좋다. 표적문제는 사회복지사와 클라이언트 양자가 모두 문제라고 여기며 해결하기를 바라는 합의된 문제로 선정해야 하며 어느 한쪽만의 의견에 따라 정하면 안 된다.

2) 개입목표 설정

표적문제를 결정한 다음에는 문제해결을 통해 달성하고자 하는 목표를 설정해야 한다. 효과적인 개입의 관건은 구체적이며 선명한 목표설정에 달려 있다. 목표가 분명하지 않으면 개입은 실패할 가능성이 크고 개입결과의 평가 또한 불가능하다.

개입목표란 사회복지사와 클라이언트의 노력이 궁극적으로 향하고 있는 바람직한 변화의 결말이다. 즉, 문제가 해결된 상태, 개입을 통해 일어나기를 바라는 변화를 의미한다.

(1) 목표설정의 중요성과 가치

목표는 개입과정의 방향을 제시해 줌으로써 개입단계 동안 방황하지 않고 진행할 수 있도록 해 주며, 지속성을 제공한다. 목표는 개입전략과 방법을 선택하고 개발할 수 있도록 돕는다. 목표는 개입이 종결된 후 그 결과를 효과적으로 평가할 수 있는 근거가 된다. 목표설정에 클라이언트가 참여함으로써 변화의 의지가 커지며, 원조과정에 효과적으로 참여하게 된다.

목표는 한 번 설정되었다고 해서 변경 불가능한 것은 아니다. 개입과정에서 클라이언트의 문제나 상황이 변하면 목표도 변할 수 있기 때문이다. 초기에 정한 목표가 상황의 변화로 더 이상 의미가 없다고 생각될 때는 목표를 과감히 수정하는 융통성이 필요하다. 오히려 변화되는 상황에 맞추어 목표를 수정하는 유연한 자세 또한 매우 중요하다.

(2) 목표설정의 지침

일반적으로 목표를 설정할 때 지켜야 할 지침은 다음과 같이 정리할 수 있다(Hepworth et al., 2006).

㉠ 목표는 클라이언트가 원하는 결과와 관련이 있어야 한다.

㉡ 목표는 명확하고 측정 가능한 형태로 규정되어야 한다.

㉢ 목표는 현실적으로 달성 가능한 것이어야 한다.

㉣ 목표는 사회복지사의 지식과 기술에 맞는 것이어야 한다.

㉤ 목표는 가능하면 성장을 강조하는 긍정적인 용어로 서술되어야 한다.

㉥ 목표는 사회복지사와 클라이언트가 합의하에 설정하여야 한다.

㉦ 목표는 기관의 기능과 일치하는 것이어야 한다.

그리고 목표설정을 SMART 형식으로 축약하여 설명하기도 한다. 즉, 다음과 같은 다섯 가지가 고려되어야 한다는 것이다.

㉠ Specific(구체성)

㉡ Measurable(측정가능성)

㉢ Achievable(성취가능성)

㉣ Realistic(현실성)

㉤ Timely(시기적절성)

이상과 같은 지침에 근거하여 목표 설정이 잘되었을 경우에도 목표가 다양한 경우가 발생하기 때문에 목표에 우선순위를 정하여 사용하는 것이 바람직하다. 목표의 우선순위를 정할 때는, 첫째, 클라이언트에게 가장 시급한 문제, 둘째, 가장 단기간에 성취하여 만족감을 느낄 수 있는 것, 셋째, 클라이언트가 목표달성에 전력을 다할 동기를 가지고 있는 것, 넷째, 기관의 기능에 적합하고 사회복지사의 능력에 준하여 달성 가능한 것이어야 한다.

3) 계약

표적문제와 목표가 결정되면 계약단계에 들어간다. 계약은 문제의 정의, 목표, 클라이언트와 사회복지사의 역할, 시간, 장소, 비용, 개입기법, 평가방법 등에 대해 사회복지사와 클라이언트가 동의하는 것이다. 사회복지실천 개입의 성공을 위해서는 클라이언트가 자신이 해야 할 일과 역할을 분명하게 인식하고, 클라이언트의 적극적인 참여가 중요한데, 계약은 사회복지사와 클라이언트의 합의하에 클라이언트의 의견이 충분히 반영되기 때문에 클라이언트에게 참여감을 높여 주어 문제와 과업을 수행하려는 동기를 촉진시킨다. 결국 사회복지실천은 사회복지사와 클라이언트 사이의 일종의 계약관계인 것이다. 라이드와 엡스타인(Reid & Epstein, 1977)은 서비스 계약이 비자발적인 클라이언트와 일할 때 중요하다고 지적했다.

계약을 할 경우에는 클라이언트의 연령, 성, 문화, 인지유형, 사회적 기능의 차원 그리고 기관의 본질 등이 고려되어야 한다(Compton & Galaway, 1984). 예컨대, 인지적으로 손상된 클라이언트를 원조할 경우에는 사회복지사가 적극적인 입장을 취해야 하겠지만, 자율성과 자긍심이 강한 성인을 원조할 경우에는 지시적인 기술을 최소한으로 활용하도록 한다. 그리고 모든 계약이 항상 순조로운 것만은 아님을 인식해야 하고 클라이언트와 사회복지사 간에 의견차이가 일어날 때 갈등을 피하지 않는 것이 중요하다. 만약 계약이 너무 순조롭게 진행될 경우 어느 한쪽이 다른 쪽을 독점하는 것은 아닌가에 대해 경계해야 할 것이다. 계약에 포함되어야 할 구체적인 내용으로는, ① 성취될 목표, ② 참여자의 역할, ③ 적용될 기술이나 개입의 형식, ④ 시간 구성, 면접의 빈도와 지속시간, ⑤ 진행사항을 점검하는 수단, ⑥ 계약의 재협상에 대한 계약조항, ⑦ 시작 날짜, ⑧ 면접의 취소 및 변경사항에 관한 규정, ⑨ 비용 등을 제시하고 있다(Hepworth & Larsen, 1995).

계약의 형식은 서면계약과, 구두계약 그리고 암묵적 계약이 있다. 먼저 서면계약은 가장 공식적인 형태의 계약이며, 사회복지사와 클라이언트 그 외 관련된 사람들이 동의한 사실을 서면으로 작성하고 서명하므로 오해의 가능성을 최소화한다. 클라이언트는 서면계약으로써 의지를 더 강하게 할 수 있고 필요한 경우 언제라도 계약내용을 검토할 수 있다는 장점이 있다. 그러나 준비하는 데 많은 시간이 걸린다는 것이 단점이다.

이에 비하여 구두계약은 서면계약과 비교할 때 신속하고 쉬우며 서명을 거부하거나 저항감 및 불신감을 가진 클라이언트에게 유용하다. 그러나 서면계약과 같은 결정적인 힘은 없으며 합의한 내용의 자세한 부분을 잊을 수가 있다. 그래서 목표의 우선순위는 사회복지사가 개인적으로 기록하는 것이 좋다.

암묵적 계약은 실제로 문서화하거나 언어화하지 않아도 암묵적으로 합의한 계약을 말한다. 그런데 내용이 명료화되지 않았기 때문에 서로 오해의 가능성이 있기 때문에 주의를 요한다.

4 개입단계

개입단계는 사회복지사와 클라이언트가 상호 합의하여 결정한, 문제해결을 위한 계획을 구체적인 행동으로 실천하는 단계로서 이를 통해 의도하는 변화를 유발하는 단계이다. 즉, 사회복지사의 원조활동이란 바로 개입활동을 의미하는 것으로 계획단계에서 수립된 목표들이 사회복지사의 실천기술과 클라이언트의 협력으로 실행되는 것이므로 이 단계가 바로 사회복지실천과정의 핵심적 단계이다.

이 단계에서는 사회복지사와 클라이언트가 선택된 목표들을 성취하기 위해 다양한 전략들을 실행하게 된다. 이러한 점에서 개입단계를 행동지향적 단계로 설명하기도 한다. 즉, 이전 단계에서 사회복지사와 클라이언트(개별 클라이언트, 가족, 혹은 집단) 간에 이미 합의된 구체화된 개입방법들 및 기술들에 관한 계획을 행동으로 전환시킴을 의미한다.

1) 개입단계의 과제

(1) 문제해결을 위한 구체적 변화전략을 수립한다.

문제를 해결하려는 클라이언트의 변화노력을 지원하기 위해 문제해결을 위한 구체적인 변화전략을 수립한다. 즉, 개입을 성공적으로 이행하기 위해서는 적절한 변화 전략의 선택이 우선되어야 한다. 개입전략들은 변화가 필요한 것으로 지목된 표적체계들 target systems과의 조화는 물론 클라이언트의 발달상의 단계들과도 조화를 이루는 것이 중요하다(Hepworth et al., 2006). 그러므로 사회복지사는 개입의 계획에 있어 인간 발달단계 및 가족의 발달단계들을 신중하게 고려해야 할 것이다. 이들 정상적 범주에서의 발달단계 이외에도 클라이언트에게 과도한 스트레스를 유발시키는 생활 사건들도 개입의 선택에서 고려되어야 할 사항이다.

클라이언트의 다각적 차원을 고려한 후 직접적 개입, 지역사회와의 자원 연계 및 새로운 자원의 개발, 사회적 지지집단의 활용, 교육, 정보제공 등 다양한 전략을 수립한다.

(2) 교육, 동기유발, 자원연결, 행동변화 등을 통해 클라이언트의 변화를 창출한다.

직접적 개입이나 간접적 개입 등 다양한 개입방법과 기술을 적용하여 클라이언트와 클라이언트를 둘러싼 환경체계에서 변화가 일어날 수 있도록 원조한다.

(3) 지속적인 점검을 통해 변화를 유지하고 평가한다.

① 개입과정에서 일어나고 있는 변화가 지속될 수 있도록 점검한다.

② 사회복지사는 개입과 동시에 클라이언트가 개입과정에 계속 참여할 수 있도록 점검한다. 즉, 변화노력을 방해하는 장애물이 있는지 점검한다.

③ 문제해결과정이 잘 진행되고 있는지에 대해 클라이언트에게 정기적으로 환류와 지지를 제공한다.

④ 개입활동에 대한 효과 여부를 설정된 목표에 비추어 계속적으로 평가한다.

⑤ 설정했던 목표나 개입방법이 적절하지 못한 경우에는 목표를 수정할 수도 있다.

⑥ 개입방법이 적절치 못하거나 효과성이 없다고 판단되는 경우에는 개입방법을 바꾼다.

2) 사회복지사의 역할

개입단계의 성공적인 수행을 위해 사회복지사는 다양한 역할을 수행하게 되는데 콩튼과 갤러웨이(1984)는 사회복지사의 개입역할을 5개의 개념으로 분류하였다.

(1) 중개자의 역할

중개자의 역할이란 원조과정에서 설정한 서비스 목표를 달성하기 위해 가능한 모든 자원과 클라이언트를 연결시키는 역할이다. 이러한 역할을 위해 사회복지사는 클라이언트에게 도움이 될 수 있는 기관이나 지역사회의 자원에 대해 충분한 지식과 정보를 파악하고 있어야 한다. 이 역할의 예를 들면, 실업상태의 클라이언트에게 직업훈련 프로그램을 소개하거나 부부간 불화에 시달리는 클라이언트에게 결혼 상담을 받도록 주선하는 것이다.

(2) 조력자의 역할

이 역할은 설정된 원조목표를 달성하기 위해 클라이언트로 하여금 그 자신의 내부에서 문제대처능력이나 자원을 찾아내도록 클라이언트를 돕는 것을 의미한다. 여기서 중요한 점은 사회복지사가 변화를 불러오는 것이 아니라 클라이언트 자신의 노력으로 변화가 야기된다는 것이다. 즉, 사회복지사의 조력자의 역할은 클라이언트가 설정된 변화를 스스로 성취하도록 지원하는 것이다. 예를 들면, 자녀관계에서 갈등을 겪는 어머니로 하여금 자녀와의 문제를 분명히 인식하도록 하고 자녀와의 관계를 개선하기 위한 대안을 모색해 보도록 돕는 것이 바로 조력자로서의 사회복지사의 역할이다.

이 역할은 클라이언트체계 내부를 대상으로 수행하며, 클라이언트로 하여금 말을 하도록 격려하고 감정을 표출하도록 이끌며, 클라이언트의 대인관계 양식에 대한 검토, 논리적인 토론 등이 주로 사용되는 기법이다.

(3) 교사의 역할

클라이언트에게 문제해결에 필요한 정보를 제공하거나 새로운 기술을 습득하도록 지원하고, 혹은 사회복지사 자신이 모델링해 보임으로써 클라이언트에게 새로운 행동을 가르치는 것 등은 사회복지사의 교사 역할에 해당된다. 예컨대, 사춘기 자녀와의 관계에 어려움이 있는 부모들에게 사춘기 청소년의 특성에 관한 지식을 전해 준다든지, 저소득층 클라이언트에게 저렴하게 구입할 수 있는 시장에 관한 정보를 제공하는 것이 교사 역할이다.

교사의 역할은 클라이언트의 문제해결 능력을 강화시킴으로써 의도하는 변화를 야기한다는 점에서 조력자로서의 역할과 유사하다고 할 수 있다. 그러나 조력자로서의 역할이 클라이언트체계 내부에서 자원을 동원하는 것에 비해 교사의 역할은 외부의 자원을 클라이언트체계 내부로 끌어들인다는 점에서 차이가 있다.

(4) 중재자의 역할

중재자의 역할이란 클라이언트와 다른 사람들 간에, 혹은 클라이언트와 어떤 조직 사이에 존재하는 의견충돌이나 갈등을 조정하여 공동의 합의점을 찾아내도록 하는 역할이다. 이와 같은 사회복지사의 중재적 개입은 그러한 활동이 설정된 원조목표 달성에 필요한 경우 수행된다. 예를 들어, 학교에서 퇴학당한 클라이언트를 복학시키는 것이 원조목표인 경우, 학생과 학교 당국과의 의견차이나 충돌을 타협 혹은 해결하도록 사회복지사가 개입하는 것이 중재자의 역할이다. 즉, 클라이언트체계와 그를 둘러싼 외부체계 사이에 존재하는 갈등해결이 중재적 개입의 주요 목적이다. 이러한 활동을 위해 사회복지사는 공정한 자세에서 양측의 의견을 수렴하는 기술이 필요하며, 관련자들로 하여금 상대방의 입장과 정당성을 이해하도록 도우며, 이를 통해 공동의 이해를 찾아내도록 이끌 수 있다.

(5) 변호자의 역할

사회복지사가 설정된 원조목표 달성을 위해 클라이언트의 입장을 대변하고 변호하는 역할을 의미한다. 구체적으로 클라이언트를 위해 논쟁, 주장, 흥정, 타협, 환경조작 등을 하는 것이다. 변호자의 역할은 조정의 역할과는 구별된다. 중재의 역할이 양측의 이해를 절충하고 타협하여 공동의 이해영역을 도출하는 것임에 비해 변호는 클라이언트의 이해와 권리만을 보호하는 것이다. 단, 이때 클라이언트의 권리나 이해는 법적으로 보장된 것에 한한다. 학대받는 아동의 권리를 확보하기 위한 사회복지사의 활동이 대표적인 변호자 역할의 예이다.

위에서 언급한 다섯 가지 사회복지사의 역할이 얼핏 보면 간단한 것 같지만 사실은 인간과 환경에 대한 종합적이고 전문적인 지식과 통찰력 그리고 경험을 통한 고도의 숙련을 요구하는 일임을 알아야 한다는 것이다. 물론 다양한 역할을 하기 때문에 각각의 역할에 따른 지식과 기술의 심도는 그 역할만 전문으로 하는 사람만큼 깊을 수는 없겠지만 특정한 환경 속에서 상호작용하는 개인을 종합적으로 파악하고 도우려고 하기 때문에 인간과 사회에 대한 다방면에 걸친 지식과 경험에 따른 숙련성이 요구된다고 하겠다.

3) 개입기술

우리는 클라이언트가 가지고 있는 어려움의 양상과 범주가 매우 다양하다는 것을 설명하는 많은 이론들을 접해 왔다. 따라서 개입전략도 이처럼 다양해질 수 있다. 일반적인 사회복지실천가의 중요한 자질 중의 하나는 클라이언트의 문제 상황을 해결할 수 있는 가장 적절한 활동을 선택하는 능력이라 할 것이다. 특정 문제 상황에 대해 어떤 실천방법을 행할 것인지를 결정할 때 다음의 몇 가지 원칙들이 활용될 수 있다 (Johnson & Yanca, 2001).

① 경제성

클라이언트와 사회복지사 양측 모두의 시간과 에너지 소모를 최소화할 수 있는 형태를 선택한다.

② 클라이언트 자기결정

원조과정의 초기계획 단계에서부터 시종일관 클라이언트의 참여가 이루어져야 한다.

③ 개별화

각 클라이언트체계가 고유하게 지닌 강점, 욕구, 특성 등에 따라 실천방법은 각기 달리 취해져야 한다.

④ 성장발달

클라이언트체계(개인, 가족, 소집단)의 발달단계에 따라 적절한 실천 형식이 취해질 필요가 있다.

⑤ 상호의존성

사회복지사 활동의 일부는 클라이언트의 활동에 달려 있다. 즉, 개입은 클라이언트의 활동과 클라이언트의 변화 능력을 고려한 후 시작해야 한다. 이처럼 사회복지사와 클라이언트의 활동은 서로에게 의존하고 있으므로 양측의 활동은 상호 보완적이어야 한다.

⑥ 서비스목표에의 초점

실천양식은 사회복지사와 클라이언트가 함께 계획단계에서 합의했던 서비스목표들과 유관해야 한다.

본 서에서는 사회복지사의 개입활동을 클라이언트 자신에 대한 직접적 개입과 클라이언트를 제외한 체계들에 대한 개입인 간접적 개입으로 나누어 설명한다. 직접적 개입이란 기본적으로 개인, 가족이나 소집단 체계 자체의 변화를 가져오기 위한 활동이다. 이에 비하여 간접적 개입이란 클라이언트를 돕기 위해 클라이언트가 관계하고 있는 사회적 연계, 소집단, 조직 또는 지역사회의 변화를 가져오는 활동들이다. 리치몬드(1922)는 개입을 클라이언트가 자기 자신을 의식적으로 조정함으로써 환경에 보다 잘 적응하도록 하는 데 초점을 둔 직접적인 활동과 클라이언트를 둘러싸고 있는 인적 · 물적 환경에 변화를 가져오려는 간접적인 활동으로 분류하여 설명하였다(엄명용 외, 2007).

(1) 직접개입: 개인에 대한 개입활동과 기술

개인에 대한 직접 개입활동에서 주로 사용하게 되는 기술들은 개인의 문제가 대개 내 · 외로부터의 스트레스에 대한 대처 능력의 부족에서 비롯된다는 시각에서 출발한다. 따라서 이를 수정하는 데 필요한 기술들로는, 의사소통 기술, 행동변화 기술 등이 주를 이룬다. 이러한 기술들은 문제가 되는 클라이언트의 사고와 감정 및 행동을 변화시키는 기법으로 활용된다.

① 의사소통 기술

의사소통에 의한 직접적 개입은 모든 사회복지실천모델의 기본적 기술로서 실천모델에 대한 사회복지사의 선택 혹은 이론적 정향에 관계없이 필수적으로 습득해야 되는 기술이다. 의사소통 기술이란, 사회복지사와 클라이언트 사이에 변화를 가져올 수 있는 대화기술을 의미하는데, 구체적으로는 클라이언트의 감정과 사고에 대한 개입에 초점이 맞추어진다. 즉, 클라이언트의 정서적 안정과 인지구조의 변화, 클라이언트 자신과 문제 상황, 자원 등에 대한 상황인식 능력의 향상이 그 내용이 된다.

㉠ 정서적 안정과 자신감 회복을 위한 지지기법

이 기법은 클라이언트의 불안, 자기 비하감, 자신에 대한 불신 등의 감정을 제거하기 위한 목적으로 사회복지사가 확신하는 클라이언트의 장점과 능력을 직접적인 표현을 통해 인정하여 주는 것이다. 이 기법은 클라이언트의 문제해결능력 향상을 목적으로 적용되는 가장 기본적인 의사소통기법 중의 하나로서 클라이언트의 장점을 인정하고 지지하는 방법이다. 여기에는 격려, 재보증, 일반화, 환기 등과 같은 의사소통기법이 속한다.

- 격려 encouragement : 클라이언트의 행동, 태도, 감정을 칭찬하거나 인정해 주는 언어적 표현방식으로 이루어진다. 이 기법은 특히 자신들의 문제를 해결할 능력과 자질, 지식을 보유하고 있는 클라이언트들에게 그들의 문제해결능력과 동기를 최대화시키는 방법으로서 매우 효과적이다(Compton & Galaway, 1984). 또한 어려운 과제를 목전에 두고 자신감이 부족한 클라이언트에게도 유효한 기법이다(Wood & Hollis, 1990). 격려는 성찰, 환기, 재보증, 클라이언트에 대한 신뢰감의 표명 등과 같은 여러 다른 기법과 병행해서 사용할 수 있다. 사회복지사가 이 기법을 활용할 때 주의할 점은 격려의 내용이 클라이언트의 행동 그리고 태도와 직결되어야 하며 그 의미가 분명하게 전달되어야 한다는 것이다.
- 재보증 reassurance : 클라이언트의 능력에 대해 사회복지사가 신뢰를 표현함으로써 클라이언트의 자신감을 키우는 기법이다. 이 기법은 클라이언트가 실제로는 현실적이며 건전하게 그리고 사회적으로 수용될 수 있는 결정과 사고방식, 느낌을 가지고 있음에도 불구하고 자신을 믿지 못하는 클라이언트에게 효과적으로 적용된다.

- 일반화 universalization : 클라이언트가 자기 자신에게만 이런 문제가 있다고 괴로워하는 것에 대해 비슷한 상황에 있는 사람들이 일반적으로 그런 경험을 겪는다고 이야기해 주고 그리고 클라이언트가 특별하게 자신만이 가지고 있다고 생각하는 사고, 감정, 행동에 대해 대개의 사람들이 공통적으로 겪는 것임을 지적해 줌으로써 클라이언트가 자기 자신을 다른 사람들로부터 소외시키거나 일탈감을 갖는 것을 막아 주는 기법이다.
- 환기법 ventilation : 클라이언트의 문제나 상황과 관련된 감정을 클라이언트로 하여금 표출하도록 하는 기법이다. 클라이언트는 대부분 문제와 관련되어 다양한 감정을 경험하게 되는데, 어떤 경우에 이러한 감정이 제대로 표출되지 않거나 혹은 강하게 억압되어 그것 자체가 문제이거나 혹은 문제해결을 방해하는 경우가 있다. 분노, 증오, 슬픔, 죄의식, 불안 등의 감정들이 주로 억압되는 정서들이다. 사회복지사가 클라이언트의 미처 의식되지 못하거나 혹은 억압하려는 이러한 감정들을 인식하고 자유롭게 표출하도록 격려함으로써 감정의 강도를 완화시키거나 정서적 분출을 바람직한 방향으로 유도하는 데 이 기법이 유용하다(Wood & Hollis, 1990).

㉡ 인지구조의 변화

인지구조의 변화란 클라이언트의 왜곡되거나 부정적인 사고구조를 변화시켜 자신과 상황을 좀 더 현실적으로 인식하도록 돕는 것이다. 주로 직면, 재명명 등이 쓰인다.

- 직면 confrontation : 클라이언트의 자아인식을 고양하고 변화를 촉진하는 기술로 클라이언트의 어려움을 야기하거나 유지시키는 사고, 감정 또는 행동의 특정 측면을 클라이언트에게 직시하게 하는 것을 말한다(Hepworth et al., 2006). 또한 직면은 클라이언트가 자신의 문제를 부정하거나 회피하고 변화를 거부하고 개입을 피하려고 할 때 사용되는 기법이다. 이것은 클라이언트의 사고, 감정, 행동 중에서, 특히 변화에 장애가 되는 부분에 대한 인식을 높이기 위해 사용하는 기법이다. 직면의 중요한 목적 가운데 하나는 클라이언트가 행동하고 사고하며 느끼는 데 모순을 인식하도록 돕는 것이다(Gambrill, 2006). 클라이언트의 태도와 행동의 불일치, 언어적 · 비언어적 의사소통의 불일치 등을 직면시키면서 문제에 대한 통찰력을 갖게 하거나 자신을 개방적으로 드러

내도록 돕는다. 직면은 평형상태를 혼란시키며 잠정적 불안을 야기하기도 한다(Northen, 1982). 그리고 사회복지사가 직면을 사용할 때 클라이언트를 비판하거나 거절하는 것으로 클라이언트가 해석할 수 있기 때문에 직면은 위험성을 내포하고 있는 기술이다. 따라서 직면을 효과적인 치료기술로서 사용하기 위해서는 충분한 감정이입을 동반해야 하며 적절한 타이밍의 기술 또한 요구된다. 따라서 직면은 클라이언트가 비난받는다는 느낌이 들지 않도록 해야 하고, 건설적인 방향이어야 하며, 구체적인 예를 사용하는 것이 유용하다. 시기선택도 중요한데, 클라이언트가 직면에 대해 준비되어 있는지 고려해야 한다. 또한 신뢰관계가 충분히 형성된 후에 직면기법을 사용하는 것이 유용하다. 적절한 시점이 아니거나 클라이언트가 준비되어 있지 않은 때 직면을 시도하면 클라이언트와의 관계에 좋지 않은 영향을 미칠 것이다. 따라서 클라이언트가 화가 나 있거나 좌절상태에 있는 경우 직면기법의 사용은 바람직하지 않다.

- 재명명 reframing : 어떠한 행동과 사건에 대해 클라이언트가 부여하는 의미를 새롭게 수정해 줌으로써 클라이언트가 상황을 좀 더 긍정적으로 보도록 하는 것이다. 이 기법은 특히 부부나 가족관계에서 어려움을 겪는 클라이언트에게 매우 효과적이라고 권하고 있다(Sheafor, Horejsi & Horejsi, 1991). 즉, 재명명 기법을 통해 가족원들이 문제라고 규정한 것을 다시 검토해 보도록 격려하며 다른 성원의 행동을 다른 각도에서 이해하도록 돕는 것이다. 따라서 재명명 기법은 궁극적으로 대인관계에서 서로 간의 이해를 높이고 상호 긍정적인 느낌을 개발하는 것을 주요 목표로 활용될 수 있다.

ⓒ 문제 해결을 위한 지시적 의사소통기법

지시적 의사소통이란 사회복지사가 클라이언트에게 그가 취해야 할 행동을 조언하거나, 클라이언트가 미처 생각지 못한 여러 가지 대안을 제시하거나, 대안 중의 하나를 추천하는 기법을 의미한다. 이 지시적 기법은 그 적용여부에 대한 논란이 많으며 특별한 주의를 필요로 한다. 미국의 사회사업발달의 초기에는 사회복지사가 클라이언트들에게 지시적인 태도를 많이 취하였다. 그 후 이러한 기법에서 드러나는 사회복지사의 우월적 위치에 대한 비판이 제기되면서 이 기법을 극히 자제하는 경향이 강하게 대두되었다. 그러나 최근에 와서는 사회복지사를 찾아오는 클라이언트들은 무엇인가 구체적인 방법을 사회복지사로부터 기대한다는 것이 밝혀지면서 이 기법의 유용성이 다시금 거론되는 추세이다(Wood & Hollis, 1990).

지시적 의사소통은 지시의 강도에 따라 몇 가지 표현방법으로 분류된다. 가장 극단적인 것으로는 학대받거나 방임되고 있는 어린이를 그 가정으로부터 격리시킨다거나 또는 정신병의 클라이언트를 병원에 입원시키는 것 등의 경우가 포함되며, 정보제공과 조언은 완곡한 형태의 지시적 기법에 속한다. 정보제공과 조언은 필요한 정보와 지침을 제공함으로써 클라이언트의 문제해결 능력을 향상시키기 위해서 사용되는 기법이다. 구체적으로 정보와 조언은 클라이언트 자신과 타인, 인간관계 그리고 문제해결에 필요한 자원체계를 중심으로 이루어진다. 조언이란 사회복지사가 클라이언트에게 그가 취해야 할 행동을 제안하는 것을 가리킨다. 조언의 기법을 적용할 때 중요한 것은 클라이언트가 사회복지사가 도와주려는 선의를 분명히 느끼게 해야 한다는 것이다. 지시적 기법의 강도에 대한 선택은 클라이언트의 교육적 수준, 문제와 상황인식 정도, 언어능력 수준, 정서적 상태 등을 충분히 고려하여 선택하여야 한다.

② 행동변화 기술

행동기법은 개입의 목적이 클라이언트로 하여금 새로운 행동을 학습하게 하거나 기존의 행동을 수정하도록 돕는 것일 때, 사회복지사가 사용할 수 있는 가장 강력한 개입방법이다(Sheafor & Horejsi, 2008).

㉠ 강화, 처벌, 소거

강화는 특정 행동이 어떤 보상을 받으면 그 행동이 다시 일어나기 쉽다는 원리에서 출발한다. 강화는 정적 강화와 부적 강화로 구분되며, 정적 강화는 표적행동을 증가시키는 효과를 얻기 위해 클라이언트가 좋아하거나 유쾌해하는 조건을 추가하거나 제공해 주는 것을 의미한다. 부적 강화는 표적행동을 증가시키는 효과를 얻기 위해 클라이언트가 싫어하거나 불쾌해하는 조건을 감소시키거나 제거하는 것을 의미한다. 처벌 punishment 은 표적행동을 억제하거나 감소시키는 효과를 얻기 위해 고통스럽게 불쾌한 자극을 주는 기법으로 특정한 행동이 불유쾌한 결과를 초래하면 그 행동은 약화되거나 없어진다는 원리이다. 처벌은 불쾌한 결과가 뒤따르는 정적 처벌과 생활의 유쾌한 부분을 박탈하는 부적 처벌로 구분된다. 소거란 문제행동을 증가 혹은 유지시켰던 강화물을 제거시킴으로써 행동이 계속되는 것을 막는 방법이다.

ⓛ 모델링

타인이 하는 행동을 보고 그대로 모방 modeling 하도록 하는 방법을 의미한다. 학습하는 것의 대부분, 특히 사회적 · 상호작용적 행동은 다른 사람을 관찰하고 그 행동을 모방함으로써 학습된다. 클라이언트에게 이 기법을 적용하여 의도하는 행동을 학습시키기 위해 비디오테이프 같은 자료를 활용하기도 한다.

ⓒ 타임아웃

타임아웃 time-out 은 신체적 징계의 대안으로 문제행동을 감소시키는 데 흔히 사용되는 기법이다. 타임아웃의 목적은 바람직하지 않은 행동을 강화하는 환경으로부터 클라이언트를 일시적으로 격리시켜 문제행동을 감소시키거나 제거하려는 것이다.

③ 기술훈련

사회복지실천 전문가들은 클라이언트의 강점관점을 중심으로 대처능력을 증가시키는 데 많은 관심을 가져왔으며, 그 노력의 일환으로 다양한 기술훈련 프로그램들을 제공해 왔다. 대표적인 기술훈련 프로그램으로는 문제해결기술, 사회기술, 자기주장,

스트레스 관리 등의 네 가지를 꼽으면서 구체적 설명을 제시하고 있다(Hepworth et. al., 2006).

㉠ 문제해결기술

문제해결기술은 일상생활의 문제에 대처하는 능력이 적절하지 못하여 어려움을 겪고 있는 클라이언트에게 좀 더 나은 수준의 기능을 하도록 체계적으로 도와주는 것이다. 이 기술은 클라이언트가 미래에 직면하게 될 많은 어려움에 효과적으로 대처할 수 있게 도와주고, 하나의 원칙을 여러 상황에 적용할 수 있도록 한다. 문제해결 원리의 핵심은 예방기능이다. 클라이언트가 실제 생활로 전환할 수 있는 기술을 점차 습득해 감에 따라 사회복지사에 대한 의존도는 점차 줄고 자기신뢰가 증가한다.

㉡ 사회기술훈련

사회기술훈련은 클라이언트가 자신이 속한 환경 속에서 효과적으로 기능하는 데 필요한 기술들을 습득하도록 연습하고 실연해 볼 수 있는 기회를 제공해 준다. 사회기술훈련은 클라이언트에 따라 그 내용을 달리한다. 사회기술훈련은 예방과 교정을 위한 폭넓고 다양한 기술을 가르치는 것으로서 클라이언트에게 현재 환경과 삶의 주기, 또는 역할관계에서 효과적으로 기능하는 데 필요한 기술을 습득할 기회를 제공한다.

㉢ 자기주장훈련

어떤 클라이언트는 대인관계에서 너무 비주장적이어서 자신의 생각이나 느낌을 상대방에게 솔직하게 표현하지 못함으로써 결과적으로 타인이 자신을 침해하거나 무시하도록 허용하는 식으로 행동하고, 또 어떤 클라이언트는 너무 공격적이어서 타인의 권리를 침해하면서까지 자신의 의견이나 느낌을 직접적으로 표현하며 상대방을 제압

하고 무시하는 경향을 강하게 띠는 식으로 반응한다. 이때 자기주장훈련은 상대방의 권리와 감정을 존중하는 가운데 본인의 의견과 주장, 선호도 등을 구체적으로 표현하도록 한다.

㉣ 스트레스 관리

스트레스 관리는 매우 다양한 접근법들을 포괄하고 있으며, 이들 모두 삶의 문제와 관련된 긴장이나 스트레스를 더욱 효과적으로 대처하도록 돕는 공통의 목적을 가진다. 즉, 사람들이 스트레스가 많은 사건이나 상황에 과도하게 반응하지 않게 대처기술을 사용하도록 돕기 위한 것이다. 따라서 스트레스 관리기술 훈련은 과도한 불안이나 분노로 스트레스 상황에서 고통받는 사람들에게 광범위하게 적용될 수 있다.

(2) 간접개입

사회복지사들은 직접 클라이언트를 만나서 서비스를 제공할 뿐만 아니라 클라이언트가 처한 환경을 변화, 조정하는 간접적 개입을 하기도 한다. 간접적 개입은 주로 기관과 지역사회 체계들과 이루어지는 경우가 많으며 중범위mezzo 혹은 거시macro 실천으로 표현되기도 한다. 사회복지사는 문제가 개인적 수준에서 연유된 것인지 혹은 사회적인 공공사안으로서 다루어질 필요가 있는지를 파악해야 하며, 때로는 이 두 가지의 초점을 함께 사용해야 하는 경우도 있다. 그러므로 사회복지실천전문가는 직접적 개입과 간접적 개입을 위한 지식과 기술을 지니고 필요에 따라 이 두 가지를 함께 사용할 수도 있어야 한다.

헵워스와 라슨(1993), 가빈과 시버리(Garvin & Seabury, 1979)는 환경을 개선시키기 위한 개입의 구체적 전략들을 제시했는데 요약하면 다음과 같다(김기태 외, 2008).

① 가정 내 관계의 증진

가족 내에서 구성원들은 양육, 지도, 보호, 영양, 건강, 애정, 교제, 성적 수행 등과 같은 중요한 인간욕구의 해결을 위한 일차적 자원을 갖추고 있다. 그렇기 때문에 가족 관계상에 문제가 발생하면 가족구성원들의 복지에 지대한 영향을 미치게 될 것이다. 예를 들면, 부부간의 관계가 원만치 못하면 부부문제 뿐만 아니라 자녀들의 심리사회적 문제도 발생하게 된다. 이때 부부치료를 통해 부부관계를 개선함으로써 자녀들의 심리사회적 부적응도 개선할 수 있을 것이다.

② 가족 환경 내의 자원의 보충

가정환경 내의 자원의 결핍으로 인해 문제가 발생할 때는 자원을 보충해 줌으로써 클라이언트의 욕구가 해결될 수 있을 것이다. 이때 자원은 물적 자원뿐 아니라 가정 내에서 어머니가 다양한 이유로 모의 역할을 원만하게 수행하지 못하게 되었을 때 가사 전반을 돕는 가사봉사원의 파견과 같은 서비스도 포함된다.

③ 지지체계의 개발과 강화

사회지지체계는 사람에게 역경이 왔을 때 그에 따른 스트레스나 충격을 완충해 주는 역할을 한다. 그러므로 적절한 사회지지체계의 결여는 사람으로 하여금 외부 스트레스에 심각한 부적응을 일으키게 할 수 있으며 최악의 경우, 이러한 결여 자체가 가장 큰 스트레스의 원천이 되기도 한다.

④ 클라이언트를 다른 환경으로 이동시킴

이 전략은 클라이언트를 일상적인 환경, 즉 익숙해 있던 환경으로부터 떠나게 하는 것이므로 상당한 주의를 기울여야 하며 다른 방법으로 문제해결이 잘되지 않을 때에

마지막 수단으로 행해져야 한다. 이와 같은 전략이 적용될 수 있는 상황은 가정폭력 피해여성이나 가정에서 학대받은 아동을 쉼터나 위탁가정에서 보호하도록 하는 것이 예가 될 수 있다.

⑤ 시설환경의 개선

시설환경의 개선을 통한 클라이언트의 원조는 먼저 시설의 구조나 가구 그리고 물건의 배치 등과 같은 물리적인 환경의 개선을 통해 시설을 이용하는 클라이언트에게 심리적 안정감과 편안함을 제공할 수 있을 것이고, 또 다른 한편으로는 기관에 종사하는 직원들을 헌신적이고 수용적이며 책임감 있는 태도와 자세를 지니도록 교육시켜 서비스의 질을 향상시킴으로써 클라이언트가 도움을 잘 받을 수 있는 분위기가 만들어질 수 있을 것이다.

⑥ 지역사회환경의 활용

지역사회에 존재하는 해변, 산, 공원, 동물원, 박물관, 도서관과 같은 다양한 환경을 클라이언트의 심리적, 정서적, 사회적 적응력을 향상시키는 데 활용할 수 있을 것이다.

⑦ 새로운 자원의 개발

물리적 환경의 변화, 과학기술의 발달, 정서적 사회적 상황의 변화에 따라 인간의 욕구도 달라질 수 있다. 따라서 사회복지사는 인간의 변화하는 욕구에 따라 그 욕구를 충족시킬 자원이 없을 경우 새로운 자원을 개발하도록 노력해야 할 것이다.

⑧ 해석을 통한 태도의 변화

타인에게 클라이언트 행동의 원인을 설명해 줌으로써 클라이언트에 대한 타인의 이해를 돕는 방법이다. 이것은 타인이 클라이언트 행동의 원인을 이해함으로써 타인의 클라이언트에 대한 태도변화를 유도할 수 있기 때문이다. 예를 들면, 자신의 아들이 지각장애 perception disorder 진단을 받았다는 것을 교사에게 설명함으로써 그 아동의 잘못된 행동을 꾸짖고 처벌을 많이 하던 교사의 태도를 바뀌게 하는 것이다.

⑨ 대중매체의 활용

클라이언트나 클라이언트 집단에 대한 이해나 이들의 권리옹호를 위해 신문, 라디오, 텔레비전 등과 같은 매스컴을 활용한 캠페인 등을 벌일 수 있을 것이다.

5 평가와 종결

1) 평가

(1) 평가의 의의와 목적

사회복지실천에서 평가는 사회복지실천의 과학성과 전문성을 강화해 주고 클라이언트에 대한 책무성을 높여 준다는 면에서 매우 중요한 의미를 지니고 있다. 최근 사회복지분야에서는 책무성 accountability 이 강조되고 있다. 사회복지사는 자기 클라이언트와 기관에 대한 책무성이 있어야 하고, 사회복지기관은 지역사회에 대해 책무성이 있어야 한다. 즉, 사회복지사의 책무성이란 클라이언트에게 계약 내용대로의 서비스를 제공할 책임이며, 사회사업전문직의 윤리와 가치를 서비스 전달과정에서 잘 지켜 낼 책임이며, 기관에 대해 기관의 프로그램과 정책 및 지침에 맞는 서비스를 제공할 책임이다(Johnson, 1986). 기관의 책무성은 그 기관을 지원해 주고 인가해 준 사람들과 지역사회에 대한 책임이다. 사회복지서비스가 정말로 대상자들의 삶의 질을 변화시켰다는 것을 증명할 책임이 있다는 것이다.

책무성은 효과성과 효율성이라는 개념으로 구성된다. 평가는 개입의 효과성과 효율성을 측정하는 것이다. 효과성은 개입의 목표가 달성되었는지의 여부를 말하고, 효율성은 사용된 자원(시간, 노력, 비용 등)과 얻어진 성과 간의 비율을 말한다(Sheafor et al., 1991). 개입이 효과적이면서 동시에 효율적이라면 가장 이상적이겠지만, 그렇지 못한 경우들이 많다. 하나의 목표를 달성하기 위해 너무 많은 시간이나 노력 또는 비용이 필요하다면 이 경우에는 목표를 달성하기 때문에 효과적이기는 하지만, 경제적이지는 못하기 때문에 효율적이라고 말할 수는 없다. 개입이 그것의 목표를 달성하지 못한다면, 그 개입은 효과적이지 못한 것은 물론 효율적이지도 못하다.

서비스의 책임성 향상을 위해 평가를 하는 데에는 다음과 같은 몇 가지 구체적 이유가 있다고 존슨과 얀카(Yanca, 2001)는 제시하였다.

① 프로그램이 목적을 얼마나 효과적으로 달성했는지를 알기 위해
② 프로그램을 재구성하거나 더 효과적으로 만드는 데 필요한 정보를 얻기 위해
③ 프로그램을 다른 사람이나 기관이 이용할 수 있게 하기 위해
④ 프로그램을 효과적으로 시행하기 위해서는 어떤 자질을 갖춘 직원들이 필요한지를 알기 위해
⑤ 클라이언트의 입장에서 보았을 때 프로그램이 얼마나 좋은 것이었는지 그리고 수정할 점은 무엇인지 알기 위해
⑥ 홍보와 기금을 조성하기 위해
⑦ 재정지원 주체의 요구사항들을 만족시켜 프로그램이 계속적으로 지원을 받기 위해

이상에서 보는 것처럼 책무성 향상을 위해 사회복지사는 클라이언트, 실천기관과 지원해 주는 일반사람들의 서로 다른 시각을 적절히 고려, 통합하여 실천내용을 평가해야 한다.

사회복지실천과정의 단계 분류상 평가는 개입단계 다음에 뒤따르는 것으로 되어 있음에도 불구하고 실제로 평가는 문제해결과정 전반에 걸쳐 진행되는 특성을 보인다(Timberlake et al., 2002). 즉, 사회복지사와 클라이언트체계가 문제 및 목적을 탐색하고 정보를 수집하는 관여단계부터 평가는 시작되어 사정단계를 거치면서 공식화된다. 개입단계 이후 실질적 평가단계가 뒤따르게 되며 여기서는 클라이언트체계 전반에 걸친 변화가 사정된다. 이러한 단계를 거치는 동안 문제를 재규정하거나 목표와 관련된 활동 혹은 개입활동 등을 수정해야 할 필요성이 제기되기도 한다. 이러한 점에서 평가는 시작과 끝이 있는 선형적 과정이라기보다는 문제해결과정을 통틀어 지속적으로 시행되는 순환적 과정이라고 할 수 있다.

(2) 평가유형

헵워스과 라슨(1993)은 평가를 실천과정의 세 가지 다른 차원에서 이루어져야 할 활동으로 설명하면서 결과평가, 과정평가 그리고 사회복지사 평가의 영역으로 구분하여 설명하였다.

① 결과평가

결과평가는 목표에 비추어 성취된 결과를 평가하는 것이다. 만약 문제행동이나 표적행동의 발생률에 대해 평가가 이루어진다면, 이전의 기준선 측정치를 최근의 측정치와 비교함으로써 평가가 이루어진다. 이러한 유형의 평가에 대한 강한 장점으로는 객관성을 들 수 있다. 기준선 측정이 이루어지지 않았고 측정도구가 미리 규정되지 않았을 때에는 평가가 주관적일 가능성이 많고 그만큼 정밀하지 못할 수밖에 없다.

일반적으로 클라이언트와 사회복지사는 함께 설정목표들을 재검토하고 클라이언트가 그 목표들을 얼마나 성취했는가를 토의한다. 이때 클라이언트의 주관성을 어느 정도라도 줄이기 위해 목표달성을 실증할 수 있는 최근 사건들의 보기를 들도록 사회복지사가 클라이언트에게 요청할 수 있다. 그와 같은 사건들에 대한 간단한 토의는 성원들에게 성취를 인정할 수 있는 기회를 줌으로써 자신감과 만족감을 높여 주는 데 도움이 된다.

② 과정평가

과정평가는 사회복지실천과정을 분석하기 위한 것으로 결과평가에서 간과하기 쉬운 프로그램의 준비, 진행 등을 프로그램의 과정에 따라 분석하는 기법이다. 그리고 사회복지실천개입이 클라이언트에게 도움이 되었는지, 클라이언트가 원조과정을 어떻게 인지했는지를 평가하는 것이며, 원조과정에서 도움이 되었거나 방해되었던 기술과 사건에 대해 클라이언트의 피드백을 받음으로써 사회복지사로 하여금 선별적으로 개입기술을 사용할 수 있게 한다. 과정평가의 핵심은 긍정적인 변화를 유발할 수 있는 일반적인 요소를 잘 알아 실천에 통합하고 치료적 효과를 향상시키는 것이다.

③ 사회복지사 평가

사회복지사에 대한 평가는 사회복지사 자신의 행동, 태도 및 속성들이 원조과정에 어떠한 방식으로 긍정적 혹은 부정적으로 영향을 미쳤는가에 대한 피드백을 통해 이루어진다. 사회복지사는 항시 비판을 적극적으로 수용할 준비를 갖추어야 한다. 긍정적 환류는 사회복지사가 그의 장점들을 더욱 잘 알 수 있게 해 주어서 앞으로 이 장점들을 더욱 잘 사용할 수 있게 해 준다. 반면 부정적 피드백은 때로는 고통스럽기도 하지만 사회복지사로 하여금 클라이언트를 혼란시키거나 치료에 역효과적인 자신의 행동 · 태도 · 매너리즘 등에 대해 인식을 가지게 하므로 매우 유용하다고 할 수 있다. 클라이언트와 마찬가지로 사회복지사에게도 성장 및 변화를 위해서는 인식이 앞서야 한다.

(3) 평가기법

사회복지사는 항상 목적과 목표를 명확하게 설정하여 개입해야 한다. 목표를 설정하지 않고는 개입의 성공 여부를 평가할 수 없다. 클라이언트체계의 변화를 측정하는데 사용할 조사절차 및 기법들을 선택할 때 사회복지사는 다음의 사항들을 고려해야 한다(Timberlake et al., 2002).

① 타당성

측정하고자 하는 것들을 실제로 측정하는가?

② 신뢰성

유사한 조건하에서 측정을 반복했을 때 유사한 결과가 나오는가?

③ 적용의 용이성

측정 절차는 짧고, 이용하기 쉬우며, 전문가가 아니더라도 이해할 수 있는가?

④ 유용성

측정절차를 통해 사회복지사와 기관의 사회복지실천에 필요한 정보를 제공하는가?

⑤ 민감성

측정절차는 상대적으로 작은 변화와 차이도 알아낼 수 있는가?

⑥ 비반응성

측정절차는 측정으로 인한 현상의 변화나 현상에 영향을 미치지 않고 변화를 알아낼 수 있는가?

사회복지실천개입을 평가할 때 많이 사용되는 평가기법으로는 단일사례설계, 과업성취척도, 목적달성척도 등이 있다.

① **단일사례설계** Single Subject Design

이 설계는 사회복지실천에서 가장 널리 이용되는 평가도구로서 단일 N 혹은 N=1 조사, 단일사례연구설계, 단일체계조사, 단일조직체조사, 단일사례설계 등으로도 알려져 있다. 이 설계에는 상당한 변형들이 있는데 아주 복잡하고 엄밀한 것들은 조사 전문가들이 이용할 수 있는 것들이며, 비교적 간단한 것들은 직접 서비스 상황에서 일하는 초보 사회복지사들이 쉽게 이용할 수 있는 것들이다. 이 책에서는 이 설계의 기본 요소들과 간단한 변형들만을 설명할 것이다.

단일사례설계는 둘 이상의 실험집단을 사용하는 연구와 달리 한 사람의 개인, 하나의 집단, 하나의 가족, 하나의 기관을 집중적으로 평가하는 데 사용된다. 이 방법은 사회복지실천 개입의 효과가 있었는지를 측정하는 데 유용하다. 단일사례설계는 개입 초기의 자료로 기초선을 설정하고 이를 활용하여 후속적인 변화를 측정하여 개입의 효과를 평가하는 것이다. 이 설계에서 클라이언트는 그 자신이 통제집단이 된다. 일반적으로 이 평가방법은 클라이언트의 변화목적이 측정 가능한 형태로 제시되어 있어야 하고 타당도와 신뢰도가 있는 측정도구를 선택해야 하며 결과를 그래프로 나타낼 수 있을 때 효과적이다.

단일사례설계에서 사용되는 용어를 설명하면 다음과 같다.

첫째, 표적행동target behavior은 개입을 통해 변화시키려는 문제행동인데 클라이언트가 가지고 있는 문제나 처해 있는 문제상황의 측정 가능한 측면을 말한다. 표적행동의 조건은 반드시 관찰할 수 있고 측정할 수 있도록 구체적으로 표현되어야 한다는 것이다.

둘째, 기초선은 개입 이전의 표적행동이 일어나는 빈도, 강도 그리고 기간 등을 말하는 것으로 수일 또는 수주에 걸쳐 관찰하여 기록한 내용이 된다. 개입 이전에 관찰할 수 있는 시간이 없다면, 과거 행동패턴에 초점을 둔 클라이언트와의 면접이나 그의 가족이나 중요한 타인들과의 면접 또는 기관, 경찰, 학교기록 등에서 얻은 정보를 가지고 소급해서 기초선을 수립할 수도 있다. 다수 기초선은 변화 측정수단으로 하나 이상의 기초선을 사용하는 것을 말한다. 예를 들면, 학교에서 문제가 있는 아동의 경우에 출석률, 매주의 숙제점수 그리고 매주 교사가 매기는 학급활동 점수가 각각 기초선이 될 수 있다. 표적문제가 아주 구체적이지 못한 경우 개입의 영향을 파악하기 위해 다수의 기초선이 필요한 것이 보통이다.

단일사례설계의 몇 가지 방법을 검토해 보면 다음과 같다.

첫째, AB단일사례설계로서 여기서 A란 기초선을 말하는 것이고 B란 개입을 말하는 것이다. 따라서 AB설계는 기초선을 설정한 후 개입이 일어난 것을 말한다. 만약 기초선과 다른 변화가 보인다면 그것은 개입의 영향이라고 볼 수 있다.

둘째, ABA설계로서 이 설계는 개입이 효과가 있었나를 검증하기 위해 일정 기간 개입을 실시한 후 중단한다. 중단 후 기초선으로 다시 돌아간다면 그동안의 변화가 개입의 효과 때문이라는 것이 증명되는 것이고 만약 변화가 없다면 그동안의 변화는 개입으로 인한 것이 아니라 클라이언트를 둘러싼 다른 요인들 때문이라고 해석될 수 있다. 제2기초선을 추가함으로써 AB설계의 낮은 신뢰도 문제를 극복한다. 그런데 개입의 효과를 평가하기 위한 목적 때문에 개입을 중단하는 것은 윤리적인 문제를 일으킨다. 또한 제2기초선 동안에 문제가 악화되지 않으면 개입 이외의 다른 외생적인 요인들이 영향을 미친 결과인지 개입의 효과가 지속되고 있는지 알 수 없다.

셋째, ABAB설계로서 ABA설계에서 다시 개입을 시작한 설계방법이다. 두 번째 개입이 실시된 후 또 변화가 일어난다면 이는 개입 때문이라는 것이 확실히 증명되는 것이다. 개입을 철회하는 경우 윤리적인 문제가 발생할 수 있다는 단점이 있다.

넷째, BAB설계로서 기초선 측정 없이 바로 개입할 때 사용하는 설계이다. 클라이언트가 위기에 처해 있거나 기초선을 측정할 수 없는 상황에서 바로 개입하는 설계이다. 클라이언트의 상황이 어느 정도 안정되면 개입을 중지하고 기초선 단계 자료를 수집한다. 개입이 이루어지기 전에 기초선을 측정하지 못했기 때문에 개입의 효과성을 알기 어렵고 개입 이후에 기초선을 측정하더라도 이미 개입이 이루어졌기 때문에 기초선에는 개입의 효과가 어느 정도 반영되어 있다.

단일사례설계는 개입의 결과를 그래프로 나타냄으로써 시각화하여 쉽게 평가할 수 있게 해 주는 장점이 있다.

② 과업성취척도 Task Achievement Scale

과제중심모델을 이용한 사회복지실천을 평가하는 데 적합한 척도로 클라이언트와 사회복지사가 합의한 과제를 완수한 정도를 확인하여 평가하려는 것이다. 이 척도는 간단하고 융통성 있는 평가도구로서 사회복지사의 개입이 기초선을 설정하거나 단일피험자 설계를 사용하기에 적합하지 않을 때 특히 유용하다.

과업성취척도 TAS 의 절차는 과업중심 task-centered 실천과 조사에서 사용하기 위해 개발되었다. 과업중심 실천에서는 클라이언트가 목표에 도달하기 위해 해야 할 일을 여러 개의 독립된 활동과 과제로 세분하여 부가한 후 과제를 수행하는 과정을 통해 문제가 해결되도록 한다. 하나의 과업은 보통 클라이언트나 사회복지사가 며칠 안에 또는 길어야 2주나 3주 안에 성취하게 되어 있는 것이다. 과업들은 상호합의로 선택되며 각각의 과업은 클라이언트의 문제나 목표에 직접 관련이 있어야 한다. 일반적으로 어떤 한 시점에서 3개 이상의 과업이 부여되어서는 안 된다. 성공적인 과제달성은 사회복지사에 의해서 강화된다. 진전이 거의 없다면 이유가 검토되고 다음 회합에 앞서 과제기획과 수행에서 조정이 이루어진다.

과업성취척도는 합의된 과제가 실제로 달성된 정도를 측정하는 것이다. 이상적인 면에서는 이 측정이 클라이언트와 사회복지사 양자에 의해 채점되어야 하지만 많은 경우에 사회복지사만 채점을 한다. 리이드와 앱스타인(Reid & Epstein, 1977)은 다음의 4점 척도를 이용했다. (4) 완전히 달성, (3) 상당히 달성되었지만 활동이 아직 필요, (2) 부분적으로 달성했지만 아직 많은 할 일이 있음, (1) 최소한만 달성 혹은 전혀 달성되지 않음. 적절한 곳에서는 다섯 번째의 "과제를 수행할 기회가 없었음" 척도문항을 사용할 수도 있다.

③ 목적달성척도 Goal Attainment Scale

이것은 클라이언트가 개별화된 목표에 도달한 정도를 측정하기 위해 개발된 것으로서 개입의 목적과 목표들이 특정한 클라이언트에게만 해당될 때에도 개입을 평가할 수 있는 절차이다. 목표달성척도 GAS 는 정신건강센터, 약물남용 프로그램, 집행유예와 가석방(보호관찰) 프로그램 및 다수의 다른 인간서비스 세팅들에서 활용되어 왔다. 이 척도에서는 개입의 목표를 설정하고 나면 진행과정을 '목표달성 추적지침서 Goal Attainment Follow-up Guide'라고 불리는 양식에 기록하게 된다. 이 안내서의 양식은 모든 클라이언트에 대해 똑같지만 척도의 내용은 개별화되어 있다.

이 지침은 클라이언트의 기능수행결과를 반영한 척도들로 구성된다. 이 척도의 구성은 다음 세 가지 단계를 거치게 된다. 첫째, 개입이 영향을 줄 것으로 생각되는 중요한 기능수행의 영역을 확인한다. 영역의 수는 4~5개를 넘지 않도록 한다. 둘째, 다른 목표영역과 비교하여 각 목표영역의 상대적 중요성을 나타내는 점수를 부여한다. 한 영역이 다른 영역보다 2배 중요한 것으로 판단되면 최종 점수 계산에서 그 영역은 다른 영역의 점수에 비해 2배만큼 큰 가중치를 준다. 셋째, 각 영역에서 일어날 수 있는 결과를 다섯 가지 수준(가장 비호의적–가장 호의적)으로 구체화하여 평가한다. 잠재적인 결과에 대한 평가는 클라이언트의 욕구, 능력, 희망에 맞추어 작성되어야 하며 구체적이고 측정가능하며 현실적이어야 한다.

2) 종결

사회복지실천과정의 최종단계는 종결이다. 어떤 관계이든 관계의 종결은 강한 정서적 반응을 동반하게 되는데 이러한 감정들은 성장의 수단으로 사용되기도 하고 거부되거나 억압되어 차후의 사회적 기능을 방해할 수도 있다. 따라서 클라이언트가 긍정적인 성과를 얻게 한 다음에 적절한 시점에서 종결을 하는 일은 상당한 기술과 신중한 계획이 필요하다.

헵워스 등(1986)은 종결과정에서의 중요한 과업은, ① 종결의 시기를 결정하고, ② 종결과정에서 공통적으로 경험하게 되는 사회복지사와 클라이언트의 정서적 반응을 해결하고, ③ 개입을 통해 획득한 효과를 유지하고 강화하며, ④ 제공된 서비스의 목표달성 정도를 평가하는 것이라고 하였다. 그러나 제공된 서비스의 목표달성 정도를 평가하는 과업은 평가단계에서 별도로 다루었다. 따라서 본 서에서는 앞에서 제시된 세 가지 과업에 '필요한 경우에 클라이언트를 다른 자원에 의뢰'하는 과업을 추가시켜 이들 네 가지 과업을 중심으로 종결단계를 기술할 것이다.

(1) 종결의 시기결정과 종결의 유형

① 종결의 시기 결정

클라이언트가 종결에 대해 준비하도록 돕기 위해 종결에 대한 언급은 초기 만남에서부터 이루어져야 한다. 즉, 종결의 준비는 사례의 시작과 함께 진행된다고 할 수 있을 것이다.

먼저 쉬퍼(1991) 등은 종결 시기를 결정할 때 고려해야 할 몇 가지 기준을 아래와 같이 제시하고 있다.

㉠ 개입목적의 달성 정도
㉡ 서비스의 시간 내 제공 완료 여부
㉢ 클라이언트의 문제 상황의 해결 정도
㉣ 사회복지사와 기관의 투자 노력
㉤ 이득체감에 대한 사회복지사와 클라이언트의 합의 여부
㉥ 클라이언트의 의존성
㉦ 클라이언트에 대한 새로운 서비스의 적합성 여부

초기에 설정한 개입목표가 달성되어 계획된 기간 안에 문제해결이 거의 이루어졌다고 생각되고, 사회복지사와 클라이언트가 더 이상의 만남이 큰 도움이 되지 않으리라는 것(이득체감)에 합의하게 되면 종결을 시작할 때라 할 수 있다. 또 사회복지사와 기관이 클라이언트에 대한 서비스를 할 수 있는 만큼 다 제공하였다고 판단되며, 더 이상의 개입연장이 클라이언트의 의존심을 자극할 뿐, 큰 도움이 되지 않는다고 생각되는 경우에도 종결이 필요한 때다. 경우에 따라서는 종결이 지금과 다른 새로운 서비스가 더 적합하다고 생각해서 의뢰로 이어지기도 한다. 따라서 종결에서의 의뢰는 또 하나

의 종결과업인 것이다(엄명용 외, 2007).

② 종결유형

헵워스와 라슨(1993)은 종결을 크게는 계획된 종결과 계획되지 않은 종결로 나누고, 계획된 종결은 다시 ① 기관의 기능과 관련된 시간제약에 의해 결정된 종결 ② 시간제한적 개입모델에 따른 종결 ③ 개방양식과 관련된 계획된 종결로, 계획되지 않은 종결은 ① 클라이언트에 의한 일방적 조기종결 ② 사회복지사의 사정으로 인한 조기종결로 분류하였다.

㉠ 계획된 종결

- 기관의 기능과 관련된 시간제약에 의해 결정된 종결: 일정기간에 맞추어 서비스를 제공하는 기관에서는 그 기간에 맞추어 종결이 계획된다. 예를 들어, 입원기간 내에 제공되는 서비스, 학기 중에만 제공되는 서비스, 실습생이 실습을 종결하는 경우 등이다. 미리 알리는 계획된 종결이므로 클라이언트는 종결에 대해 준비를 할 수 있지만, 시간제한 때문에 충분한 서비스가 제공되지 못할 수도 있는 단점이 있다. 예정된 종결임에도 불구하고 클라이언트는 사회복지사가 자기를 버렸다는 느낌을 가질 수도 있기 때문에 조기분리와 관련된 감정을 탐색하고 기관의 한계를 설명하여 신뢰관계가 손상되지 않도록 주의해야 한다. 시간제한 때문에 충분한 서비스가 제공되지 못했을 경우에는 남아 있는 문제를 해결하기 위해 다른 기관에 의뢰를 해야 하는 부담을 가질 수도 있다.
- 시간제한적 개입모델에 따른 종결: 시간제한은 종결과정에 영향을 미친다. 처음부터 종결의 시기를 아는 것은 정서적인 밀착과 의존의 정도를 조정하며 종결과정에 클라이언트가 경험하는 상실의 정도를 감소시킬 수 있다. 시간제한적 양식의 서비스에 있어서 부가적 서비스가 필요하다고 생각될 경우 다른 형태의 서비스를 계획할 수 있다.
- 개방양식과 관련된 계획된 종결: 종결의 시기를 결정하는 것이 개방적 서비스 종결의 가장 주된 과업이다. 서비스가 6개월 이상 장기화될 때 클라이언트는 의존성이 조장될 수 있고 어떤 클라이언트는 원조관계에서 얻는 만족 그 자체를 포기하기 싫어하기 때문에 종결과업이 더욱 힘들어질 수 있다. 종결할 즈음 클라이언트는 사회복지사에게 매

달리거나 과거문제가 재발했다고 하거나 혹은 새로운 문제를 가져오는 경우도 있다. 이러한 형태의 표현은 변화에 대한 저항의 표시일 수 있다. 일반적으로 개입과정 중에 얻는 이득이 점차 감소된다고 판단될 때가 종결을 할 시기이다.

㉡ 계획되지 않은 종결

- 클라이언트에 의한 일방적 조기종결: 클라이언트가 약속시간에 나타나지 않거나 여러 가지 핑계를 대면서 오기를 거절함으로써 종결을 원하는 경우이다. 이럴 경우 종결에 대한 결정은 갑작스럽게 해서는 안 된다는 것을 설명하는 것이 바람직하며, 갑작스럽게 종결을 결정하게 된 요인을 클라이언트와 더불어 탐구할 기회를 가지는 것이 좋다. 조기종결과 일방적 종결은 종종 해결되지 않은 저항의 표현이므로 저항을 해결할 기회를 가지는 것이 필요하다. 만약 클라이언트가 사회복지사에 대해 부정적인 감정을 가지고 있다는 징후가 있으면 사회복지사는 그 사실에 대해 더 논의하자고 하는 것이 생산적일 수 있다.
- 사회복지사의 사정으로 인한 조기종결: 사회복지사가 개인적 사정으로 퇴직하거나 혹은 업무의 재담당 등으로 인해 클라이언트에 대한 원조를 종결해야 하는 경우이다. 클라이언트는 배신감, 거부당한 느낌 등으로 자존심에 상처를 입을 수 있으며, 이전에 다른 인간관계에서 거절당한 경험이 있는 클라이언트는 특히 더 상처를 받기 쉽다. 따라서 사회복지사는 클라이언트의 부정적인 감정을 표현할 기회를 주고 극복할 수 있도록 도와준 후 다른 사회복지사에게 신중하게 의뢰해야 할 것이다.

(2) 정서적 반응의 처리

종결은 그 자체의 독특한 감정과 특성을 가지고 있다. 시작은 심리적으로 출생의 감정을 불어넣는 것처럼 종결은 분리의 감정 또는 죽음의 감정을 불러일으킨다(Smallt, 1972). 따라서 종결은 불안과 부정, 저항, 분노, 애도나 비탄 등의 반응을 동반할 수 있다. 사회복지사와 클라이언트는 서로 중요한 감정을 공유하며 의미 있는 관계를 유지해 왔다. 따라서 클라이언트가 사회복지사와의 관계 외에는 타인과의 관계가 없거나

적을 경우에 원조관계의 종결은 클라이언트에게 더욱 고통스러운 경험이 된다. 특히 이전에 생활상의 중요한 상실을 경험했던 사람은 이전의 경험을 다시 떠올리기도 하는 등 유의미한 관계를 맺고 있던 사람으로부터의 분리는 필연적으로 복합적이며 양가감정을 불러일으킨다(Schulman, 1984).

종결에 따른 이러한 복잡한 감정은 관계에 관여한 다른 한쪽인 사회복지사에게도 마찬가지다. 클라이언트의 문제가 잘 해결되었을 경우에는 사회복지사는 기분이 좋지만 한편으로는 클라이언트의 이후 적응에 대해 염려도 하고 상실감을 느끼기도 한다. 그런데 열심히 노력했지만 별 성과 없이 종결을 해야 할 경우에는 좌절감을 느낄 수도 있다. 그리고 자신이 충분한 노력을 했는가에 대한 회의에서 오는 죄책감, 노력의 효과성에 대한 불확실성, 상실감 등의 종결반응들을 보인다(Coulshed, 1991). 따라서 클라이언트가 긍정적인 종결경험을 하도록 하기 위해서 사회복지사는 종결에 대한 클라이언트의 감정뿐만 아니라 사회복지사 자신의 감정에 대해서도 민감해야 한다.

종결 시 나타나는 정서적 반응은 개입과정의 길이나 종결의 유형에 따라 차이가 있을 것이다. 종결에서 클라이언트의 정서적 반응을 잘 다루기 위하여 종결의 특정 상황에 따라 사회복지사는 특히 다음과 같은 사항에 유의해야 한다(Hepworth & Larsen, 1993).

① 사회복지사가 떠날 때 유발되는 정서적 반응 처리

사회복지사가 기관을 떠남으로 인해 종결이 될 경우에 클라이언트는 슬픔을 경험하기 이전에 다른 반응을 보인다. 즉, 종결이 계획된 것이 아니고 예고가 없었기 때문에 갑작스런 위기에 직면한 사람과 유사한 반응을 나타내기도 한다. 그래서 클라이언트는 상실을 부정함으로써 아무 일도 일어나지 않는 것처럼 반응한다. 이러한 클라이언트의 일시적인 감정거부는 직면해야 하는 고통스러운 현실과 관련된 정신적 고통을 피하려는 시도이다. 이때 사회복지사는 클라이언트를 도와 클라이언트가 자기 자신의 감정을 직면하도록 해야 하며 클라이언트가 경험하는 상처, 분노, 거부감에 대해 이해하고 있음을 전달하고 이를 유도해 내는 공감적 의사소통을 해야 할 것이다. 클라이언트는 자신의 감정들과 직면했을 때 분노, 상처, 배신감, 거부감, 무력감을 나타낸다. 자존심이 약하고 거부되었던 경험이 있는 클라이언트는 이러한 감정을 가장 빈번하게 그리고 심하게 경험한다. 사회복지사는 그러한 감정을 수용해 주고 그들과 공감하면서 그들이 감정을 잘 표현할 수 있도록 도와주어야 한다. 이러한 부정적인 감정들이 해결되면 그들은 슬픔을 표현하거나 또는 참을 수 있게 되며 긍정적인 감정들을 다시 경험할 수 있게 된다.

② 비성공적인 결과를 초래한 종결

원조과정이 비성공적으로 끝날 경우의 종결에서는 다음과 같은 사항이 논의되어야 한다. 첫째, 더욱 좋은 결과를 성취하는 데 방해가 된 요인에 대해, 둘째, 장차 부가적인 원조를 요청하는 데 대한 클라이언트의 감정에 대해 다루어야 한다. 이때 클라이언트의 정서적 반응을 다루기 위해서는 감정이입적 커뮤니케이션, 수용, 온정, 강점의 인정, 진실성 그리고 가벼운 직면 등이 활용된다.

특히 사회복지사는 클라이언트의 과거생활에서 중대한 분리의 경험이 있었으면 그 분리의 본질과 이 분리를 대처하는 방법이 어떠했는가를 이해할 필요가 있다. 여기에 대해 이해를 하는 것은 종결에 대한 클라이언트의 정서적 반응들에 대해 이해의 폭을 넓히고 최대한으로 효과적인 도움을 줄 수 있다. 반복적인 거부를 경험해 본 클라이언트들은 종결을 사회복지사의 거부로 잘못 해석할 수 있다. 과거의 경험과 패턴들을 아는 것은 사회복지사로 하여금 클라이언트의 감정에 적절하게 반응하도록 도움을 줄 수 있고, 그리고 이 요인들이 현재의 지각과 감정들에 어떻게 영향을 주는지를 인식하도록 돕는다.

③ 장기 개방적 서비스에 대한 종결반응

원조관계가 오래되고 클라이언트와 사회복지사가 깊은 관계를 형성하였을수록 종결이 더 힘들어질 수 있을 것이다. 그러한 경우에 나타날 수 있는 종결반응은 다음과 같다(Levinson, 1977).

첫째, 사회복지사에게 매달림: 이러한 반응은 클라이언트가 원조관계를 통해 더 좋은 결과를 성취하는 방법을 배우기보다는 원조관계 자체를 관계와 활동의 대체물로 생각하는 경우에 발생할 수 있다. 따라서 사회복지사는 초기 단계부터 가능한 한 짧은 기간 내에 클라이언트가 최대한의 독립성을 이룩할 수 있도록 노력해야 한다.

둘째, 과거문제 재발: 어떤 클라이언트는 종결할 시기에 와서 과거문제가 재발했다고 말하기도 하고 실제로 증세가 더 심해지기도 한다. 그러할 경우에 사회복지사는 문제 그 자체보다는 오히려 종결 후의 삶에 대한 클라이언트의 불확실성과 두려움에 초점을 둔다. 이들 감정을 탐구하고 난 후 클라이언트가 성취해 온 과정을 재검토하도록 하고, 클라이언트가 활용할 수 있는 개인적 자원과 강점을 인정하는 것이 도움이 된다.

셋째, 새로운 문제 호소: 원조관계를 계속하기 위한 방편으로 새로운 스트레스나 문제를 호소하는 경우도 있다. 이 새로운 문제나 정보는 종종 크게 중요하지 않는 것이 많기 때문에 일단 종결에 대한 감정을 탐색한 후 그 문제와 정보에 관심을 갖는 것이 중요하다.

넷째, 사회복지사를 대체할 사람을 찾음: 사회복지사를 대체할 사람을 찾는 것은 사회자원을 개발하는 측면에서는 건설적일 수도 있지만 이는 사회복지사의 상실에 따른 보상행위일 수도 있다. 따라서 대체할 사람을 찾아 준다는 것은 클라이언트가 의존할 수 있는 사람을 찾아 주는 것이 되기도 한다.

④ 긍정적 종결

많은 클라이언트들은 종결단계에서 관계와 목표성취감에 대해 긍정적인 반응을 뚜렷하게 나타내기도 한다. 대개 성취된 이득으로 인해 종결에 의한 상실감이 완화된다. 특히 사회복지사가 강점중심과 문제해결접근법을 사용하였을 경우, 클라이언트들은 종종 주인의식이 증가되었음을 느낀다고 말하며, 사회복지사와 클라이언트 모두 성취의 즐거움을 경험할 가능성이 높다.

이상과 같이 종결의 특정 상황에 따라 종결에 대한 반응도 다양하다는 것을 알 수 있다. 그러나 종결의 마지막 부분에서 사회복지사는 서비스가 종결되더라도 클라이언트에 대한 사회복지사의 관심이 없어지지 않는다는 확신을 보여 주는 것이 좋다. 즉, 클라이언트가 도움을 더 필요로 할 때 기관과 사회복지사는 언제든지 개방되어 있음을 알리는 것이 좋다. 또한 클라이언트가 실질적으로 활용 가능한 자원을 최대로 이용하도록 지역사회 내 자연적 원조체계를 구축하도록 돕고 그런 다음 사후방문 등을 직접 실시해 보는 것도 지속적인 관심을 보여 주는 한 방법이다.

한편 종결은 단순한 이별이나 상실로서만이 아니라 클라이언트와 사회복지사에게 학습의 기회도 제공하므로 이를 적극 활용하는 자세가 필요하다(Coulshed, 1991). 즉, 클라이언트가 원조과정에서 획득한 것을 평가함으로써 클라이언트의 자신감을 확인시켜줄 수 있을 것이고, 사회복지사는 원조과정에서 활용한 기술이나 기법의 효과성에 대한 평가를 통해 추후 다양한 사례의 개입 시 고려할 점을 얻을 수가 있을 것이다. 코울세드(Coulshed, 1991)는 종결을 단순히 문을 닫는 행위라기보다는 한 권의 책을 다 읽고 덮는 것에 비유했다. 우리가 한 권의 독서를 통해 얻을 수 있는 다양한 아이디어들은 그다음의 더욱 풍성한 인생경험과 독서경험으로 이끌 수 있기 때문이다.

(3) 효과의 유지와 강화

개입을 통해 얻은 이득은 개입이 끝나도 계속 유지되어야 한다. 그런데 개입이 종료된 이후 클라이언트의 변화유지 여부 및 정도에 관한 연구들은 클라이언트들이 개입에서 성취한 바람직한 행동을 종결 이후에도 계속 유지하는 것이 그렇게 쉽지 않다는 점을 확인시켜 주고 있다(Kirst-Ashman & Hull, 1993). 실제로 사회복지실천의 결과는 공식적인 개입이 이루어지는 당시에만 효과를 보이고 또 다른 문제가 발생하면 그 이전의 행동패턴으로 되돌아가는 경향이 강하다. 이러한 일이 발생하는 이유는, ① 오랜 문제해결습관을 버리기 어렵다는 점, ② 문제를 가져오는 환경적 요인이 변화되기 어렵다는 점, ③ 개입을 통해 얻은 새로운 문제해결행동이 충분히 자리 잡지 못했거나 순기능적 행동에 대해 보강하는 기회가 없었다는 점 등일 것이다. 따라서 종결단계에서 사회복지사는 이러한 문제점을 주지시키고 개입을 통해 클라이언트가 획득한 이득(능력, 기술, 행동이나 태도의 변화)을 유지 강화시킬 수 있는 전략에 주력해야 한다. 일반적으로 효과의 지속은 상황의 안정 또는 불안정의 정도 및 새로운 기술을 일반화하는 방법을 배우는 정도에 좌우된다.

긍정적인 결과를 지속시키기 위해 다음과 같은 방법들이 취해질 수 있다(김기태 외, 2008).

① 중요한 타인들을 관여시킴

클라이언트의 긍정적 효과의 유지에 이들이 바람직한 역할을 하도록 한다.

② 행동변화의 중요성을 인식시킴

새로운 기술의 지속은 클라이언트의 지각과 관련이 있다. 사람들이 변화를 유용하거나 중요한 것으로 지각하지 않으면 새로운 기술을 계속적으로 사용하지 않는다.

③ 인위적 보강물의 제거

인위적 보강물을 점차적으로 줄여야 한다. 토큰과 같은 인위적 보강물이 변화를 가져오기 위하여 사용되었다면 점차적으로 줄여야 한다.

④ 자신에게 적절한 개입을 선정할 것

접촉을 종결한 후에 독자적으로 수행할 수 있는 기술을 배워야 한다.

⑤ 접촉을 점차적으로 줄일 것

접촉은 일주일에 두 번에서 한 번, 격주, 월별, 전화접촉 등의 순으로 한다.

⑥ 환경적 자원의 제공

이득을 지속시키는 데 도움이 되는 지역사회 자원을 제공한다.

⑦ 습득한 기술에 대한 논리적 근거를 가르침

사람들은 그들이 왜 이 기술을 활용해야 하는가를 이해할 경우 이 기술을 더욱 잘 사용한다.

⑧ 사후접촉

사후면접은 사회복지실천의 필수적 부분이다. 이 사후면접은 개입의 효과와 지속적 원조를 위한 계획에 대한 중요한 정보를 제공한다.

⑨ 예보적 가이던스

미래의 스트레스에 대처하도록 대비하는 방법으로, 이 접근법은 클라이언트가 스트레스와 부정적인 상황을 미리 예측하고 적절히 대처하도록 하는 것이다. 예컨대, 과거의 비행청소년은 비행친구의 조종을 받고 유혹을 받을 것이 예상된다. 이 경우 이를 저항하도록 자기지시 및 자기강화의 방법을 적용한다(Gambrill, 1983).

요컨대 원조과정의 목적은 클라이언트의 현재 문제를 해결하도록 도울 뿐만 아니라 클라이언트를 강화하여 장차 겪게 되는 장애에 대처할 수 있도록 하는 것이다. 이러한 목적을 달성하기 위하여 종결에서 취급할 중요한 과업 중의 하나는 클라이언트가 성취한 이득을 견고히 하고 유지하는 계획을 개발하는 것이다.

개입과정에서 얻은 이득을 유지 강화하기 위해 시도되는 또 다른 방법은 사후관리이다. 사후관리는 개입을 실제로 종결한 이후 사회복지사가 클라이언트와 갖는 접촉으로 종결이 이루어진 후 일정기간이 지나서 클라이언트가 잘 적응하고 있는지를 점검하는 과정이다. 사후관리를 통해 얻을 수 있는 이점으로는, ① 개입 없이도 변화가 지속되고 있는지를 평가할 수 있고, ② 사회복지사가 지속적인 관심을 가지고 있다는 것을 보여줌으로써 클라이언트에게 종결의 충격을 완화시켜 주는 이득도 있고, ③ 클라이언트는 자신의 노력에 대한 확인과 격려를 받을 수 있어 강화를 경험하게 되고, ④ 사회복지사는 필요한 경우에 추가적인 원조를 제공할 수도 있는 것이다.

이러한 장점들로 인해 일부개입들에서는 사후관리를 이미 계획된 개입의 일부로 포함시키면서 개입의 과정 중에 사후관리에 대한 논의가 이루어진다. 따라서 사회복지사와 클라이언트는 사후관리가 있을 것임을 인식한 상태에서 종결을 맞이함으로써 클라이언트가 사후관리를 사생활 침해나 사회복지사의 개인적인 호기심을 만족하기 위한 것으로 인식하는 위험을 방지한다. 사후관리는 종결 후 1~6개월 사이에 진행되는데 전화를 통해 확인하기도 하고 면접을 실시하기도 한다. 사후관리의 만남은 이전의 개입들보다는 다소 비공식적 분위기에서 이루어지는 경향이 있다.

사후관리가 주는 여러 장점에도 불구하고 이를 시행하는 데는 현실적인 장벽이 따르는데, 가장 큰 장벽은 사회복지사들의 과중한 업무량이며, 또 하나의 현실적 장벽은 사후관리를 지원해 줄 수 있는 기관의 정책이나 규칙의 부재를 들 수 있다.

(4) 의뢰

종결과정에는 클라이언트가 다른 자원으로부터 계속적으로 서비스를 받도록 돕기 위해 의뢰를 할 필요가 있는 경우가 있다. 사회복지실천현장에서의 개입과정은 한시적인데 그 제한된 기간 동안 클라이언트의 문제나 욕구가 충분히 해결되기를 기대하기도 힘들고, 그리고 클라이언트가 요구하는 서비스를 한 기관에서 모두 다 제공하지 못하는 경우도 많다. 이런 경우 사회복지사의 중요 임무 중 하나는 다른 기관이나 외부 자원들과 클라이언트를 연결시켜 주는 것인데 이를 의뢰 서비스라고 한다. 사회가 복잡해지고 클라이언트의 문제 상황도 복잡해짐에 따라 점차 의뢰 서비스의 중요성이 부각되고 있다. 의뢰를 할 때의 주의할 점으로는 먼저 클라이언트에 대한 배려이다. 다른 곳에서 서비스를 받으라고 했을 때 클라이언트가 거부당했다는 느낌이나 불안감을 갖지 않도록 배려해야 한다는 점이다. 클라이언트에게 의뢰를 권하는 것은 사회복지사가 더 이상 개입하고 싶지 않아서가 아니라 클라이언트의 문제해결에는 다른 자원이나 다른 사람이 더 적합하기 때문임을 설명해야 한다. 그리고 클라이언트의 자기결정권을 존중해야 한다. 즉, 사회복지사는 의뢰에 대한 설명을 하고 어떤 자원이 클라이언트에게 가장 유용한가를 추천하되 결정을 해 줄 수는 없다. 이때 클라이언트의 욕구에 가장 잘 맞는 자원을 제안하기 위해서 사회복지사는 지역사회 내의 여러 자원에 대해 잘 알고 있어야 하기 때문에 자원목록을 만들어 두는 것도 좋은 방법이다. 사회복지사는 지역사회기관을 포함하는 다양한 자원들이 제공하는 서비스의 내용과 질 그리고 정책과 절차에 대해서도 잘 알고 있어야 하며 기관들과 밀접하고 연속적인 관계를 유지할 필요가 있다. 다른 자원과 클라이언트를 성공적으로 연결해 주기 위해서는 자원에 대해 알려 주는 것만으로는 부족하고 의뢰기관에 대해 이름과 주소, 약속하는 방법, 자원에 이르는 방법, 구체적으로 접촉할 사람의 이름, 클라이언트가 가진 문제의 성격과 그가 원하는 서비스 등을 정리한 기록 문서를 만들어 주는 등 연결이 확실히 될 수 있도록 노력해야 한다.

한편 의뢰를 할 경우에 다른 기관이 클라이언트를 충분히 도울 수 없는데도 불구하고 사회복지사가 비현실적인 약속이나 재보증을 해서는 안 된다. 그러나 다른 기관이나 다른 사회복지사의 서비스를 받는 것이 이득이 될 수 있다는 정도의 표현은 현실적이라고 볼 수 있다.

사회복지사는 정해진 기관의 기능과 원조방법은 명확히 해 주어야 하지만 다음 사회복지사가 무엇을 해 줄 것이라는 구체적 사항은 말하지 않는 것이 좋다. 왜냐하면 사회복지사에 따라 다른 방법을 적용할 수 있기 때문이다. 의뢰 이후에 사회복지사는 클라이언트의 접촉결과가 어떻게 되었는지를 보고해 달라고 요청할 수도 있으며, 진전된 상황을 알기 위해 자신이 직접 접촉을 시도할 수도 있다. 사회복지사의 계속적인 관심과 노력이 의뢰를 성공시킬 수 있을 것이다. 클라이언트를 다른 기관이나 전문가에게 의뢰하는 일은 종결단계에서뿐만 아니라 초기 단계에서도 중요한 과업이었다.

Chapter 10

사례관리

1. 사례관리의 주요 개념
2. 사례관리의 개입 과정
3. 사례관리자의 역할

Chapter

10

사례관리

사례관리는 복합적인 문제와 욕구를 가지고 있는 클라이언트를 대상으로 필요한 다양한 서비스를 체계적으로 제공하는 통합적인 사회복지실천방식이다. 사회복지실천 영역에서 사례관리가 일반화되면서 우리나라에서는 2012년부터 시 · 군 · 구에 사례관리를 전담하는 '희망복지지원단'을 설치하여 통합사례관리제도를 운영하고 있다. 통합사례관리는 지방자치단체 차원에서 운영하는 공공복지 영역의 사례관리로, 지역 내 공공 · 민간 자원에 대한 체계적인 관리 · 지원체계를 토대로 복합적이고 다양한 욕구를 가진 대상자에게 복지 · 보건 · 고용 · 주거 · 교육 · 신용 · 법률 등 필요한 서비스를 통합적으로 연계 · 제공하고, 이를 지속적으로 상담 · 모니터링해 나가는 사업을 의미한다. 통합사례관리는 특히 빈곤계층의 탈빈곤과 빈곤 예방을 중점 목표로 설정하고 고용과 복지의 연계에 중점을 두고 진행된다. 통합사례관리의 주된 대상은 기초생활수급자(특히 신규 수급자)와 기초수급 탈락자, 차상위 빈곤가구, 긴급지원 대상가구이다(보건복지부, 2019).

본 장에서는 공적 영역과 민간 영역에서 폭넓게 사용하는 사례관리의 개념과 등장배경, 기능과 개입원칙, 그리고 개입과정 등에 대한 설명을 하고자 한다.

1 사례관리의 주요 개념

사례관리는 전통적인 사회복지방법론과 전혀 다른 새로운 실천 형태가 아니라 클라이언트에게 통합적 방법을 활용하고자 하는 모델이다. 즉, 특정대상을 위한 직접적 서비스 및 지역사회실천에서의 서비스를 합한 것으로, 클라이언트에게 좀 더 포괄적이고 지속적인 서비스를 제공한다는 측면에서 그 의의가 있다.

전통적인 사회복지가 기관의 서비스와 프로그램에 기초한 서비스인 반면, 사례관리는 클라이언트의 욕구에 보다 초점을 두고 기관의 범위를 넘어 지역사회 차원에서 보다 적극적인 서비스 제공과 점검을 강조한다. 따라서 사례관리는 클라이언트 중심의 철학을 기초로 적극적인 지역사회 보호를 지향한다는 점에서 전통적인 사회복지와 구별된다. 클라이언트 중심 철학은 클라이언트를 기존의 프로그램에 맞추는 것이 아니라 클라이언트의 욕구에 기초해서 서비스의 개발을 제공하는 것이다. 또한 적극적인 지역사회 보호라 함은 단편적이고, 분산된 지역사회 서비스를 조정하고 통합한다는 것이다. 이런 의미에서 사례관리자는 지역사회에 존재하는 자원에 관한 충분한 지식과 정보를 가지고 이를 클라이언트의 복지를 위해 활용할 수 있어야 한다(황성철, 1995).

구체적으로 사례관리는 자원관리와 조정 등의 간접적 서비스를 직접적 서비스와 함께 실천하는 점을 강조한다. 따라서 사례관리는 인간을 둘러싼 환경체계에 관한 종합적인 사정이 가능한 체계이론, 생태체계이론 등이 주요 이론적 기반으로 활용한다. 이는 한 명의 클라이언트를 둘러싸고 있는 환경체계에 대한 정확한 사정이 이루어져야 클라이언트의 다양한 욕구에 대응할 수 있는 서비스의 연계 혹은 직접적 서비스 제공이 가능하기 때문이다. 따라서 사례관리를 효율적으로 하기 위해서는 체계이론, 생태체계이론에 대한 충분한 지식이 필요하며, 사정 시에는 생태도 등 다양한 사정도구를 활용하여 종합적인 사정을 하는 것이 바람직하다.

1) 사례관리의 개념 및 목적

(1) 사례관리의 개념

사례관리는 한 가지 합의된 개념으로 단정 짓기가 매우 어렵다. 사회복지실천의 역사에서 사례관리는 대상자의 욕구, 서비스의 목적 및 서비스 제공자의 역할에 따라 다양하고 포괄적으로 적용되어 왔기 때문이다.

학자들에 따른 사례관리 개념으로 로스만(Rothman, 1991)에 의하면, 사례관리는 정신보건, 노인, 아동 그리고 보건 및 장애와 같은 대인서비스 분야의 중요한 실천방법으로, 지역사회에 있는 클라이언트에 대해 개별적인 조언, 상담, 치료 등의 서비스를 제공해 주고, 클라이언트와 지역사회 기관 간의 연결 그리고 클라이언트와 비공식적 원조망을 연결시키는 기능이라고 하였다. 목슬레이(Moxley, 1989)에 의하면, 사례관리는 복합적인 욕구를 가진 사람들의 기능향상과 복지를 위해 총체적이고 통합적인 서비스를 제공하는 것으로, 공식적 · 비공식적 지원과 활동의 네트워크를 조직하고, 조정하고 그리고 유지하는 기능을 한다고 하였다. 우리나라 한국사회복지협의회 KCSW 에 의하면, 사례관리는 복합적인 원인으로 요보호 상태에 있는 클라이언트에게 다양한 지역사회의 자원을 연결시켜 관리하는 원조대책으로써 여러 가지 욕구를 조기에 적절하게 대응하는 지역보호체계라고 정의하고 있다. 또한 미국사회복지사협회 NASW 에 의하면, 사례관리는 전문적 사회복지사가 클라이언트 및 가족의 욕구를 사정하고 클라이언트의 복잡한 욕구를 충족시키고자 다양한 서비스를 확보, 조정, 평가 그리고 옹호하여 서비스를 제공하는 방법이라는 것이다.

정리하면, 사례관리란 단일욕구를 지닌 클라이언트를 대상으로 하는 실천방법과는 달리 중증장애인, 노인 등과 같이 복잡하고 다양한 욕구를 지닌 클라이언트에게 그가 필요한 서비스를 적시에 적절하게 제공할 수 있도록 지역사회의 사회자원을 통합하고, 조정하고, 관리하여 연속적인 원조가 이루어질 수 있도록 노력하는 매우 다각적이며 입체적인 실천방법이라 할 수 있다.

사례관리를 이해하는 데는 사회복지실천과의 비교를 통한 설명으로도 가능하다. 즉, 사례관리는 사회복지실천의 전통적인 방법인 개별실천, 집단실천 및 지역사회복지의 몇 가지 측면을 통합적으로 적용한 사회복지실천의 핵심적인 기술 중 하나로 볼 수 있다(엄명용 외, 2011). 이러한 사례관리의 개념 및 특성을 이해하기 위해 다음 〈표 10-1〉에서는 사례관리와 사회복지실천 중 개별실천과의 비교를 제시한다.

| 표 10-1 | **사회복지실천과 사례관리의 비교**

	사회복지실천의 개별적 접근	사례관리
개념	• 스스로 해결하기 곤란한 문제를 가진 개인에게 성격발달과 사회적응을 도모하기 위하여 전문가가 행하는 개별적, 의식적인 문제해결과정	• 복합적인 욕구를 가진 클라이언트의 욕구충족과 사회적 기능향상을 위해서 그들과 사회자원과의 연결 및 조정을 통하여 그들을 보호하는 과정
대상	• 특정한 문제와 문제를 가지고 있는 클라이언트 • 아동, 청소년, 가족, 여성 등 • 대체로 문제해결이 가능하고, 문제가 해결되면 정상적인 기능을 수행하며 생활이 가능	• 만성적인 장애를 가지고 있는 클라이언트 • 보호가 필요한 아동이나 노인, 장애인 등 • 장애인이나 발달장애아동, 노인 그리고 만성정신장애인, 만성신부전증, 만성심장병 등 의존적이고 장애를 가지고 있는 사람 • 이로 인해 사회적 기능수행에 어려움이 있는 사람 • 문제가 다양하고 복합적이고 지속적
문제	• 사회부적응, 음주 흡연, 청소년비행, 가족해체, 가족폭력, 부부갈등, 부모 자녀문제, 학교폭력, 매춘 등 가족 사회 개인적인 문제	• 경제적인 문제, 의료적인 문제, 가정생활을 지속하는 데 어려움, 정보접근 등 사회적 자원의 활용이 용이치 못한 점, 교통과 환

	사회복지실천의 개별적 접근	사례관리
	등 대체로 한 사람의 클라이언트가 특정한 문제를 가짐	경적인 장벽으로 인한 이동문제, 사회적인 낙인문제로 인한 교육, 고용의 차별과 이들 가족의 문제 등 다양한 문제를 한 사람의 클라이언트가 동시에 가짐
목적	• 성격의 발달과 사회적응 능력의 향상	• 보호의 연속성, 비용효과성, 접근성과 책임성, 일차집단의 보호능력의 향상, 사회적 기능의 향상
장소	• 사회복지기관을 비롯한 상담소, 학교, 가정 등	• 클라이언트의 가정, 클라이언트가 속해 있는 생활시설, 병원, 요양원, 지역사회 재활시설 등
과정	• 초기접수-문제사정-개입목표수립, 개입방법 활용에 의한 개입-개입목표 달성 후 종결, 사후관리 등 개입의 시작과 끝이 있음	• 대상자 발견 문제사정 개입목표수립 개입 개입과정을 점검과 재사정 과정평가에 의한 환류, 새로운 문제, 욕구 발견 개입전략의 수정 개입 점검 개입 등 • 재사정과 환류에 의해 새로운 개입이 지속적으로 이루어짐 • 대체로 클라이언트에 대한 지속적인 관리가 이루어지는 특징 • 소수의 클라이언트만이 기대되는 수준의 재활을 통해 지역사회 내의 자립생활이 가능한 경우 종결
원칙	• 개별화-의도적인 감정표현-통제된 정서적 관여, 수용, 비심판적 태도, 클라이언트의 자기결정, 비밀보장	• 성장과 변화에 대한 신념, 장점과 잠재력의 강조와 개발, 클라이언트의 자기결정, 책임성과 보호의 연속성, 서비스 제공의 포괄성, 지역사회 자원의 적극적인 개발과 동원, 권리와 비밀보장 등
전문가 역할	• 특정 전문가에 의한 개입의 가능 • 사회복지사는 상담자 혹은 치료자의 역할이 강조	• 다양한 전문가들에 의한 팀 접근 요구 • 사례관리자는 클라이언트 차원에서 옹호와 대변자의 역할이 강조되며, 팀 차원에서는 조정자 역할 요구

출처: 엄명용 외(2011) 재편집.

상기의 내용들을 바탕으로 사례관리의 특성을 열거하면 다음과 같다(엄명용, 2011).

① 다양한 문제와 복합적인 욕구를 가진 클라이언트를 대상으로 한다.
② 클라이언트의 문제해결과 치료보다는 욕구충족과 보호에 더 중점을 둔다.
③ 클라이언트의 사회적 기능과 독립을 극대화하기 위해서 보호의 연속성과 책임성을 보장한다.
④ 서비스의 효과성 effectiveness 과 효율성 efficiency 을 높이기 위해 포괄적인 서비스를 제공하고 서비스의 조정과 점검을 실시한다.
⑤ 클라이언트와 그들의 사회환경과의 상호작용에 관심을 집중시키며 다양한 지원체계의 광범위한 서비스를 활용한다.
⑥ 가정방문과 같은 출장원조, 안내와 의뢰 등과 같은 적극적인 클라이언트와의 접근을 강조한다.
⑦ 클라이언트 수준에서 클라이언트 각자의 욕구를 개별화하며, 개입과정에서 클라이언트의 참여와 자기결정을 촉진시킨다.
⑧ 개별적인 실천기술과 지역사회 실천기술을 통합한 형태다.

(2) 사례관리의 목적

사례관리의 목적은 학자에 따라 다양하게 제시되고 있다. 목슬레이(1989)에 의하면, 사례관리의 목적은 서비스와 자원을 이용하고 접근하는 데 있어서 가능한 클라이언트 자신의 생활기술을 증진시키는 것이고, 클라이언트의 복지와 기능을 증진하는 데 사회관계망과 관련된 대인서비스 제공자들의 능력을 발전시키는 것이다. 그리고 가능한 가장 효과적인 방법으로 서비스 및 자원의 전달이 이루어지도록 노력하는 반면, 이와 동시에 서비스의 효과를 증진시키는 것이라고 하였다. 또한 무어(Moore, 1992)에 의하면,

사례관리의 목적은 환경적 도전에 대처하는 데 개인의 잠재력과 가족 및 일차집단의 케어능력을 극대화하는 것이고, 케어의 공식체계와 일차적 케어자원을 통합하고, 개인과 일차집단의 욕구를 충족시키기 위하여 공식적 케어체계 내의 능력을 극대화시키는 것이라고 하였다.

무어(1987)와 넬슨(Nelson, 1982)의 사례관리 주요 목적을 간략히 정리하면, 가족, 친족, 친구 등과 같은 비공식적 자원체계와 국가 및 공공기관과 공식적 자원체계가 제공하는 다양한 자원을 통합하는 것이라 할 수 있다.

또한 웨일(Weil, 1985)은 사례관리 목적에 대해서, 클라이언트의 다양하고 복합적인 욕구를 충족시킴으로써 사회적 기능과 자립을 극대화하는 데 있다고 밝히고 있다. 이 목적을 달성하기 위해서는 클라이언트의 욕구를 충족시킬 수 있는 적합한 환경을 마련하여 주는 것을 원칙으로 한다. 사례관리의 또 다른 목적으로 서비스 전반에 걸쳐 오랜 시간 동안 적절한 보호와 관리가 지속될 수 있도록 하는 것이다. 따라서 사례관리의 목적과 임무는 복잡하기 때문에 이를 담당하는 사례관리자는 옹호자, 중개자, 진단자, 계획자, 지역사회 전문가, 평가자, 자문가, 치료자와 같은 다양한 실천가들의 기능을 수행할 수 있어야 한다고 하였다.

반면 인타글리아타(Intagliata, 1982)는 사례관리의 목적을 다음과 같이 구체적으로 네 가지 측면에서 정리하였다. 첫째, 어떤 일정한 장소나 기간 내에서 지속적으로 서비스를 제공하는 보호의 연속성을 보장하는 것, 둘째, 일정 기간 동안 혹은 필요한 경우에는 개인의 일생을 통하여 개인의 욕구가 변화할 경우, 서비스가 개인의 욕구의 모든 영역에 제공되도록 보장하는 것, 셋째, 서비스 이용자의 적격성, 기준, 규정, 정책, 절차 등과 관련된 서비스 접근의 장애물을 극복함으로써 개인이 필요한 서비스에 쉽게 접근할 수 있도록 원조하는 것, 넷째, 서비스가 클라이언트의 욕구에 적합하게, 적시에, 적절한 방식으로, 중복되지 않게 제공될 수 있도록 보장하는 것이다.

종합하여 보면, 사례관리란 사회복지실천현장에서 만날 수 있는 다양하고 복합적인 욕구를 가진 클라이언트의 사회적응과 기능회복을 위해서 지역사회의 공식적 · 비공식적 지원체계를 지속적으로 조직 · 조정 · 유지하는 포괄적인 개입활동이라 할 수 있다.

2) 사례관리의 등장배경

사례관리case management는 1980년대 이후 미국, 영국, 캐나다 등에서 정신장애인을 비롯하여 노인, 장애아동과 같은 다양한 대인 서비스 영역에서 주목받아 왔다(Rothman, 1991). 사례관리라는 용어는 care management, managed care, care coordination, case coordination, continuing care coordination, continuity coordination, service coordination, service integration 등 여러 가지 형태로 사용되고 있다(Netting, 1992).

1990년 『사회사업백과사전Encyclopedia of social work』의 제18판(보충판)에는 종래의 '케이스 워크case work'라는 항목이 사라지고 '사례관리' 항목이 새롭게 등장하였다. 이는 사례관리가 단순히 조정기능을 중심으로 한 간접서비스가 아니라 클라이언트에 대한 대면서비스 등 직접서비스 모두를 포괄하는 통합적 모델임을 제시해 준다. 또한 이러한 변화는 미국 사회복지계의 변화를 상징적으로 보여 주는 것으로써 사례관리가 실천현장에서 그 중요성이 커지고 있음을 보여 준다.

사실 사례관리는 완전히 새로운 개념으로 사회복지실천에 등장한 것은 아니다(Moore, 1992; Kirst-Ashman & Hull, 1993; Ashley, 1988). 사례관리는 1863년에 설립된 매사추세츠의 자선위원회에서 이미 시작되었으며, 이는 지금의 일반사회복지사generalist social workers의 실천형태이다. 이후 사례관리는 리치몬드 시대 이래로 사회복지의 전통적인 분야로 자리잡았고(Jonson & Rubin, 1983; O'Connor, 1988), 인보관 운동과 자선조직협회에서 이미 그 기원을 찾아볼 수 있다(Rubin, 1987; Vourlekis & Green, 1992). 따라서 사례관리가 1980년대에 들어 새롭게 케이스 워크보다 진보된 하나의 방법론으로서 활용되기 시작한 것은 다음과 같은 역사적 배경을 갖는다(Ashley, 1988; Moxley, 1989; Rothman, 1991; 양옥경, 1996).

(1) 탈시설화의 영향

미국은 1960년대 초 정신지체 장애인과 정신장애인을 대단위 수용시설에서 퇴소시켜 지역사회로 돌려보내는 탈시설화 정책을 실시하였다. 시설 수용은 거의 모든 서비스들이 지리적, 행정적으로 집중되어 있어서 각 클라이언트에 대한 별도의 서비스 관리가 필요하지 않았다. 그러나 이들이 지역사회에 거주하게 되자 지역사회 전체에 분산되어 있는 서비스를 통합적으로 제공하는 서비스관리 체계의 필요성이 나타났다. 또한 각 기관들마다 보유하고 있는 자원이나 수혜 자격요건 eligibility 이 달라서 이들을 총관리하는 전문직의 필요성이 대두되었다.

(2) 서비스전달의 분산화 · 복잡화

클라이언트의 사회복귀를 위해서는 생활 전반에 관한 서비스가 제공되어야 한다. 그러나 기존의 서비스는 특정 서비스를 매우 한정된 범위에서 특정 인구에게 제공하는 형태로 이루어져서 서비스의 단편성과 분산화가 문제점으로 제시되었다. 특히 서비스 전달체계가 공공부문에서 민간부문으로 이양됨에 따라 다채로워진 서비스들 사이의 조정적 역할을 하는 장치가 거의 없는 상태가 되었다. 여기에 서비스망이 점차 고도로 복잡해지고 분산됨으로써 서비스가 중복될 뿐만 아니라 필요한 서비스를 받기 위한 각각의 연계성이 부족하게 되었다. 이러한 서비스의 정글화 현상은 클라이언트가 다른 기관을 방문해야 하는 문제를 야기하였으며, 심지어는 접근 기회마저 차단하는 경우가 생겨났다. 따라서 이러한 복잡하고 분산된 서비스 체계에서 서비스의 연계성을 확보할 수 있는 기능이 요청되었다.

(3) 클라이언트와 그 가족에게 부과되는 과도한 책임

클라이언트와 그 가족들은 지역사회 내의 적절한 환경 자원의 미비로 많은 책임을 안게 되었고 이로 인해 과도한 스트레스가 발생하였다. 따라서 클라이언트와 그 가족들이 환경자원을 개발하고 연결할 수 있도록 돕는 서비스 기능이 필요하게 되었다.

(4) 다양한 문제와 욕구를 가진 클라이언트의 증가 및 기존 서비스의 한계

탈시설화 정책으로 점차 지역사회에 거주하는 정신 및 신체장애인이 증가하게 되었고, 이들이 지역사회에 적응하는 데 따른 다양한 문제가 발생하였다. 따라서 지역사회에서 살아가는 데 필요한 서비스를 조직하고 그 욕구를 충족시킬 수 있는 활동이 필요하였다. 그러나 기존의 서비스들은 단편적인 서비스 제공에 그쳐 복잡하고 다양한 욕구를 지닌 클라이언트에 대응하는 데는 많은 한계점이 속출하였다.

(5) 서비스 비용 억제

서비스 전달의 효과를 향상시키고자 하는 것이 자원이 한정된 상황에서 매우 중대한 관심사이다. 이는 서비스의 비용효과를 높이고, 서비스들 간의 중복을 피하는 전문기술을 요구하였다. 사례관리는 이러한 상황에서 보호의 총 계획을 관리하고 비용을 억제하는 수단으로 적합하다고 평가받게 되었다(최성연, 1997).

(6) 사회적 지원체계와 지원망의 중요성에 대한 인식 증가

대인서비스에서 클라이언트의 삶의 질을 높이기 위한 사회적 지원체계와 지원망의 영향이 매우 크다는 인식이 확산되었고 공식적인 서비스가 제공하는 서비스와 비공식적인 사회적 지원체계가 공급하는 서비스에는 양적 혹은 질적 차이가 존재함이 발견되었다. 이에 공식적이고 전문적인 서비스와 비공식적인 지원체계와 지원망을 조정하고 통합하는 사례관리방법이 주목받게 되었다.

이러한 역사적 배경 안에서 등장한 사례관리는 전통적인 사회복지의 맥을 잇는 클라이언트 중심의 통합적 실천양식이다. 또한 사례관리는 클라이언트뿐만 아니라 환경과의 상호작용을 중요시하므로, '상황 속의 인간'이라는 체계적 관점을 가지는 사회복지실천에 매우 부합되는 방법 중의 하나이다.

3) 사례관리의 기능 및 개입원칙

(1) 사례관리의 기능

사례관리에 대한 미국사회복지사협회(NASW, 1992)의 기준을 보면, 사정, 조정, 통합, 모니터링, 평가, 옹호 기능이 포함되어 있으며, 케인(Kane, 1988)은 사례관리의 주요 기능으로 사례발견과 스크리닝, 포괄적이고 다차원적인 사정, 보호계획, 계획의 이행, 모니터링, 공식적인 재사정을 포함시켜 강조하고 있다. 또한 양정남 등(2009)의 경우, 사정, 계획, 연계, 조정, 옹호, 모니터링 등의 여섯 가지를 중심으로 사례관리의 기능을 설명하고 있다.

로스만과 세이저(Sager, 1998)가 제시한 사례관리의 기능은 가장 포괄적이며, 그 내용은 기관에의 접근, 인테이크, 사정, 목표설정, 개입계획 수립, 자원의 확인과 찾기, 기관과 서비스 자원과의 공식적인 연계, 사회적 네트워크와의 비공식적 연계, 모니터링, 재사정, 클라이언트 평가, 기관 간 조정, 상담, 치료, 클라이언트의 옹호 등 15가지이다.

한편 엄명용 등(2007)은 사례관리의 기능을 다음과 같이 제시하였다.

① 클라이언트와 필요한 서비스 연계 기능

클라이언트의 욕구를 충족시키기 위해서 필요한, 유용한 서비스와 권리를 클라이언트에게 위임하고 양도하는 것이다. 이러한 기능을 수행하기 위하여 사례관리자는 클라이언트에게 유용한 자원이 무엇인가를 인식시키고, 클라이언트와 서비스의 효과적인 연계를 위해서 클라이언트를 옹호해야 한다.

또한 사례관리자는 공식적 체계와 비공식적 체계를 동시에 활용해야 한다. 공식적 체계는 각 기관의 역할과 책임을 명시한 기관 상호 간의 협정, 가입기준, 클라이언트에 대한 기관의 협력을 명시한 다른 규정들이 있다. 비공식적 체계는 다른 프로그램을 진행하는 직원과의 업무협약 또는 이해가 있다.

② 비공식 보호체계와 클라이언트 간의 상호작용의 촉진 기능

비공식 지원체계를 통하여 클라이언트는 경제적 · 사회적 안정, 신체적 · 정신적 건강, 정서적 지지, 안내, 지역사회 생활의 향상 등에서 결정적인 도움을 받고 있으며, 다른 지원체계보다도 클라이언트에게 훨씬 더 실질적인 지원을 제공할 수 있다. 클라이언트를 돕는 비공식 지원체계는 가족, 친척, 친구, 이웃, 자원봉사자, 종교단체, 자조집단 등이 있다.

③ 사례관리 기관 상호 간의 조정 기능

기관 상호 간의 조정은 공식적인 정책이나 비공식적인 기관 상호 간의 협정을 통하여 기관들 사이의 연계를 촉진함으로써 사례관리의 효과성을 높이는 기능이다. 기관 상호 간의 조정에서 공식적인 정책은 국가의 정책적인 차원에서 이루어지며, 비공식적

인 협정은 기관의 행정적인 차원에서 이루어지거나 사례관리자에 의해서 프로그램 차원에서 이루어지기도 한다.

기관 상호 간의 협정은 서비스의 유형, 클라이언트의 수, 재정적인 여건 등과 밀접하게 관련되어 있으며, 프로그램이 진행되기 전이나 진행 중에도 언제나 이루어질 수 있다.

④ 상담 기능

상담은 사례관리 과정에서 클라이언트에게 필요한 서비스에 접근할 수 있도록 유용한 정보를 제공하며, 클라이언트 자신의 욕구와 문제에 대한 이해를 증진시키고, 가족에게 클라이언트들에 대한 이해를 촉구하며, 서비스 제공기관의 접촉을 향상시키는 기능을 한다.

또한 상담은 클라이언트에게 정서적 지지를 제공하며, 고립감과 문제에 대한 압박감을 감소시키고, 클라이언트로 하여금 문제를 스스로 해결할 수 있도록 동기를 부여하는 기능을 한다.

⑤ 문제해결 기능

문제해결은 사례관리과정에서 클라이언트에게 발생할 수 있는 성격상의 문제, 위기상황 또는 실직, 부부갈등과 같은 일상생활상의 문제 등을 잘 극복할 수 있도록 도움을 제공한다. 사례관리자는 클라이언트의 문제해결을 위해서 클라이언트에게 격려, 지지, 안도감 등을 제공하여 자신의 문제를 스스로 해결하는 동기를 부여하며, 문제해결에 필요한 기회와 자원에 접근할 수 있도록 돕는다. 또한 사례관리자는 클라이언트의 문제에 대한 지각능력 및 대처능력을 극대화할 수 있도록 돕는다.

⑥ 옹호 기능

옹호는 자원의 이용이나 획득에 있어서 불리한 조건에 있는 클라이언트가 서비스 또는 자원을 이용 또는 획득할 수 있도록 하고, 클라이언트에게 불리하게 작용하는 현재의 정책, 절차 또는 관례를 수정하고, 또는 필요한 자원 또는 서비스를 제공할 수 있도록 하는 새로운 입법 또는 정책을 조장하기 위해서 클라이언트와 함께 일하는 과정이다.

옹호는 클라이언트와 클라이언트 집단의 사회적 기능을 향상시키기 위해서 그들의 무기력과 무능력을 제거하는 것이며, 명확한 욕구를 가지고 있는 개인 또는 집단에게 힘과 자원을 적절하게 분배하려는 목적을 둔 활동을 포함한다. 때로는 클라이언트 개인이나 집단에게 서비스의 공정성을 보장하기 위해서 중재, 교섭, 논쟁, 협상, 환경 조성 등의 역할 수행도 한다.

(2) 사례관리의 개입원칙

사례관리 접근은 사회복지실천에서 클라이언트의 인간으로서의 존엄성을 최대한 존중하고 그들이 행복한 삶을 영위하도록 돕기 위해 그들에게 필요한 자원과 서비스에 접근할 수 있는 동등한 기회를 제공하는 것을 중요시하고 있다. 따라서 사례관리적 접근이 갖는 기본 가치관은 클라이언트의 삶에 대한 사회 연대적 책임을 지는 것과 클라이언트가 스스로의 문제를 가장 잘 해결할 수 있는 사람이라는 신뢰감이다. 이러한 가치관은 사례관리의 개입원칙을 분명하게 제시한다.

사례관리의 가치관과 목적을 달성하고자 하는 사례관리의 개입원칙은 다음과 같다(Gerhart, 1990).

① 서비스의 개별화

이 원칙은 클라이언트의 독특한 신체적, 정서적, 사회적 상황에 따라 각 클라이언트의 욕구에 맞게 서비스를 제공하는 것이다. 클라이언트의 개별적 욕구를 적절하게 개발하여 그에 맞는 서비스를 하되, 특히 클라이언트 개인이 가지고 있는 욕구와 함께 강점을 발견하여 사회복지실천서비스 계획도 이에 맞추어 수립해야 한다.

② 서비스 제공의 포괄성

이 원칙은 지역사회에서 클라이언트의 다양한 욕구를 충족시키기 위해 필요한 광범위한 지지를 연결하고 조정, 점검하는 것이다. 이때 필요한 도움의 유형과 범위는 매우 다양하기 때문에, 사례관리자들은 지역사회에 존재하는 잠재적 지역사회 자원에 대한 철저한 지식을 가지고 이를 활용할 수 있어야 한다.

③ 클라이언트의 자율성 극대화

이 원칙은 클라이언트의 선택에 대한 자유를 최대화하고 지나친 보호를 하지 않는 것을 의미한다. 이는 클라이언트의 자기결정권을 가능한 보장하고자 하는 것이다. 또한 클라이언트가 가능한 한 자립할 수 있도록 돕는 데 초점을 두고, 클라이언트가 자신의 서비스와 관련된 판단에 자기결정 능력을 최대화하도록 해 준다.

④ 서비스의 지속성

서비스의 지속성은 사례관리자가 클라이언트의 욕구를 점검하여 서비스를 지속적으로 제공한다는 것이다. 즉, 1회의 단편적인 서비스 제공이 아니라 클라이언트가 자신의 생활현장에서 잘 적응할 수 있도록 지속적으로 원조해야 한다는 것이다.

⑤ 서비스의 연계성

이 원칙은 복잡하고 분리되어 있는 서비스 전달체계를 연결하는 것을 의미한다. 예를 들어, 클라이언트에게 필요한 서비스가 여러 기관에 분산되어 있을 때, 적절한 서비스를 받을 수 있도록 다른 기관에 클라이언트를 의뢰함으로써 서비스가 연계되도록 하는 것이다. 이때 사례관리자는 다른 서비스 전달체계 간의 중개자 혹은 권익옹호자의 역할을 한다.

⑥ 서비스의 접근성

사례관리자는 프로그램이나 자격 조건 등 복잡하고 까다로워서 서비스 접근에 어려움이 있는 경우, 서비스 제공자와 접촉하여 중개역할을 해 줌으로써 클라이언트가 좀 더 쉽게 자원 등에 접근할 수 있게 해 준다. 이를 위해 사례관리자는 클라이언트가 서비스를 이용하는 데 장애가 되는 심리적 조건이나 물리적 요소 혹은 사회문화적·경제적 요소들이 존재하는지 살펴보고, 이러한 장애요소들을 최소화하여 서비스에 대한 접근성을 높여 주어야 할 것이다. 다시 말하면, 클라이언트의 욕구를 점검하여 단편적 서비스를 피하고 클라이언트가 자신의 생활 현장에서 잘 적응할 수 있도록 지속적인 서비스를 받을 수 있게 원조해야 한다는 것이다.

⑦ 서비스의 체계성

사례관리자는 서비스 간 중복을 줄이고 서비스의 비용을 효율적으로 관리하기 위해 서비스와 자원들 간의 조정을 한다. 그리고 사례관리자는 서비스를 제공하는 공식적 체계 간의 조정뿐만 아니라 가족이나 친척 혹은 친구 등과 같은 비공식적 지원체계를 통합하고 기능적으로 연결하고 다양하고 체계적인 지지망을 구축하도록 한다.

이렇듯, 사례관리는 클라이언트의 욕구 및 필요가 발생하였을 때 지역사회 내에서 언제라도, 어떤 상황에서라도 클라이언트 자신이 원하는 서비스와 지원을 받을 수 있도록 하는 것을 개입의 원칙으로 두고 있다. 무엇보다 클라이언트의 자존심을 해하지 않는 범위에서 인간의 존엄성 유지와 자기결정을 기반으로 하는 사회복지실천의 기본 가치 실현이라는 강점을 지니고 있다.

2 사례관리의 개입 과정

사례관리의 과정은 클라이언트나 기관의 성격, 사례관리자의 역할에 따라 다르게 나타날 수 있다. 몇몇 학자들이 제시한 사례관리과정을 제시하면 다음과 같다(최성연, 1997 재인용).

| 표 10-2 | 사례관리과정

Sreinberg & Cater(1983)	사례 발굴 → 사정 → 목표설정과 서비스 계획 → 보호계획 실행 → 점검
Weil(1985)	클라이언트 확인과 접근 → 사정과 진단 → 서비스 계획과 발굴 → 서비스와 클라이언트 연결 → 서비스 실행과 조정 → 서비스 전달체계 점검 → 옹호 → 평가
Moxley(1989)	사정 → 계획 → 개입 → 점검 → 평가
Doll(1991)	홍보 → 사정의 결정수준(사전심사) → 욕구사정 → 보호계획 → 보호계획 실행 → 점검 → 재평가

여기에서는 사례관리과정에서 가장 일반적으로 활용하는 단계를 중심으로 살펴보기로 하겠다(권진숙 · 전석균 역, 1999; 김만두 역, 1993).

1) 사정

사례관리에서의 사정은 클라이언트의 주위환경을 포함한 그의 상황을 이해하는 집중적이고도 체계적인 과정이다. 사정은 세 가지 측면에서 매우 유용하다. 즉, 서비스의 적격성 여부 결정, 클라이언트의 욕구, 능력 및 잠재적인 자원의 확인, 클라이언트의 진행과정을 평가하는 방법을 구체화하기 등이다.

사정은 다음과 같은 분야에서 구체적으로 이루어져야 한다.

- 욕구 및 문제 사정: 클라이언트의 욕구 및 해결해야 하는 문제들
- 자원 사정: 클라이언트의 문제 해결에 유용하게 활용할 수 있는 자원들
- 장애물 사정: 클라이언트 자원 활용 시 장애물들

이러한 세 분야는 상호역동적으로 이루어지며, 각각의 분야가 반드시 시간적 순서에 따라 이루어지는 것은 아니다.

① 욕구 및 문제 사정

문제에 대한 정확한 사정은 사례관리의 목적 달성에 매우 중요하다. 사례관리자는 클라이언트와 함께 욕구 및 문제 목록을 만들고 이 중 우선순위를 정해야 한다. 욕구 및 문제에 관한 정확한 사정은 사례관리의 출발점이 되며 개입의 근거를 제시하는 것이다.

② 자원 사정

중요한 문제들을 구체화한 이후에는 그 문제를 해결하는 데 도움이 되는 공식적 · 비공식적인 자원을 클라이언트와 함께 사정해야 한다. 이때 자원을 구체화하는 것은 매

우 중요한데, 자원목록의 활용이 효율적이다. 자원목록은 지역사회에 흩어져 있는 다양한 서비스들을 항목별로 분류하여 목록을 만든 것으로, 이 목록은 이용성 Availability, 적정성 Adequacy, 적절성 Appropriateness, 수용성Acceptability, 접근성 Accessibility 등을 고려하여 만들어져야 한다. 해머와 윈들(Hammer & Windle, 1979)은 이러한 5가지 요소를 5A라고 규정하고 자원목록의 중요한 원칙으로 보고 있다(양옥경, 1996 재인용).

여기에서 자원이란 우리가 삶을 지탱하고 성장과 발달을 계속하기 위해 필요한 재화와 서비스를 제공하는 사람들 혹은 사회기관들을 말한다. 이때 자원은 내부자원과 외부자원으로 구분할 수 있다.

자원의 사정은 생태도 등을 활용하여 체계적으로 접근하여야 하며, 이때 전체적이고 포괄적인 시각을 가지고 생태학적 관점에 기초를 두는 것이 바람직하다.

③ 장애물 사정

이 단계에서 우리는 '클라이언트가 문제가 있고, 이를 해결하기 위한 자원도 존재하지만, 왜 클라이언트들은 이를 적극적으로 활용하지 못하는가?'라는 질문을 갖게 된다. 이는 세 형태의 장애물이 있기 때문인데, 즉 외부장애물, 선천적인 무능력, 내부장애물이 그것이다.

가. 외부장애물: 클라이언트가 처한 환경에서 다음 사항 중 적어도 한 가지 이상이 부족한 상황이 발생할 수 있다.

a. 자원이 없거나 욕구를 충족시키기에는 부적합하다.
b. 자원이 일반적으로 유용하지만, 어떤 클라이언트에게는 유용하지 않다.
c. 유용한 자원이 있으나 정보, 교통수단, 아동보호 등의 부족으로 접근하기 어렵다.

나. 선천적인 무능력: 클라이언트의 통제 밖의 것으로 사회복지실천과정에서 클라이언트와의 효과적인 의사소통과 적극적인 참여를 제한시키는 것이다. 예컨대, 장애나 약물중독 등의 문제를 고려할 수 있다.

다. 내부장애물: 클라이언트가 가지고 있는 신념, 태도, 가치 등은 필요한 도움을 찾거나 받아들이는 방식인 행동패턴을 결정짓는다. 예컨대, 잘못된 신념 혹은 행동패턴에는 비관주의, 비판주의, 운명주의, 냉소주의가 있다.

2) 계획

계획은 사정에서 수집한 정보를 클라이언트에게 도움이 되는 일련의 활동으로 전환하는 과정으로 사례관리 활동을 위한 합리적인 기초가 된다. 이때 계획은 가설적인 것이어서 사례관리 과정에서 변화할 수 있다. 또한 사례관리자는 정기적인 검토를 통해 필요한 계획의 변화를 시도할 수 있다.

공식적이고 구조화된 계획은 다음의 4단계로 이루어진다.

① 1단계: 상호 간의 목적 수립하기

사례관리자는 클라이언트와 함께 목적을 수립한다. 이때의 전제조건은, 첫째, 사례관리자와 클라이언트 사이의 신뢰관계를 형성해야 하며, 둘째, 욕구, 요구사항, 능력 및 자원에 대한 충분한 사정을 통하여 클라이언트의 현재 상황에 관해 잘 파악하고 있어야 한다.

② 2단계: 우선순위 정하기

클라이언트의 중요한 욕구를 명확히 하고 문제를 파악하여 목적들 중에서 우선순위를 정한다. 우선순위를 정하는 데 기준이 되는 사항은 다음과 같다.

- 클라이언트가 가장 중요하다고 인식하는 것
- 클라이언트의 삶에 즉각적인 위험을 미칠 가능성이 있는 것
- 달성하기 쉬운 것

이 외에 실행가능성, 자원의 유용성 및 적합성 등을 고려하여 우선순위를 결정해야 한다.

③ 3단계: 전략 수집하기

목적달성을 위한 방법을 선택하는 것으로 기법, 전략, 개입이라고도 한다. 전략 수집은 클라이언트와 함께 이루어져야 하며, 이때 브레인스토밍 등의 방법을 활용할 수 있다.

④ 4단계: 최선의 전략 선택하기

클라이언트의 참여를 기초로 여러 가지 전략이 만들어지면, 이 중에서 클라이언트의 현재 상황, 즉 능력, 보유자원 등을 기초로 최선의 전략을 선택해야 한다. 이때 현실과 실행가능성을 고려한 선택이 매우 중요하다.

⑤ 5단계: 전략 실행하기

선택된 전략을 실행하기 위해 시간과 절차 등을 구체화한다. 전략의 실행 및 전략의 성공 여부에 대한 평가를 통해 미달성 목적은 계획과정으로 다시 환류한다.

3) 개입

계획이 세워지고 개입의 목적과 전략이 결정되면, 사례관리자는 개입을 하게 된다. 이때의 개입은 크게 내부자원의 획득을 위한 직접적 서비스 제공과 외부자원 획득을 위한 간접적 서비스 제공으로 나누어진다.

직접적 서비스 제공의 경우 사례관리자는 이행자, 안내자, 교육자, 정보제공자, 지원자로 기능한다. 반면, 간접적 서비스 제공의 경우에는 중개자, 연결자 및 옹호자로서의 역할을 한다. 이 외에 사회적 망에 대한 개입을 통해 클라이언트의 사회적 지원체계의 확장을 도모하거나 공식적 대인서비스 제공, 사회적 망 구성원과의 기술적 조력 및 협력 등의 기능을 한다(김만두 역, 1993).

4) 점검

'서비스와 지원이 잘 이루어지고 있는가'에 대해 점검하는 것은 사례관리의 여러 가지 기능 중에서 매우 중요하다. 점검이란 '클라이언트의 완성된 계획에서 정해진 서비스와 지원의 전달과정을 추적하는 방법으로 사례관리자에 의해 행해지는 활동적이고 유동적인 과정'을 의미한다. 이러한 점검은 다음과 같은 목적을 갖는다.

첫째, 서비스 계획이 적절하게 이루어지는지 그 정도를 검토한다.

둘째, 클라이언트에 관한 서비스와 지원계획의 목표에 대한 성취를 검토한다.

셋째, 서비스와 사회적 지지의 산출을 검토한다.

넷째, 클라이언트의 욕구 변화를 점검하여 서비스 계획의 변화 여부를 검토한다.

5) 평가

평가란 '사례관리자에 의해 형성되고 조정되는 서비스 계획, 구성요소, 활동 등이 과연 시간을 투자할 만한 가치가 있는지 여부를 측정하는 과정'이다(권진숙 · 전석균 역, 1999). 평가와 점검은 그 개념상 구별된다. 점검이 '정해진 활동이 계획대로 잘 이루어지고 있는지'를 살펴보는 것이라면, 평가는 '사례관리자의 활동이 클라이언트의 삶에 어떤 차이점을 만들어 가고 있는가'를 보는 것이다.

정리하면, 사례관리는 '사회기능상의 문제를 가진 개인이 기능을 회복하고 발전하도록 개인과 주변 환경을 변화시키기 위해 지속적, 통합적으로 개입하는 방법이다'라고 정의할 수 있다. 사례관리는 특히 재가중심적 보호 영역, 정신보건 영역, 직업재활 영역, 노인복지서비스 영역, 발달장애영역 등에서 활발히 활용된다(Moxley et al., 1982).

3 사례관리자의 역할

사례관리자는 다양한 역할을 수행한다. 여기에서는 사례관리자가 공통적으로 수행하게 되는 활동에 대하여 살펴보고, 사례관리 기능에 따라 분류된 모델 유형과 기능수준에 따른 사례관리자 역할을 살펴볼 것이다.

1) 사례관리자가 공통으로 수행하는 활동

쉬퍼와 호레이시(Horejsi, 2008)는 사례관리자의 다양한 역할 수행에서 공통적으로 담당하는 활동을 제시하였다.

(1) 정보 수집과 사정 활동

사례관리 대상 클라이언트는 대체로 고위험군이다. 이들에 대한 포괄적인 정보 수집은 사례관리자가 수행하는 업무 중에 중요한 역할을 차지한다. 클라이언트와 관련된 정보를 수집하고 클라이언트의 욕구와 관심을 확인한다.

(2) 서비스 계획

사례관리자는 서비스 계획 단계에서 무엇보다 클라이언트의 욕구와 관심사에 초점을 두어야 한다. 서비스 계획은 실행이 가능한가에 전문적 의견을 고려해야 한다.

(3) 프로그램 배치 및 서비스 제공 · 조정 활동

클라이언트에게 적절한 프로그램과 서비스제공자를 배치하고, 클라이언트에게 필요한 서비스 전달체계를 수립한다. 서비스가 통합적으로 제공되기 위하여 각 기관과 서비스를 조정한다.

(4) 사례 계획의 수행 정도 점검

사례관리 수행에서 클라이언트 욕구를 충족시키는 데 사례관리 수행의 효과성을 점검한다. 클라이언트에게 보다 나은 서비스를 제공하기 위해 필요한 경우 계획 조정이 이루어진다.

(5) 지속적이고 원활한 의사소통

사례관리 서비스 제공에 있어 책임 소재를 확인하고 의사소통 수준을 확인한다. 사례관리 서비스는 다양한 서비스 제공과 다수의 기관이 서비스제공자 역할을 담당하므로 이들 간 의사소통이 원활하게 이루어져야 한다. 사례관리자는 이 과정에서 중심 역할을 담당해야 한다. 클라이언트와 다양한 서비스제공자가 서비스 전달 과정 중 문제나 질문이 발생했을 때 그들을 원조할 수 있는 사람에게 신속히 접근할 수 있도록 한다.

(6) 옹호 활동

기존의 서비스체계에서 접근성이 제한되거나 서비스제공자 체계에 존재하는 장벽으로 인하여 서비스 이용이 어려운 클라이언트들이 발생한다. 이들을 위한 직·간접적인 옹호 활동을 수행한다.

(7) 지역사회 활동

지역사회에 존재하고 있으나 활용할 수는 없는 서비스를 클라이언트에게 지원해 주기 위한 활동으로서 지역사회 내의 타 기관과 전문가 및 지역사회 구성원들을 대상으로 활동을 수행한다. 또한 클라이언트에게 필요한 서비스와 프로그램을 개발하기 위해 지역사회 내의 다양한 구성원들에게 홍보 혹은 협력 활동을 수행한다.

앞에서 제시한 과업을 수행하기 위하여 사례관리자가 일반적으로 담당하는 역할을 정리하면 다음과 같다. 사정가, 서비스 계획자, 임상가 혹은 상담가, 중개자, 조정자, 평가자 그리고 마지막으로 옹호자 역할 등이다.

사례관리자의 역할 수행은 기존의 서비스나 자원을 연계하는 소극적인 수준이 아니다. 클라이언트의 욕구에 대응하여 자원을 움직이고 나아가 창의적인 해결 전략까지 모색하는 적극적인 수행능력을 요구한다.

2) 사례관리 주요 기능에 따른 사례관리자의 역할

사례관리자는 클라이언트를 대상으로 상담이나 정서적 지지와 같은 직접 서비스를 제공하는 것부터 지역사회에서의 자원 동원이나 옹호 활동과 같은 사회행동을 수행하는 것에 이르기까지 다양한 역할을 수행하게 된다. 사례관리자는 이러한 다양한 역할을 일률적으로 하기보다는 클라이언트 문제와 욕구의 특성, 사례관리자의 특성 그리고 기관과 지역사회의 특성에 따라 해당 역할을 수행하게 된다. 사례관리 주요 기능에 따라 담당하게 되는 사례관리자의 역할을 다음과 같이 제시하였다(권진숙, 2006 재인용).

(1) 직접적 지원: 임상가

사례관리자는 클라이언트와의 좋은 관계를 형성해야 한다. 사례관리 과정에서 사정과 클라이언트의 자원 활용 역량 향상이 주요 과업이 되는데 종종 만나게 되는 비자발적인 클라이언트의 경우 어려움을 경험하게 된다. 감정이입, 의사소통 기술 등을 통해 클라이언트와의 의사소통과 희망적인 태도를 형성하는 것이 중요하다.

(2) 위기 개입: 위기개입자

위기 상황은 사례관리자가 흔히 경험하게 되는 상황이다. 사례관리자는 위기 해결을 위한 중심적인 역할을 수행하게 된다. 사례관리자는 위기의 심각성을 사정할 수 있어야 하며 계획을 세울 수 있어야 하고 위기를 극복하기 위하여 동원할 수 있는 자원의 명단을 목록화해야 한다. 자원이 지원 기간 등의 이유로 타 기관으로 이전할 경우 클라이언트와 계속 연계하여 지원이 실행되고 있는지 확인하고 그렇지 못할 경우는 다른 자원을 찾아야 한다.

(3) 단기 치료 개입: 임상가

단기 개입으로 클라이언트 문제가 해결될 수 있는 경우 사례관리자가 임상가로서 단기치료자 역할을 수행한다. 이 경우 사례관리자는 클라이언트가 무엇을 할 수 있는지, 어떠한 성과를 기대할 수 있는지를 명확히 할 수 있도록 원조하는 역할을 하게 된다.

(4) 중개: 중개자 · 용이하게 하는 자

사례관리에서 자원 활용은 중요한 과업을 차지한다. 지역사회의 공공기관에서부터 민간기관 그리고 사회복지기관 등 다양한 자원과 연결하여 클라이언트의 욕구에 부응하고자 활동하게 된다. 대부분의 자원 중개는 회의의 형태를 거쳐 연계된다. 사례관리자는 클라이언트를 둘러싼 가족 등의 다양한 환경체계 간에 연계되고 지원체계의 역할을 담당할 수 있도록 용이하게 하는 역할을 통해 지역사회 내의 다양한 체계를 동기화시키고 능력을 강화시키게 된다.

(5) 문제해결: 능력부여자 · 교사 · 중재자

사례관리는 클라이언트의 문제해결능력을 향상시키고 자원 활용의 역량을 향상시키고자 한다. 이때 사회복지사는 클라이언트의 능력을 향상시키고 책임감을 높이고 자신감과 독립성을 향상시킬 수 있도록 격려하는 능력부여자로서의 역할을 수행한다. 이 과정에서 클라이언트에게 학습 기회를 제공하는 교사의 역할을 수행하기도 한다. 사례관리자는 클라이언트의 문제해결 과정에서 지역사회 내에서 발생할 수 있는 의견이나 갈등을 중립을 지키면서 조정하는 중재자의 역할을 수행하기도 한다.

(6) 옹호: 옹호자

옹호는 사례관리자의 중요한 역할이다. 사례관리 대상이 되는 클라이언트의 다수가 취약층인 경우가 많아 이들의 목소리를 대신하게 된다. 클라이언트가 직접 옹호 활동을 하는 경우에 사례관리자는 지역사회 자원 정보 제공이나 가족과의 협조나 필요한 지원 제공 등의 역할을 수행함으로써 클라이언트 옹호를 지원하는 활동을 수행할 수 있다.

(7) 서비스조정: 조정자

사례관리자는 클라이언트가 이용 가능한 자원을 확보하고 관련 전문가와 연계하여 서비스를 조정하는 역할을 수행해야 한다. 클라이언트의 욕구가 얼마나 복잡하고 다양한가에 따라 서비스조정을 지역사회 내에서 공식적 혹은 비공식적 방법으로 다양하게 이루어지게 된다. 클라이언트에게 다양한 자원이 연계되는 과정에서 사례관리자는 지역사회 내 연계가 잘 확립되도록 지원하게 되며, 다양한 기관에서 지원되는 서비스조정이 원활하게 이루어지는지를 확인해야 한다. 서비스조정이 잘 이루어지지 못하는 경우, 기관에 알리고 어떻게 대응해야 하는지에 대한 준비를 해야 한다.

(8) 추적 및 사후관리: 사후점검 및 관리자

사례관리 대상은 만성적인 문제에 처한 클라이언트가 대부분이다. 서비스 지원과 종결이 반복적으로 이루어지기도 하지만 사례관리 대상자의 상당수가 지속적으로 서비스를 지원받는다. 혹은 이처럼 지속적인 지원이 제공되는 사례관리실천의 특성으로 인하여 사후관리의 개념 적용을 어느 수준으로 이해할 것인가에 대하여 명확하지 않을 수 있다. 추적과 사후관리 역할 수행에서 중점이 되어야 할 부분은 클라이언트의 문제가 잘 해결되었는가 하는 것에 대한 점검일 것이다. 이러한 역할 수행으로 사례관리실천에 필요한 장기적인 지역사회 지원체계를 보다 향상시킬 수 있게 된다.

참고문헌

감정기, 백종만, 김찬우(2009). 지역사회복지론. 경기: 나남.

감정기, 최원규, 진재문(2010). 사회복지의 역사. 경기: 나남.

강우식(2004). 내 마음을 울린 이야기. 서울: 가톨릭출판사.

권중돈, 김동배(2008). 인간행동과 사회환경. 서울: 학지사

김기덕, 최소연, 권자영(2012). 사회복지 윤리와 철학. 경기: 양서원.

김기태, 김수환, 김영호, 박지영(2008). 사회복지실천론. 경기: 공동체.

김봉순, 김향선, 김현호, 박영국, 오정옥, 이기량, 이남순, 이연복, 이채식(2010). 사회복지실천론. 서울: 창지사.

김성천 (1996). 페미니스트 가족치료 접근법의 특성에 관한 일 연구. 한국가족치료학회지. 4. 81-96.

김송이, 이금진, 이현 (2012). 인간관계론. 경기: 양서원.

김융일, 조흥식, 김연옥(1995). 사회사업 실천론. 경기: 나남.

김융일, 조흥식, 김연옥(2000). 사회복지실천론. 경기: 나남.

김종옥, 권중돈(1993). 집단사회사업방법론. 서울: 홍익재.

김혜란, 홍성미, 공계순(2006). 사회복지실천기술론. 경기: 나남.

김혜숙, 박선환, 박숙희, 이주희, 장미경(2012). 인간관계론. 경기: 양서원.

박광준(2002). 사회복지의 사상과 역사. 경기: 양서원.

박병현(2010). 사회복지의 역사. 경기: 공동체.

박영숙, 김주연, 황희숙, 김수정(2008). 사회복지실천기술론. 서울: 대왕사.

사회복지교육연구센터(2010). 인간행동과 사회환경. 서울: 도서출판 나눔의 집.

서미경, 김영란, 박미은(2011). 사회복지실천윤리. 경기: 양서원.

손광훈(2008). 인간행동과 사회환경. 경기: 공동체

송명자(2009). 대학의 교양강좌를 이용한 인간관계훈련프로그램 개발 및 효과. 영남대학교 박사학위논문.

송성자(1987). 가족관계와 가족치료. 서울: 홍익재.

양옥경(1996). 지역사회정신건강. 경기: 나남.

양옥경 외(1993). 사회복지실천과 윤리. 서울: 한울아카데미.

양정남, 권구영, 김화선, 최은정, 한혜경(2009). 사례관리. 경기: 양서원.

엄명용, 김성천, 오혜경, 윤혜미(2007). **사회복지실천의 이해**. 서울: 학지사.

엄명용, 김성천, 오혜경, 윤혜미(2011). **사회복지실천의 이해**(3판). 서울: 학지사.

오기봉(2013). **인간관계의 이해**. 경기: 양서원.

오미라(2008). 남녀 대학생의 신체이미지가 구직활동에 미치는 영향. 한국과학기술대학교 석사학위논문.

유수현, 오수희, 길귀숙, 이재령, 이재호(2009). **인간관계론**. 경기: 양서원.

이민규(2001). **적응과 정신건강**. 경기: 교육과학사.

이성태(2011). **인간관계론**. 경기: 양서원.

이영실, 나임순, 정명희, 황희숙, 최정숙(2011). **사회복지실천론**. 경기: 양서원.

이윤로(2008). **최신사회복지실천론**. 서울: 학지사.

임혜경, 김송이, 이금진, 이현(2012). **인간관계론**. 경기: 양서원.

장인협(1989). **사회사업실천방법론(상)**. 서울: 서울대학교출판부.

장인협(1999). **사회복지실천방법론(중)**. 서울: 서울대학교출판부.

전재일(1981). **사회사업실제의 통합적 접근방법에 관한 연구**. 대구: 한사대학.

전재일(2009). **사회복지실천론**. 서울: 형설출판사.

조휘일, 이윤로(1999). **사회복지실천론**. 서울: 학지사.

최성연(1997). 정신질환자를 위한 사례관리 업무개발에 관한 연구. 서울여자대학교 대학원 석사학위논문.

황성철(1995). 사례관리실천을 위한 모형개발과 한국적 적용에 관한 연구. **한국사회복지학, 27**, 275-304.

홍봉선, 남미애(2020). **학교사회복지론**(제3판). 경기: 공동체.

Ambrosino, R., Heffernan, J., & Shuttlesworth, G., & Ambrosini, R. (2001). *Social Work and Social Welfare: An introduction*(4th ed.). Belmont: Wadsworth / Thomson Learning Inc.

Anderson, H., & Goolishian, H. (1992). The Client is the Expert: A not knowing approach to therapy. In S. McNamee & K. J. Gergen(Eds.), *Therapy as social construction.* London: Sage.

Asch, D. E., (1946). Forming impressions of personality, journal of Abnormal and Social Psychology, 41. 258-290.

Ashley, A. (1988). Case Management: The Need to Define Goals. *Hospital & Community Psychiatry. 39*, 499-500.

Baekeland, F. & Lundwall, L. (1975). Dropping out of Treatment: A Critical Review.

Psychological Bulletin, 82, 738-787.

Ballew, J. R., & Mink, G. (1999). **사례관리.** [Case Management in Social Work(2ed.).] (권진숙, 전석균 역). 서울: 하나의학사(원저출판: 1996).

Barker, R. L. (2003). *The Social Work Dictionary*(3rd ed.). Washington, DC: NASW Press

.Bartlett, H. M. (1970). *The Common Base of Social Work Practice,* New York: National Association of Social Workers.

Bartlett, H. M. (1970). *The Common Base of Social Work Practice.* Washington, DC: National Association of Social Workers inc.

Biestek, F. P. (1957). *The Casework Relationship.* Chicago: Loyola University Press.

Biestek, F. P. (1992). **케이스웍 관계론.** [The Casework Relationship] (김만두 역). 서울: 홍익재 (원저출판: 1957).

Boehm, W. (1959). *Objectives of the social work education curriculum of the future, Curriculum Study.* New York: Council on Social Work Education.

Boyle, S. W., Hull, Jr., G. H., Mather, J. H., Smith, L. L., & Farely, O. W. (2006). *Direct Practice in Social Work.* Boston: Pearson.

Brill, N. (1986). **사회복지의 원리와 방법.** [Working with People: The Helping Process] (장인협, 문인숙 역). 서울: 집문당(원저출판: 1985).

Brown, B. S. (1968). Social change: A professional challenge. Unpublished paper.

Brown, J. A. (1992). *Handbook of Social Work Practice.* Springfield Ⅲ: Charles C. Thomas Publisher.

Brown, J. A. (1992). *Handbook of Social Work Practice.* Springfield, IL: Charles C. Thomas Publisher.

Compton, B. R., & Cournoyer, B. R. (2005). Social Work Practice(7th eds.) Belmont, CA: Thomson Brooks/Cole.

Compton, B. R., & Galaway, B. (1984). *Social Work Processes*(3rd ed.). Homewood, IL: The Dorsey Press.

Congress, E. P. (1999). *Social Work Values and Ethics.* CA: Wadworth.

Corey, G., Corey, M. S., & Callanan. P. (1988). *Issues and Ethics in the Helping Professions*(3rd ed). Belmont, CA: Brooks / Cole Publishing Company.

Dion, K. K., Berscheid, E., & Walster, E., (1972) What is beautiful is good. *journal of personality and Social Psychology, 24,* 285-290,

Dolgoff, R., & Feldstein D. (2000). *Understanding Social Welfare*(5th ed.). Boston: Allyn and

Bacon.

Flexner, A. (1915). *Is social work a profession? Proceedings of National Conference of Charities and Corrections*(pp.576-990). Chicago: Hindman.

Fraser, D., (1984). *The Evolution of the British Welfare State*(2nd ed.) London: MacMillan.

Friedlander, W. A. (1962). *Individualism and Social Welfare*. Glencoe: Free Press.

Fromm, E. (1964). *The heart of man.* NY: Harper and Row.

Gambrill, E. (1983). *Casework: A Competence-Based Approach*. Englewood Cliffs, New Jersey: Prentice Hall.

Gambrill, E. (2006). *Social Work Practice: A Critical Thinker's Guide*(2th ed.). N.Y.: Oxford University Press.

Garrett, A. (1972). *Interviewing: Its Principles and Methods*. New York: Family Service Association of America.

Garvin, C., & Seabury, B. (1979). *Interpersonal Practice in Social Work.* Ann Arbor: University of Michigan.

Gerhart, U. C. (1990). *Caring for the Chronic Mentally* Ⅲ. Itasca, IL: F. E. Peacock.

Glasser, W. (1965). *Reality Therapy.* New York: Harper & Law.

Goldstein, H. (1973). *Social work: A unitary approach.* Columbia, S. C.: University of South Carolina Press.

Gottlieb, B. (1983). *Social Support Strategies: Guidelines for Mental Health Practice*. Beverly Hills: Sage.

Hartford, M. (1971). *Groups in Social Work.* New York: Columbia University Press.

Hepworth, D. H., & Larsen, J. A.(1993). *Direct Social Work Practice.* Pacific Grove, CA: Books / Cole Publishing.

Hepworth, D. H., & Larsen, J. A. (1995). *Direct Social Work Practice: Theory and Skills*(4th ed.). Pacific Grove, California: Book/Cole Publishing Company.

Hepworth, D. H., & Larsen, J. A., Rooney, R. H., Rooney, G. D., Strom-Gorrfried, K., & Larsen, H. A. (2006). *Direct Social Work Practice: Theory and Practice*(7th ed.), Belmont, CA: Thomson Brooks/ Cole.

Hill, C. E., & O'Brien K. E. (2010). **상담의 기술.** [Helping Skills] (주은선 역). 서울: 학지사(원저 출판: 2001).

Hollis, F., & Woods, M. E. (1981). *Casework: A Psychosocial Therapy*(3rd ed.). New York: Random House.

Intagliata, J. (1982). Improving the quality of community care for the chronically mentally disabled: The role of case management. *Shizophrenia Bulletin, 8,* 655-674.

Johnson, L. C. (1986). *Social Work Practice.* Boston: Allyn and Bacon Inc.

Johnson, L. C. (2004). *Social Work Practice: A Generalist Approach*(8th eds). Boston: Person Education, Inc.

Johnson, L. C. & Yanca, S. J. (2001). *Social Work Practice: A Generalist Approach*(7th ed.). Boston: Allyn and Bacon.

Jones, Kathleen(2000). *The Making of Social Policy in Britain: From the Poor Law to New Labour.* London: Continuum.

Jones, Kathleen(2003). 영국 사회정책 현대사. [Making of social policy in Britain: from the poor law to new labour] (임영진, 이영찬 역). 서울: 인간과 복지(원저출판: 2000).

Jonson, P. & Rubin. A. (1983). A Case Management in Mental Health: A Social Work Domain? *Social Work. Jan.-Feb.*, 49-54.

Joseph, M. V. (1985). A model for ethical decision-making in clnical prac-tice. In C. B. Germain(Ed.), *Advances in clinical social work practice*(pp.207-217). Silver Spring, Md.: NASW.

Kadushin, A. (1990). *Social Work Interview*(3rd ed.). New York: Columbia University Press.

Kane, R. (1988). Case management: Ethical pitfall on the road to high quality managed care. *Quality Review Bullentin, 14,* 161-166.

Kasius, C. (1950). *A Comparison of Diagnostic and Functional Casework Concepts.* New York: Family Service Association of America.

Kelman, H. C. (1965). Manipulation of Human Behavior: An Ethical Dilemma for the Social Scientist. *Journal of Social Issue, 21*(2), 31-46.

Kirst-Ashman K. K. & Hull, G, H. Jr. (1993). *Understanding Generalist Practice.* Chicago: Nelson-Hall Publishers.

Kitchner, K. S. (1984). Intuition, critical evaluation and ethical principles: The foundation of ethical decisions in counseling psychology. *Counseling Psychology, 2,* 43-55.

Kuhse, H., & Singer, P. (1985). Ethics and the handicapped newborn infant. *Social Research, 52*, 505-42

Levinson, H. (1977). Termination of Psychotherapy: Some Salient Issues. *Social Casework, 58,* 480-489.

Levy, C. (1973). The Vale Base of Social Work. *Journal of education for Social Casework, Jan.*

34-42.

Lewis, H. (1984). Ethical assessment. *Social Casework, 65*, 203-211.

Loewenberg, F., & Dolgoff, R. (1985). *Ethical Decisions for Social Work Practice*(5th ed). Itasca, IL: F. E. Peocock.

Long, Dennis D., Tice, Carolyn J., Morrison, John D. (2006). *Macro Social Work Practice: A Strengths Perspective.* Belmont, CA: Thomson brooks/Cole

Maciver, R. (1922). The social significance of professional ethics. *Annals, 101,* 5-11.

Meller, B. A., Richards, V., & Birnbaum, M. H. (1992) Distributional theories of impression formation, Organizational Behavior and Human Decision Process, 51. 313-343.

Moore, S. T. (1987). The capacity to care: A family focused approach to social work practice with the disabled elderly. *Journal of Gerontological Social Work, 10*(1), 79-97.

Moore, S. T. (1992). Case Management & the Integration of Services: How Service Delivery Systems Shape Case Management. *Social Work, 31.* 290-299.

Moxley, D. P. (1989). *The Practice of Case Management.* Newbury Park, Calif: Sage Publications.

Moxley, D. P. (1993). **효과적인 복지서비스를 위한 사례관리실천론.** [The Practice of Case Management] (김만두 역). 서울: 홍익재(원저출판: 1989).

NASW(1973). *Standards of Social Service Manpower.* New York: NASW.

NASW. http: //www.socialworker.org

National Association of Social Workers(1992). *Standards for Social Work Case Management.* Washington D. C.: NASW.

Nelson, G. M. (1982). Support for the aged: Public and private responsibility. *Social Work, 27,* 137-143.

Netting, F. E. (1992). Case Management: Service or Symptom. *Social Work, Mar.*, 160-164.

Northen, H. (1982). *Clinical Social Work.* New York: Columbia University Press.

O'Connor, G. C. (1988). Case Management: System & Practice. *Social Casework, 69,* 97-106.

Perlman, H. H. (1957). *Social Casework: A Problem Solving Process.* Chicago: University of Chicago Press.

Perlman, H. H. (1968). *Persons: Social Role and Personality.* Chicago: University of Chicago Press.

Pincus, A., & Minahan, A. (1973). *Social Work Practice: Model and method.* Itasca. Ill.: F. E. Peacock Publishers. Inc.

Pumphrey, M. W. (1959). *The teaching of values and ethics in social work education.* New York:

CSWE.

Rawls, J. (1971). *A theory of justice.* Cambridge, Mass.: Harvard University Press.

Reamer, F. G. (1983). Ethical dilemmas in social work practice. *Social Work, 28,* 31-35.

Reamer, F. G. (1999). *Social Work Values and Ethics*(2nd ed.). NY: Columbia University Press.

Reamer, F. G. (2001). *Social Work Value and Ethics*(2nd ed.). New York: Columbia University Press.

Reid, W. J. & Epstein, L.(eds.). (1977). *Task-Centered Practice.* New York: Columbia University Press.

Richmond, M. E. (1917). *Social Diagnosis.* New York: Russell Sage Foundation.

Richmond, M. E. (1922). *What is Social Case Work?* New York: Rusell Sage Foundation.

Rothman, J. (1991). A Model of Case Management: Toward Empirically Based Practice. *Social Work, 36,* 520-525.

Rothman, J., & Sager, J. S. (Eds.). (1998). *Case Management: Integrating Individaul and Community Practice*(2nd ed.). Boston: Allyn and Bacon.

Rubin, A. (1987). Case Management, In Encyclopedia of *Social Work, 1,* Silver Spring, MD: National Association of Social Workers, 212-222.

Satir, V. (1972). *People Making.* Palo Alto, CA: Science and Behavior Books, Inc.

Schubert, M. (1971). *Interviewing in Social Work Practice: An Introduction.* New York: Council on Social Work Education.

Schulman, L. (1984). *The Skills of Helping Individuals and Groups*. Itasca, Illinois: F. E. Peacock Publishers.

Sheafor, B. W., Horejsi, C. R., & Horejsi, G. A. (1991). *Techniques and Guidelines for Social Work Practice.* Boston: Allyn and Bacon, Inc.

Sheafor, B. W., Horejsi, C. R., & Horejsi, G. A. (1997). *Techniques and Guidelines for Social Work Practice*(4th ed.). Boston: Allyn and Bacon.

Sheafor, B. W., Horejsi, C. R., & Horejsi, G. A. (2008). *Technique and Guidelines for Social Work Practice*(8th eds.). Boston: Pearsom Education, Inc.

Siporin, M. (1983). Morality and immorality in working with clients. *Social Thought, 9(Fall),* 10-28.

Smalley, Ruth E. (1970). The Functional Approach to Casework Practice. In Robert & Nee, eds. *Theories of Social Casework.* Chicago: University of Chicago Press.

Strean, H. S. (1978). *Clinical Social Work: Theory and Practice.* New York: Free Press.

Sue, S. (1977). Community Mental Health Services to Minority Group: Some Optimism, Some Pessimism. *American Psychologist, 32,* 616-624.

Sullivan, H. S. (1953). *The interpersonal Theory of Psychiatry.* New York: Norton.

Thane, P. (1996). *Foundations of the Welfare State*(2nd ed). London, Longman.

Timberlake, E. M., Farber, M. Z., & Sabatino, C. A. (2002). The General Method of Social Work Practice: McMaho's Generalist Perspective. Boston, MA: Allyn and Bacon.

Vourlekis, B. S. & R. R. Green. (1992). *Social Case Management.* New York: Walterde Gruyter.

Webster, D. M., Richter, L., and Kruglanstky, A. W., (1996). On leaping to conclusions when feeling tired. *Journal of Experimental Social Psychology, 32,* 181-195

Weil, M., & Karls, J. (1985). *Case Management in Human Service Practice.* San Francisco: Jossey-Basw.

Weiten, W., & Lloyd, M. A., (2000). *Psychological applied to modern life*(6th ed.). Belmont, CA: Wads worth.

Williams, R. M., Jr. (1967). Individual and group values. *Annals, 371*, 20-37.

Wood, M. E., & Hollis, F. (1990). *Casework: A Psychosocial Therapy*(4th ed.). New York: McGrow-Hill.

Zastrow, C. H. (1995). *The Practice of Social Work.* California: Wadsworth.

Zastrow, C. H. (1999). *The Practice of Social Work*(6th ed.). Pacific Grove: Brooks/Cole Publishing Company.

Zastrow, C. H. (2004). *Introduction to Social Work and Social Welfare: Empowering people.* Belmont, CA: Thompson Learming, Inc.

찾아보기

저/자/소/개

■ **이은희**

부산대학교 대학원 사회복지학과 행정학 석사
부산대학교 대학원 사회복지학과 행정학 박사
부산의료원 정신건강사회복지사 역임
현, 동국대학교 사회복지학과 교수

■ **김남숙**

부산대학교 대학원 사회복지학과 행정학 석사
부산대학교 대학원 사회복지학과 사회복지학 박사
남구노인복지관 관장 역임
현, 동명대학교 사회복지학과 교수

[개정판]

사회복지실천론

1판 1쇄 발행 ― 2021년 2월 26일
2판 1쇄 발행 ― 2025년 2월 20일

저　　자 - 이은희 김남숙
발 행 인 - 강철원
발 행 처 - 양성원
주　　소 - 경기도 파주시 검산로 173번길 29-12
전　　화 - 031-946-3861(代)
팩　　스 - 031-946-3864
이 메 일 - tnwpub@naver.com
홈페이지 - tnwpub.co.kr
출판등록 - 2015년 8월 31일 제 2015-000211 호

ISBN 979-11-6126-611-4

정가 22,000원